사마천, 인간 경영의 숲을 거닐다

사마천, 인간 경영의 숲을 거닐다

초판 1쇄 인쇄 2011. 12. 21
초판 1쇄 발행 2011. 12. 26

편저자   **신장용**
펴낸이   **천봉재**
펴낸곳   **일송북**
책임감수   **사마천역사문화연구소**
책임편집   **강찬구**

주소   (133-801) 서울시 성동구 금호동 1가 1805번지 3층
전화   **02-2299-1285~6**
팩스   **02-2299-1292**
이메일   **minato3@hanmail.net**
홈페이지 **www.ilsongbook.com**
등록   **1998. 8. 13 (제 303-3030000251002006000049호)**

잘못된 책은 구입하신 서점에서 바꾸어 드립니다.
ISBN 978-89-5732-113-3
ISBN 978-89-5732-112-6 (세트)
값 14,800원

사마천, 인간경영의 숲을 거닐다

신장용 편저

알통북

사마천역사문화연구소

사마천역사문화연구소는 〈사기〉에 흐르는 중국 2,500년 역사를 연구하고, 그 바탕에 깔린 사마천의 정치, 경제, 경영, 교육, 법률, 노동, 국방, 사회 문화, 여성, 인권, 통일 등에 대한 각종 저술 활동으로 독자와 사회단체, 기업과 국가에 필요한 자료를 공급하여 보다 나은 인간의 행복을 만드는데 그 목적을 둔다.

| 사마천역사문화연구소의 주요 연구필진 |

고문 오영숙 박사
전 세종대 초대민선총장, 서울대학교 문리사범대학 한양대학교 영어학 박사, 미국 남가주대학 교수 역임, 현 한국외국어대학교 강의, 주요 역서 〈콘돌리자 라이스〉〈그리스 로마신화〉〈셰익스피어 비극선〉 외 10여 종

이사장 신장용
사마천역사문화연구소 이사장, 전 경희대학교 테크노경영대학원 겸임교수, (사)경기발전연구소 이사장, (재)아경장학재단 부이사장, (사)경기도 중소기업연합회 부회장, 한국중고배구연맹 회장, 남상 CGV극장 대표이사

박상하
소설가, 건국대학교 교육대학원 국어교육과, 1995년 허균 문학상 수상, 문예진흥원 소설 부문 창작지원금 수령(2000년), 장편소설 〈나를 성웅이라 부르라 1, 2〉〈명성황후를 찾아서 1, 2〉〈배오개상인 1, 2, 3〉〈은어〉〈진주성 전쟁기〉 외 10여 종, 인문역사 교양도서 〈조선의 3원3재 이야기〉〈우리 문화 답사 여행〉〈조선의 읍성을 가다〉〈한국인의 기질〉〈이병철과의 대화〉〈경성상계〉〈河西 金麟厚의 思想과 文學〉 등 20여 종

현정수
서울대 국문학과, 현대시문학 등단, 前 문예지 편집장, 칼럼 리스트 및 비소설 분야의 전문 집필가, 저서 〈로하스를 실천하는 사람들〉 외 중국 문학·역사 관련도서 20여 종 집필 및 원문번역

서지원
단국대 동양학연구소 연구부소장 역임(30년 봉직), 한학자, 소설가, 조선왕조실록 국역위원, 30년 동안 〈한한대사전〉 편찬, 〈중국 6대 기서〉기획, 저서 〈봉신연의〉〈중국명가의 자녀교육〉〈은허〉〈오손공주〉, 편역서 〈연려실기술〉〈단공36계〉〈조선왕조실록〉 등

박병규

서울대 경영학과, 전 중앙일보 정치·경제 기자, 산업연구원 연구위원, 중앙 M&B 출판책임자, 국가균형발전위원회 전문위원, 저서 〈고사성어로 한눈에 정리하는 중국역사이야기〉 〈GE 역사를 새로 쓰는 제프리 이멜트〉 〈중국역사이야기 1~14권(편저)〉

장개충

가톨릭대학교, (주)어문각 출판부장15년, 삼성당 전무 6년 역임, 저술 및 편저 〈사마천 사기〉 〈초한지〉 〈목민심서〉 〈삼국지〉 〈손자병법〉 〈오경백편〉 〈가나다 玉篇〉 〈2350字原漢字〉 〈고사성어, 숙어 대백과〉 등

권태현

카피라이터, 미국 내셔널 유니버시티 대학원(MBA), 워싱턴 스테이트 유니버시티 박사과정, 북전문기획 100여 종, 전 월드코리아리서치 연구소장, 리서치앤미디어 대표

박선식

단국대 사범대 한문교육학, 연세대학원 고미술사학 전공, 백강 박수진선생, 삼호서숙, 연세대에서 한자학과 한문고전수학, 솔마당 서당·(사)한배달에서 한국 및 동아시아 한문고전강독, 한자교육진흥회 한문고전 담당지도교수, 2010년 조선전통상무훈련 삼갑전 고증 및 실연지도, 한국인문과학예술교육원 대표, 저서 〈한국문화사일반〉 〈제왕운기역해〉 〈위풍당당 한국사〉 〈5세기 백제왕실 청병표 검토〉 〈공주들의 전쟁〉

정덕환

서울대 언어학과, 21세기북스에서 우리나라의 최초 밀리언셀러인 〈마법천자문〉을 기획, 저서 〈스필버그 영화정복 프로젝트〉 〈스타벅스의 하워드 슐츠 경영철학〉

강찬구

고려대 영어영문학과, 교학사, 삼성당, 21세기북스, (주)천재교육 등에서 20년 편집, 현 도서출판 일송북 편집장, 〈조선의 3원3재 이야기(근간)〉 편집 책임, 한국어문학회 주관 한자능력검정시험 특급 합격(47회), 한자진흥회 사범반 수료

천봉재

고신, 총신대학원, 일송북 대표, 사마천역사문화연구소 운영간사, 前 월드코리아 리서치 대표, (사)해외한민족교육진흥회 이사, 〈중국역사이야기 1~14권〉 〈중국 6대 기서〉 〈주제별로 정리한 사마천 사기 연구 시리즈〉 〈나를 성웅이라 부르라 1, 2〉 〈조선의 3원3재 이야기〉 외 중국 문학·역사, 교양도서 70여 종을 기획·출판

사기는 내 삶의 스승이었다

나는 어려서부터 많은 역사서를 읽으면서 자랐다. 그러다가 고등학교 들어서 어떤 선생님의 권유로 사마천의 『사기史記』를 만나게 되었다. 물론 학창시절에는 주로 「사기열전」을 탐독하며 그 안에서 벌어지는 나라 간의 전쟁에 심취해 있었다. 그러다 차츰 나이가 들면서, 『사기史記』에 관련된 보다 깊이 있는 글들을 찾아서 읽게 되었다. 『사기』에는 전설의 상고시대 하, 은, 주에서부터 사마천이 살았던 한무제에 이르기까지 무려 2,500여 년의 역사가 무르녹아 있다. 따라서 『사기』에는 실로 인간사의 전부가 다루어지고 있다고 해도 지나친 말이 아닐 것이다. 나는 사기에서 덕을 기반으로 하는 인간관계가 흥성하게 된다는 것을 배웠다.

누가 어느 곳에서 무엇을 하든 주변에는 반드시 사람이 필요하다. 연나라는 전국칠웅 가운데 하나인데, 소왕은 인재를 등용하기 위해서 많은 예물을 준비하고 황금 누각을 설치한 후 곽외 선생을 맞아들였다. 그러자 곽외 선생보다 더욱 훌륭한 인재들이 모여들었다. '곽외를 저처럼 맞는데 그보다 나은 내가 간다면 보다 더한 대우를 받을 것'이라는 생각에서였다. 나 또한 연소왕이 곽외 선생을 모신 것처럼 인재를 모았다. 그와 같이 나는 『사기』에 있는 지혜들을 실제 생활에 적용시켰다. 그리고 내가 세웠던 목표보다 훨씬 넘치게 이루었다. 나에게 사마천 선생은 살아있는 스승이나 다름없었다. 그래서 『사기』에 관한 나의 독후감과 메모는 라면 박스로 무려 열 상자가 넘는다.

어느 날 지인의 소개로 현정수 선생을 만나게 되었다. 그분은 『사기』에 관해 전문적 연구를 하는 작가였다. 나는 그 많은 노트를 그분에게 보였고 그분은 나를 일송북 천봉재 사장님께 소개했다. 그러자 천봉재 사장님께선 『사기』를 연구하는 학자들을 더 만나게 해주셨다. 그분들은 모두 사마천과 사기가 더욱 알려져야 할 필요성에 대해서 한결같이 같은 뜻을 갖고 있었다. 그리하여 〈사마천역사문화연구소〉가 발족되었다. 또한 준비된 원고가 있었기에 책을 내는 것이 어려운 일이 아니었다. 다만 나의 글 솜씨와 한문 실력은 극히 걱정이었다. 그러나 그 문제도 수월하게 해결이 되었다. 현정수 선생께선 필요한 원문의 번역을 해주셨고 글의 맵시를 다듬어 주셨다. 그리고 한문에 조예가 깊으신 강찬구 편집장님은 확인 작업을 해주셨다. 이 자리를 빌어서 두 분께 머리 숙여 감사드린다.

특히 빼놓을 수 없는 것은 김원중 교수님의 『사기』 한글 번역본이다. 나는 그 귀중한 번역본의 완벽하고 빼어난 문장들에 감탄하면서 많은 도움을 받았다. 뜻있는 분께 『사기』 전 5권의 한글 번역본이 나와 있다는 것도 이 자리를 빌어서 알린다. 더불어 김원중 교수님께도 삼가 큰 절을 올린다.

이렇듯 모든 것이 물 흐르듯 준비되었던 까닭에 바로 책을 낼 수 있었다. 나아가 연구소의 결성 취지와 목적을 순수한 데 둔다면 지탄을 받을 일도 없을 터이고, 뜻있는 독자들에게 읽게 하여 지혜를 나눈다면 그 일에 어떤 허물도 없으리라고 생각했다. 그러나 『사기史記』는 양이 너무도 방대하여 단행본 한 권에 그 뜻을 모두 살리기가 불가능하다. 따라서 앞으로 사기는 〈사마천역사문화연구소〉를 통해서 분야별로 몫을 나누어 지속적으로 출판될 예정이다. 아울러 『사기史記』에 관련된 첫 작품인 「사마천, 인간 경영의 숲을 거닐다」를 삼가 겸허히 선보이며 독자님들의 많은 지도와 편달을 청한다.

2011년 12월 신장용

| 차 례 |

1부
혼란 속의 전국시대 군주들의 경영의 숲

2부
격동 속의 통일시대 군주들의 경영의 숲

사마천은 누구인가?

사마담은 한漢나라 무제武帝 때의 태사太史였다. 그에게는 사마천司馬遷이라는 아들이 있었다. 사마천은 열 살에 이미 옛날 문헌을 암송할 수 있었다. 그리고 스무 살이 되자 세상을 둘러보러 유람遊覽을 떠났다. 그는 중국 전역을 돌아다녔다. 그 후 고향에 돌아와서 엄격한 인재선발 시험을 무사히 통과하여 낭중郎中이 되었다. 낭중이란 황제의 신변을 호위하는 시종관이었다. 사마천은 무제를 따라서 온 나라를 순행하면서 또 한 번 나라를 살펴볼 기회가 있었다. 어디를 가든지 고적을 탐방하며 자료를 수집했다. 사마천은 낙양洛陽에서 아버지를 만난 적이 있었다. 그때 아버지는 사마천의 손을 잡고 울면서 역사서를 집필하라고 간곡히 당부하고는 세상을 떠났다. 그리고 3년 뒤인 기원전 108년에는 태사령이 되어 무제를 시종하면서 천제天帝에게 제사 드리는 봉선封禪에 참여하기도 하고 역법을 개정하기도 했다. 그는 아버지의 유업을 받들기 위해 나라의 도서관인 석실금궤에서 수많은 자료들을 정리하고 수집했다. 그렇게 4년여의 준비 기간을 갖고, 태초太初 원년인 기원전 104년부터 사기를 집필하기 시작했다. 그러나 그로부터 5년 뒤인 기원전 99년에 사마천은 감옥에 갇히게 되었다.

당시 한나라는 적극적인 흉노 정벌정책을 취했는데, 명장 이광李廣의 손자인 이릉李陵이 흉노를 토벌하러 나갔다가 흉노에게 투항하는 일이 벌어졌다. 무제는 상심에 빠졌고 문무백관들은 이 장군의 패배를 성토했다. 무제는 사마천을 불러서 의견을 물었다. 사마천은 이릉 장군의 패배가 불가항력적이었다는 것을 이해하고 있었으므로 이릉 장군이 병력의 열세로 인해 비록 패하기는 했으나 지원군도 없는 막다른 상황에서 열심히 싸운 용맹은 칭찬받아 마땅하다는 견해를 밝혔다. 그러자 무제의 분노가 폭발하여 사마천은 곧바로 감옥에 갇히게 되었다. 1년이 지나서 세 가지 형벌 중 하나를 고를 권리가 주어졌다. 법에 따라 처형을 당하는 것과 50만 전錢을 내고 죽음을 면하는 것과 궁형宮刑을 감수하는 것이 그 세 가지였다. 하지만 중인에 불과한 사마천에게 50만 전이 있을 턱이 없었다. 그 당시 궁형은 대단히 치욕스런 벌로써 차라리 죽음을 택할 정도였다. 허나 사마천은 이때 아버지의 유언을 생각했다. 그래서 궁형을 택했다. 사마천은 한숨을 쉬며 이렇게 말했다.

"이것이 내 죄란 말인가? 이것이 내 죄란 말인가? 몸이 망가져서 쓸모가 없이 됐구나!"

그로부터 5년 후, 사마천은 그의 친구 임안任安의 추천을 받아 다시 무제의 곁에 있게 되었다. 그때는 『사기史記』의 집필이 거의 완성되어 가던 무렵이었고, 아버지의 유언을 받든 때로부터 20년이 지난 후였다. 그 후 몇 년이 지나지 않아 사마천은 세상을 떠났다.

『사기』는 어떻게 구성되어 있나?

　『사기』는 「본기本紀」 열두 편, 「표表」 열 편, 「서書」 여덟 편, 「세가世家」 서른 편, 「열전列傳」 일흔 편 등 총 백삼십 편으로 구성되어 있는 기전체紀傳體[1] 형식의 역사서이다. 사마천의 『사기』는 이후, 정사正史를 편찬하는데 있어서 기전체 형식의 하나의 규범이 되었다.

　본래 이 역사서는 종이가 아닌 죽간竹簡에 기록되었다. 죽간은 폭이 이삼 센티미터 정도에 길이 삼사십 센티미터 정도 되는 길쭉한 대나무 쪽으로서, 여기에 들어갈 수 있는 글자의 수는 이삼십 자에 불과했다. 게다가 잘못 쓰게 되면 칼로 긁어내고 다시 써야 하는 폐단이 있었다. 사마천은 한 편이 매듭지어질 때마다 그것을 위편韋編[2]으로 묶어서 한 권씩 쌓아 나갔을 것이다.

　「본기」는 황제에서부터 한나라 무제까지 제왕들의 전기를 다루면서도 제왕을 축으로 한 주변 인물들이 함께 전개되어 열전과 긴밀한 관련을 이룬다. 그런데 항우項羽와 여태후呂太后는 제왕이 아닌데도 「본기」에 수록되어 있는 것이 특징이고, 명분만 황제였던 혜제惠帝는 「본기」에서 빠졌다.

　「본기」는 「오제 본기」부터 시작하여 총 열두 편으로 구성되어 있다. 오제는 중국 고대의 전설 속에 나오는 다섯 명의 제왕들인데, 이는 너무 오래되어 연대를 알기가 힘들었으나 사마천은 추적이 가능한대로 사료를 찾아 신중하게 기록했다. 그리고 하夏, 은殷, 주周 삼대三代를 「본기」에 각기 기록했는데, 덕으로 치세한 제왕은 흥성했고 부덕한 제왕은 멸망할 수밖에 없었던 제왕들의 정치 사적을 부각

시키며 중국 고대사古代史의 한 단락을 만들었다. 그 다음으로는 「진 본기秦本記」, 「진시황 본기秦始皇本紀」, 「항우 본기項羽本紀」로 서 한나라의 통일 이전 시대까지 근고사近古史의 중간 단락이 구성 되어 있다.

그 다음으로 「고조 본기高祖本紀」가 수록되어 있는데, 앞서 말했 듯이 마땅히 와야 할 혜제는 빠지고 「여태후 본기呂太后本紀」가 그 뒤를 이어 수록되어 있다. 고제高帝 이후 혜제는 명목상의 황제였을 뿐으로 혜제를 대신하여 실질적으로 정치를 휘두른 사람은 여태후 였다. 또 여태후가 악랄한 짓을 자행하며 황권을 함부로 남용했다 해 도 사실상 정치 체제는 고제 때의 것을 그대로 이어나갔으므로 여태 후의 악랄함이 백성에게까지 미치지는 않았다. 그래서였는지 사 마천은 「고조 본기」 뒤에 「여태후 본기」를 설정하고 전체 통치 기간 인 고황후 1년부터 8년까지의 사적을 기록해 넣었다. 그러나 엄밀히 말한다면 항우나 여태후는 「본기」에 들어설 자격이 없는 사람들이 다. 혜제 또한 「본기」에서 빠져서는 안 되는 사람이었다. 하지만 사 마천은 이러한 모험을 감행했다.

여태후가 죽은 후 한나라는 여씨 일족을 모두 주살하고 대나라 왕 유항劉恒을 맞이해 효문황제로 즉위시켰는데 유항은 박태후薄太后 가 낳은 고제의 넷째 아들이다. 이로써 한나라는 여씨에게 빼앗겼던 정권을 되찾고 다시 유씨로 왕통을 이어가게 되었다. 그래서 여태후 다음으로 「효문 본기孝文本紀」가 있고, 그 다음에 「효경 본기孝景本 紀」 「효무 본기孝武本紀」가 금세사今世史를 대변하며 마지막 단락을 이루었다.

「표」는 모두 10편으로 되어 있어 「십표十表」라고도 불린다. 황제 이후 한무제에 이르기까지의 역사적 궤적을 일목요연하게 계보화했다. 그러므로 표에는 제왕들 뿐 아니라 제왕에 따르는 중대한 사건들이 시기별로 기록되어 한 눈에 알아볼 수 있게 작성되어 있다. 예를 들어 「십이 제후 연표十二諸侯年表」는 종으로는 연대를 잡고 횡으로는 열둘의 제후국을 잡아서 한 면에서 당시 나라 간의 전쟁이나 친선 등의 사정을 파악할 수 있게 구성되어 있다. 또 급변했던 진秦 나라 말기인 기원전 209년부터 기원전 202년까지는 「진초지제 월표秦楚之際月表」라고 해서 월별로 사건과 상황을 기록했다. 그리고 천하통일 이후 유방이 한고조로 등극한 기원전 206년 이후는 다시 한고조 원년으로 시작되면서 「한흥이래 제후왕 연표漢興以來諸侯王年表」에 세부적으로 기록되어 있다. 이와 같이 「표」는 매우 기민하게 시대 상황이 파악되도록 입체적인 구성 양식으로 되어 있다.

다음으로 「서書」가 있다. 「서」는 어렵기로 정평이 나있는 만큼 사상과 제도에서 민생 문제에 이르기까지 매우 중요한 학술적 의미를 지니고 있다. 「예서禮書」 「악서樂書」 「율서律書」 「역서曆書」 「천관서天官書」 「봉선서封禪書」 「하거서河渠書」 「평준서平準書」로 구성되어 있다.

다음으로 「세가」에서는 봉건 제후들의 이야기를 다루었다. 「세가」는 제왕의 역사를 다룬 「본기」와 제후들을 위해 일했던 인물들의 사적을 다룬 「열전」사이에서 「본기」와 열전을 잇는 중간 역할을 한다. 그래서 「본기」와 「세가」와 「열전」에서 서로 겹치는 인물들이 매우 많고 그중 뚜렷한 사적이 있는 기록적 인물은 따로 편을 지어 「열전」에

수록했다.

각 제후들은 서로간의 세력 다툼 속에서 뛰어나고 다양한 인재를 구하기 위해 애를 썼다. 그리고 뛰어난 인재들은 그들 나름대로 제후들에게 등용되기 위해서 노력했다. 그러나 여기서도 분명한 것은 덕과 의리를 소중히 여기는 인품의 인물들은 성공했고 그렇지 못한 인품의 인물들은 쇠락이나 패망의 길을 갔다는 점이다. 그런 만큼 오태백吳太伯이나 태공망太公望 같은 높은 인품의 소유자는 「세가」에 수록하고, 같은 제후였어도 한신이나 경포, 팽월 같은 인물들은 「열전」에 자리를 두었다.

「세가」는 제후들이 분봉을 받아 제후국을 세운 뒤 후손으로 세습되며 제사를 받들어 지내는 거대한 가문이다. 따라서 제후는 자신의 봉지에서 백성을 다스렸다. 사마천은 제후들의 삶을 통해서 이상적 통치의 전형을 항상 덕으로 지목했다. 「세가」는 총 삼십 편으로 되어 있는데 공자孔子와 진섭陳涉은 제후가 아닌데도 「세가」에 들어있는 것이 또 특징이다. 진섭은 진秦나라 말기에 혹정에 저항하여 제일 처음으로 일어난 인물이었다. 진섭이 일어나자 항우가 일어났고 한고조 유방이 일어났으며 연달아 여기저기서 뜻있는 인물들이 일어났다. 사마천은 진섭의 항거가 비록 반년 만에 실패로 마감했다 해도 그가 끼친 영향력과 위상을 높이 평가했기에 「세가」에 자리를 매겼을 것으로 짐작된다. 공자도 비록 봉국을 가진 것은 아니었으나 그가 끼친 공적은 시대를 초월하여 그 영향력이 지대했음을 누구나 알고 있다. 그런 의미에서 공자가 「세가」에 수록된 것으로 보인다.

다음으로는 「열전」이 있다. 「열전」은 총 70편으로 되어 있다. 주나라가 붕괴된 후 50개의 제후국이 있었는데 그중 최후까지 존재한 제후국이 진秦, 한韓, 위魏, 제齊, 초楚, 연燕, 조趙나라로서 이들 나라들을 전국칠웅戰國七雄이라 한다. 「열전」은 이들의 흥망성쇠를 주축으로 하여 수많은 인물들을 그렸다.

춘추 전국 시대는 주周나라 이후 진秦나라와 한漢나라의 건국 이전까지의 과도기이다. 각 제후국의 왕들은 서로 패권을 쥐려는 야심으로 극심하게 전쟁을 치르며 죽고 죽였는데, 끊임없이 동쪽으로 진출하려는 서쪽의 절대 강자 진秦나라와 남쪽의 거대한 땅을 지닌 초나라 그리고 북방의 연나라가 흐름을 주도했다. 그리고 나머지 네 나라는 이들의 틈에서 나라를 지키기 위한 전략을 마련하느라 부심腐心했다. 이들 제후 왕들은 세력을 유지하면서 또한 세력을 키워 나갈 인재들을 필요로 했다. 한편 각기 뛰어난 인재들은 개인의 야망을 달성하기 위하여 자신을 써줄 제후 왕이 필요했으므로 이 틈에서 다양한 인물들이 실력을 경주했고, 등용된 사람들은 자신이 섬기는 제후를 위해서 고군분투했다. 또 제후와 제후 사이를 잇거나 이간시키는 인물도 등장을 하는데, 여러 제후국들이 진秦나라를 어떻게 막아낼 것이며 혹은 진秦나라를 어떻게 붕괴시켜야할 것인가가 항상 골칫거리로 대두되었다. 그래서 진秦나라를 제외한 나머지 여섯 나라는 각기 합종合縱과 연횡連衡 중 어느 한 방책을 구사하며 나라를 지켰다.

소진蘇秦이라는 인물은 이들 여섯 나라를 뛰어다니며 합종책을 주장하여 동맹을 맺게 했다. 그래서 동시에 여섯 나라의 재상을 맡게 되었다. 하지만 이 동맹은 장의張儀의 연횡책에 의해 깨지면서 진秦나라가 천하를 통일 할 수 있는 결정적 발판이 되게 했다.

「사기열전」은 이와 같은 격동과 혼란의 시대상을 드라마틱하게 기술해 놓고 있다. 따라서 「열전」에는 이상적인 군주와 그렇지 않아 패망한 군주에서부터 아버지를 죽이고 왕이 된 아들이나, 일껏 충성을 하고서도 죽음을 권고 받는 무장, 자신의 아이를 임신한 여인을 왕의 후궁으로 들여보내 자신의 혈손이 왕으로 되게 한 사람, 건강에 관한 전문적인 이야기, 돈을 버는 방법, 심지어 점술에 관한 이야기까지 별의 별 이야기가 다 들어있어 말할 수 없이 흥미진진하다. 그러나 어떤 이야기라 할지라도 읽는 사람은 사마천의 날카로운 시각을 쫓아가며 등장인물들을 바라보게 되는데, 거기서 우리는 보다 넓은 시각으로 삶 전체를 통찰하는 안목을 키우게 된다.

1부

혼란 속의 전국시대 군주들의 경영의 숲

그러나 범려는 구천에게 단호하게 말했다. "안 됩니다. 전쟁은 가장 최후에 벌이는 수단입니다. 무기는 흉기이고 전쟁은 덕을 거스르는 것인데, 목숨까지 걸어가며 흉기를 함부로 쓰는 것은 하늘도 금하는 것으로서 얻을 것이 없습니다."

01
구천의 나라 경영

   기원전 496년, 월나라 왕 윤상이 죽고 구천이 왕위에 오르자 오나라 왕 합려는 그 소문을 듣고 월나라 정벌에 나섰다. 죽음을 각오한 월나라의 병사들이 세 줄로 열을 지어 오나라 진영 앞에서 스스로 목을 치고 죽으니 오나라 군사들은 놀라서 혼란에 빠졌다. 월나라 군대가 그 틈을 타서 오나라 군대를 무찌르고 오왕 합려에게 상처를 입혔다. 그날 밤 오왕은 죽어가며 태자 부차를 불렀다.

   "부차야! 너는 구천이 너의 아버지를 죽인 것을 잊겠느냐?"

   부차는 절대로 잊지 않겠다고 답했다. 그 후 부차는 왕위에 올라서 맹렬하게 군사들을 훈련시켰다. 허나 부차는 충성스런 오자서의 계책을 따르지 않았다.

   오자서는 억울하게 죽은 아버지와 형의 원수를 갚기 위해 초나라에서 망명하여 합려가 오나라 왕이 되도록 도운 사람으로서, 오자서가 있는 한 월나라가 오나라를 쉽게 무너뜨리긴 힘들었다. 그렇다 해도 월나라 왕 구천은 대부 문종과 범려를 등용하여 오나라를 무찌를 준비를 해 나갔다. 구천은 대부 문종의 간언에 따라 오나라의 태재 백비에게 뇌물을 바치고 간계를 써서 부차와 오자서를 이간시켰다. 이 계책에 넘어간 어리석은 부차는 오자서에게 칼을 내려 죽게 했다. 이로써 승운은 월나라에 깃들게 되었다.

기원전 499년, 월越나라 왕 구천句踐은 오나라가 군대를 일으키기 전에 미리 쳐들어가는 게 낫겠다고 생각했다. 그러나 범려는 구천에게 단호하게 말했다.

"안 됩니다. 전쟁은 가장 최후에 벌이는 수단입니다. 무기는 흉기이고 전쟁은 덕을 거스르는 것인데 목숨까지 걸어가며 흉기를 함부로 쓰는 것은 하늘도 금하는 것으로서 얻을 것이 없습니다."

구천은 이 말을 거스르고 군대를 일으켰다. 오나라 왕 부차夫差는 특별히 훈련받은 정예 병사들로 맹렬하게 반격하게 하여 부초산夫椒山에서 구천과 그의 군대를 무너뜨렸다. 구천은 남은 병사 5천 명과 함께 회계산會稽山으로 쫓겨 갔으나 부차는 끈질기게 뒤쫓았다. 오나라 군대는 쫓겨 들어간 월나라 군사들을 포위했다. 구천은 범려를 볼 면목이 없었다. 마음속으로 크나큰 후회가 밀려왔다. 선왕의 원수를 갚고자 달려드는 오나라의 군대는 사나운 맹수와도 같아 당할 수가 없었다. 구천은 스스로 부끄럽기 짝이 없었다. 구천은 범려에게 이렇게 말했다.

"그대의 말을 듣지 않아 이 지경이 되었으니 장차 이 일을 어찌하면 좋겠소?"

범려는 이렇게 말했다.

"충만함을 간직하려면 하늘과 함께 하고, 기우는 것을 안정시키려면 사람과 함께 해야 하며, 사리를 절제하려면 땅과 함께 해야 합니다. 겸허한 말과 함께 부차에게 후한 예물을 바치십시오. 그가 만일 그것을 받아들이지 않으면 왕께서 볼모가 되어 그를 섬기십시오."

구천은 그 말을 숙연히 받아들였다. 그리고 대부 문종文種을 불렀다. 대부 문종은 오나라의 내부 상황을 자세히 알고 있었다.

"오나라에는 백비伯嚭와 오자서伍子胥가 있는데 백비는 사람이 손쉬워서 접근하기가 용이할 것입니다. 또한 오자서는 성품이 강하고 정신이 투철해서 오왕 부차도 꺼려하는 경향이 있는데, 끊임없이 오왕에게 월나라를 견제시키고 있으니 우리의 입장에선 달갑지 않은 인물입니다. 그러니 먼저 백비에게 접근해서 오왕이 해이해지도록 부추기는 것이 좋은 방법일 듯합니다. 우리가 백비의 마음을 사게 되면 오자서 혼자의 힘만으로 오왕을 어쩌지는 못할 것입니다."

구천은 대부 문종을 오나라에 보내 화해를 청했다. 문종은 무릎으로 기어가 머리를 조아리며 말했다.

"왕의 망한 신하인 구천이 저 문종으로 하여금 감히 당신의 담당 관리에게 아뢰나니, 구천은 신하가 되고 그의 처는 당신의 첩이 되기를 청합니다."

오나라 왕은 이를 허락하려고 하였으나 오자서가 이를 말렸다.

"하늘이 월나라를 우리 오나라에게 주는 것이니 허락하지 마십시오."

문종이 돌아와 구천에게 보고하자, 구천은 아내와 자식을 죽이고 보물을 불사르고는 죽음으로 맞서 싸우고자 했다. 그러나 문종은 백비의 탐욕스러움을 들어 구천을 말렸다. 구천은 즉시 문종으로 하여금 미녀와 보물을 오나라 백비에게 바치게 했다. 백비는 그것들을 받고 나서 대부 문종을 오나라 왕에게 알현시켜 주었다.

문종은 오나라 왕이 구천의 죄를 용서하고 저 보물들을 모두 받아 주길 원한다는 것과, 그렇지 않을 시엔 월나라가 구천의 처자식과 보물들을 모조리 죽이고 불태운 뒤, 죽기를 각오하고 싸울 것이라는 점을 극히 겸허하게 말했다.

백비는 이 틈을 타 오나라 왕을 설득했다.

"월나라가 마음속으로 신하가 되었으니 그를 용서해 주시면 이는 우리에겐 이익이 됩니다."

오나라 왕이 허락하려 하자 오자서가 나아가 간언하여 말했다.

"지금 월나라를 멸망시키지 않으면 나중에 반드시 후회하게 됩니다. 구천은 어진 군주이고 문종과 범려는 훌륭한 신하이니 만약 지금 그들을 월나라로 돌려보내면 난을 일으킬 것입니다."

그러나 오나라 왕은 오자서의 말을 듣지 않고 백비의 계책에 따라 월나라와 친교를 맺었다.

한편 구천은 회계산에 포위되어 있음을 매우 탄식하고 고심하는데, 앉은 자리에는 쓸개를 두고, 앉아 있거나 누워 있거나 항상 쓸개를 바라보며, 마시거나 먹을 때도 쓸개를 맛보았다. 그리고는 스스로 되뇌었다.

"너는 회계산에서의 치욕을 잊었는가?"

그리고 그 자신은 직접 밭을 갈아 농사짓고, 부인은 직접 길쌈질을 했으며, 음식으로는 고기를 먹지 않았고 옷은 화려하게 입지 않았으며, 몸을 낮추고 어진 사람에게 겸손하고 손님을 후하게 접대하며, 가난한 사람을 돕고, 죽은 자를 애도하며 백성들과 더불어 수고로움을 함께 했다. 또한 국정을 대부 문종에게 부탁하고, 범려와 대부 자계柘稽로 하여금 오나라에 볼모로 남게 했다. 2년이 지나자 오나라는 범려를 돌려보냈다.

삼년이 더 지나간 부차 7년에 제나라 경공景公이 죽었다. 오나라 왕 부차는 제나라의 새 군주가 유약하다는 말을 듣고, 대신들이 서로 권력다툼을 하고 있는 틈을 타 군사를 일으켜 북쪽으로 제나라를 치려고 하였다. 그러자 오자서가 이렇게 간언했다.

"구천은 반찬 하나로 밥을 먹으며 직접 문상과 문병을 하고 있습니다. 이것은 장차 백성들을 요긴하게 쓰려고 하기 때문입니다. 그를 죽이지 않으면 반드시 오나라의 걱정거리가 될 것입니다. 지금 오나라에 월나라가 있다는 것은 뱃속에 생긴 병과 같습니다. 그럼에도 불구하고 왕께서는 월나라를 먼저 없애려 하지 않고 제나라를 치려는데 힘을 기울이고 있으니, 어찌 잘못된 일이 아니겠습니까?"

그러나 오나라 왕은 오자서의 말을 듣지 않고 결국 북쪽 제나라를 정벌하여 애릉艾陵에서 제나라 군대를 쳐부수었다. 그리고 여세를 몰아 추나라와 노나라 군주까지 위협하고 돌아와 오자서를 크게 꾸짖었다. 오자서가 말했다.

"왕께서는 기뻐하지 마십시오."

이에 오나라 왕이 노여워하자 오자서는 스스로 목숨을 끊으려 하였는데 왕이 이 소식을 듣고 그렇게 하지 못하도록 했다. 그 뒤로 오자서의 계책을 더욱 홀시하였다.

구천은 그의 사병들과 백성을 어루만지며 그들을 이용하여 오나라에 복수하고자 했다.

대부 봉동逢同이 간언하여 말했다.

"우리가 이제 조금 나아졌는데, 만일 무기를 예리하게 갖춘다면 오나라를 긴장시킬 테니 그것은 난을 불러들이는 일이 될 수 있습니다. 지금 오나라는 제나라와 진晉나라를 공격하고 있고, 초나라와 월나라에 깊은 원한을 맺고 있으며, 이름은 천하에 높으나 실제로는 주나라를 해하고 있습니다. 덕은 적은데 공적만 많아 반드시 자만에 빠져 있을 것입니다. 우리 월나라를 위해서 계책을 내자면, 제나라와 동맹을 맺고 초나라와는 친하게 지내며 진晉나라에게 의탁함으로써 오나라를 후하게 받드는 것이 최선입니다. 오나라의 생각이 넓어지면 반드시 전쟁을 하찮게 여길 것입니다. 이렇게 해서 우리가 그 힘을 연합하여 제, 초, 진晉 삼국이 오나라를 공격하게 하고, 우리 월나라는 그 피폐한 틈을 타서 오나라를 공격하면 이길 수 있습니다. 사나운 새가 공격할 때는 반드시 그의 모습을 숨기는 법입니다.

구천이 말했다.

"좋소."

사년 뒤에 오나라 왕은 또 북쪽으로 제나라를 정벌하고자 했다. 이때 월나라 왕 구천은 공자의 제자인 자공의 계책을 받아들여 군사를 이끌고 오나라를 도우면서 한편으로는 백비에게 귀중한 보물을 바쳤다. 백비는 이미 월나라 왕이 주는 뇌물을 여러 차례 받았기 때문에 월나라 왕을 밤낮으로 좋게 이야기했다. 오나라 왕은 백비의 계책을 믿었다.

오자서가 간언하여 말했다.

"안 됩니다. 월나라는 뱃속에 생긴 병처럼 골치 아픈 존재입니다. 지금 왕께서는 월나라의 황당한 거짓말을 믿고 제나라를 넘보고 있습니다. 설령 제나라를 쳐서 빼앗는다 해도 황폐한 땅이라 아무런 쓸모가 없습니다. 원컨대 왕께서는 제나라를 치려는 마음을 접어두고 먼저 월나라를 치십시오, 만약 그렇게 하지 않으면 나중에 후회해도 소용이 없을 것입니다." 그러나 오나라 왕은 이 말을 듣지 않고 오자서를 제나라에 사신으로 보냈다. 오자서는 떠나기에 앞서 아들에게 말했다.

"나는 왕께 여러 차례 간언했으나 왕은 내 말을 듣지 않았다. 이제 곧 오나라가 망하는 날이 올 것이다. 네가 오나라와 함께 죽는 것은 덧없는 일이다."

그러고 나서 아들을 제나라의 포씨鮑氏에게 맡기고, 오나라로 돌아와 정세를 보고하였다.

한편, 월나라 대부 문종은 월나라 왕 구천에게, 오나라 왕은 정권을 잡고 나서 교만해졌으니 시험 삼아 식량을 빌려 달라고 해서 월나라에 대한 오나라 왕의 태도를 헤아려 보라고 권했다. 이에 오나라 왕이 응하려 하자 오자서가 주지 말라고 간언하였다. 그러나 오나라 왕이 이내 빌려주자 월왕은 속으로 기뻐했다.

오자서는 말했다.

"왕께서 내 간언을 듣지 않으니 삼년이 지나면 오나라는 아마도 폐허가 될 것이다."

백비는 이 말을 듣고 여러 차례 오자서와 함께 월나라를 처리하는 것에 대하여 쟁론을 벌였고, 왕에게 오자서를 헐뜯어 말했다.

"오자서는 충성스러워 보이나, 실제로는 잔인한 사람입니다. 그는 아버지와 형도 돌아보지 않았는데 어찌 왕을 돌아보겠습니까? 왕께서 이전에 제나라를 치시려고 할 때 그는 한사코 반대하였는데, 왕께서는 결국 제나라를 쳐서 큰 공을 세우셨습니다. 이 때문에 도리어 왕을 원망하게 된 것입니다. 지금 왕께서 직접 전쟁터로 나가 나라 안의 병력을 모두 동원하여 제나라를 치려고 하는데, 그가 재앙을 일으키는 것은 별로 어려운 일이 아닙니다. 왕께서는 이에 대한 대비책을 세우셔야만 합니다."

백비는 월나라 대부 봉동과도 함께 모의하여 왕에게 오자서를 헐뜯었다. 오나라 왕이 처음에는 듣지 않다가, 오자서가 자기 아들을 제나라 대부 포씨에게 맡겼다는 것을 듣고서 노여워하며 말했다.

"그대들의 말이 아니더라도 나 역시 그를 의심하고 있었소."

오나라 왕은 사신을 보내 오자서에게 촉루屬鏤라는 칼을 내리고 이렇게 말했다.

"그대는 이 칼로 자결하시오."

오자서는 하늘을 우러러보며 탄식했다.

"아! 참소를 일삼는 신하 백비가 나라를 어지럽히고 있는데 왕은 도리어 나를 죽이려 하는구나! 나는 그의 아버지를 제후의 우두머리로 만들었고, 그가 임금이 되기 전 공자들끼리 태자 자리를 놓고 다툴 때 죽음을 무릅쓰고 선왕에게 간해 그를 후계자로 정하게 했다. 그렇게 하지 않았다면 그는 태자가 될 수 없었을 것이다. 그가 왕위에 오르고 나서 내게 오나라를 나누어 주려고 하였을 때도 나는 원하지 않았다. 그런데 지금 그는 간사한 말만 듣고 나를 죽이려 하는구나."

그리고는 가신들에게 이렇게 말했다.

"내 무덤 위에 가래나무를 심어 왕의 관을 짤 목재로 쓰도록 하라. 아울러 내 눈을 빼내 오나라 동문東門에 매달아 월나라 군사들이 쳐들어와 오나라를 멸망시키는 것을 똑똑히 볼 수 있도록 하라."

그러고 나서 스스로 목을 찔러 죽었다.

오나라 왕은 이 말을 듣고 몹시 화가 나서 오자서의 시체를 가져다가 말가죽으로 만든 자루에 넣어 강물에 내던져 버렸다. 오나라 사람들은 그를 가엾게 여겨 강 언덕에 사당을 세우고 서산胥山이라고 불렀다.

오나라 왕은 백비를 임명하여 정치를 맡겼다.

삼년이 지나서 월나라 왕 구천은 범려를 앞으로 불러 물었다.

"아직 안 됩니다."

이듬해 봄에 오나라 왕이 몸소 북쪽으로 가서 황지黃池에서 제후들과 회맹하였는데, 오나라 정예병사들이 오나라 왕을 따라가니 수도에는 단지 노약한 병사들과 태자만이 있게 되었다. 구천이 다시 범려에게 오나라를 공격할 것에 대해 묻자, 그가 대답했다.

"가능합니다."

이에 수전에 익숙한 병사 2천 명과 훈련 받은 병사 4만 명과 근위병 6천 명과 그 밖에 관리직 1천 명을 뽑아 오나라를 공격했다. 오나라 군대는 패했고, 오나라 태자도 죽었다. 오나라에서는 오왕 부차에게 다급함을 알리니, 사람을 보내 예를 후하게 하여 구천에게 강화를 청했다. 월나라 왕은 아직은 때가 이르다고 생각하여 강화를 맺었다. 그 뒤 4년 만에 월나라는 다시 오나라를 정벌했다. 오나라 병사들은 지쳤고, 가볍고 날랜 병사들은 제나라 및 진晉나라와의 싸움에서 모두 죽었다. 월나라는 오나라를 크게 물리치고 3년간이나 포위하여 마침내 고소산姑蘇山에 오나라 왕을 가두었다. 오나라 왕은 대부 공손웅公孫雄으로 하여금 맨살을 드러내고 무릎으로 기어 나아가 월나라 왕에게 강화를 청하며 말하게 했다.

"다른 날 일찍이 회계산에서 죄를 지었는데, 저 부차는 감히 왕의 명령을 거역하여 군왕과 강화를 맺고 돌아가기를 청합니다. 지금 군왕께서 저를 주살하려 하십니다. 외로운 신하인 저는 오직 명령만을 따를 것이니, 바라건대 회계산에서 제가 당신을 용서해준 것처럼 저의 죄를 용서해 주십시오."

구천은 차마 모질게 하지 못하고 허락하려 했다. 그러나 범려가 말했다.

"회계산의 일은 하늘이 월나라를 오나라에게 준 기회인데, 오나라는 취하지 않았습니다. 이제 하늘이 오나라를 월나라에게 주는데, 월나라가 어찌 하늘의 뜻을 거스른단 말입니까? 하늘이 주는 것을 받지 않는다면 오히려 벌을 받는 법입니다. 당신께서는 회계산에서의 치욕을 잊으셨습니까?"

구천은 말했다.

"나는 당신 말을 따르고 싶으나 차마 그의 사자의 청을 거절할 수가 없소."

이에 범려는 북을 쳐 병사를 나아가게 하면서 말했다.

"왕께서는 이미 나에게 정치를 맡겨 일처리하게 했으니, 사자는 가시오. 그렇지 않으면 그대에게 죄를 묻겠소."

오나라의 사자는 울면서 돌아갔다. 구천은 그를 가여워하여 사람을 보내 오나라 왕에게 말하게 했다.

"나는 그대를 용동勇東에서 왕 노릇하게 하려고 하니, 일백 호의 임금 노릇을 하시오."

오나라 왕이 사양하며 말했다.

"나는 늙었으니, 군왕을 섬길 수는 없소!"

오나라 왕이 드디어 목숨을 끊는데, 자신의 얼굴을 가리면서 말했다.

"나는 면목이 없어 오자서를 대하지 못하겠다."

이에 월나라 왕은 오나라 왕을 장사지내고, 백비를 주살했다.

구천은 주나라에 공물을 바쳤다. 주나라 원왕元王은 사람을 시켜 구천에게 제육을 내리고, 제후의 우두머리로 명했다. 구천은 회하 일대의 땅을 초나라에게 주고, 오나라가 빼앗은 송나라 땅은 송나라에 되돌려 주었으며, 노나라에게는 사수泗水 동쪽의 사방 일백 리에 달하는 땅을 주었다. 이때 월나라 군대는 장강 및 회하 동쪽에서 거리낌이 없었고, 제후들은 모두 축하하며 구천을 패왕覇王이라고 불렀다.

조태후를 일깨운 촉룡의 지혜

　　고난을 극복하는 방법으로 중요한 것은 절제와 인내이며, 현명한 사람의 말을 경청하고 실행하는 자세이다. 그러나 그럴 때 실의에서 빠져나와 계획대로 차분히 살아가는 사람은 많지 않다. 그 까닭은 자신의 과오에 대한 분노에 오랫동안 머물러 있기 때문이다. 보통의 경우 현재 상황의 불만족은 더욱더 분노를 자라나게 만드는데, 분노 그 자체는 사람을 분발하게 해주므로 나쁘다고 할 수만은 없다. 그러나 분노의 원인을 외부에 전가시켜 새로운 더 나쁜 결과를 만드는 것은 문제가 크다. 전쟁 이야기는 이런 사실을 여러 각도에서 분명하게 보여준다.

　　오왕 부차만 하더라도 선왕 합려의 죽음을 구천 때문이라고 여겼다. 하지만 실제로 가당하기나 한 일인가? 사실 합려의 죽음은 무분별이 그 원인이었다. 당시 월나라는 동쪽에 치우쳐 있어 구천 이전에는 중원과 소통이 없던 나라였다. 구천 또한 원한을 씻으면서 나라를 복원하고 싶었던 것이지 패주가 되고 싶었던 것은 아니었다. 그러나 오나라 합려는 숙부를 죽이고 왕에 즉위하면서 쉴 새 없이 전쟁을 치렀고, 막상 쉬면서 힘을 비축해야 할 때 무작정 뛰어나가서 죽음을 초래했다. 오왕 합려가 비록 춘추오패의 반열에 들긴 했지만, 한 번의 전쟁에 소요되는 물자와 백성들의 땀을 조금이라도 생각했더라면, 막강한 세력을 떨쳤던 오나라가 그렇게 허망하게 무너지지는 않았을 것이다. 게다가 안타까운 것은 죽어가면서도 피를 부르는 유언을 했다는 점인데, '부차야! 너는 아비의 죽음을 잊겠느냐?'보다는 '부차야! 너는 국력을 소진시키지 말고 내실을 튼튼히 하여 아비가 이룩한 이 나라를 모쪼록 잘 지켜야 한다.'였다면 얼마나 좋았을까. 오나라의 시조 태백이 나라를 건국한 이래 합려의 선대까지는 태백의 뜻이 잘 전수되던 나라로서, 합려의 막내숙부 계찰季札만 하더라도 왕위를 형에게 양보하기 위해서 농사를 짓는다고 숨어들었던 사람이고, 또 그는 음악으로 백성의 마음을 어루만지며 교화시키려는 뜻을 가졌던 사람이었다. 그런데 마음속에 분노가 가득 들어찬 공자 광光이 왕(합려)이 되더니 아들에게까지 분심忿心을 전수하여 기어이 오나라는 멸망하고 말았다.

역사에는 수많은 현자들의 금쪽같은 교훈들이 실려 있다. 아버지 합려가 부차의 먼 미래를 잘못 설계한 것에 비해서 다음 이야기는 아들의 먼 미래를 위해서 현재의 아픔을 감내하는 조趙나라 위후의 이야기인데, 위후威后를 일깨우는 좌사공左師公의 촉룡觸龍의 지혜가 빛난다.

기원전 265년에 조나라는 혜문왕惠文王이 죽고 그의 아들 효성왕孝成王이 자리에 올랐는데 효성왕은 나이가 어렸으므로 그 어머니인 위후威后가 정권을 잡고 휘두르게 되었다. 이때 진秦나라는 강성하기 이를 데 없어서 주변의 제후국들을 떨게 만들고 있었다. 진나라 소양왕은 조나라 혜문왕이 죽고 어린 태자 단이 보위에 올랐다는 말을 듣자 서둘러서 조나라를 침공했다. 조태후趙太后가 급히 제나라에 도움을 청했다. 이때 제齊나라는 양왕襄王 말년인 19년이었다. 제양왕은 조태후에게 구원병을 보낼 테니 반드시 장안군長安君을 볼모로 보내라고 했다. 태후는 작은 아들인 장안군을 특별히 총애하여 절대 응하지 않으려고 했다. 대신들이 아무리 설득을 해도 도저히 태후의 고집을 꺾을 수는 없었다. 태후는 주위 사람들에게 이렇게 말했다.

"장안군을 볼모로 삼자는 말을 다시 하는 사람이 있다면 늙은 내가 반드시 그의 얼굴에 침을 뱉어주고 말 테다!"

대신들이 전전긍긍하고 있을 때 좌사左師 촉룡觸龍이 태후를 뵙기를 청했다. 태후는 촉룡이 어떤 일로 찾아왔는지 짐작하는 바가 있어서 벌써부터 노여워하며 그를 기다렸다. 촉룡은 빠른 걸음으로 다가와 앉아 태후에게 사죄하며 말했다.

"늙은 신하인 제가 발에 병이 있는지라 빨리 걸을 수가 없기에 오래도록 뵙지를 못했습니다. 제가 제 몸을 헤아려보니 태후의 옥체도 불편하실까 염려되어 이렇게 뵙기를 청하였습니다."

태후는 무뚝뚝하게 말했다.

"나는 가마에 의지하여 다닐 뿐이오."

촉룡이 더욱 겸손하게 말했다.

"식사하시는 것이 줄지는 않으셨습니까?"

태후가 더욱 퉁명스럽게 말했다.

"죽에 의지하고 있을 뿐이오."

촉룡은 자애로운 목소리로 말했다.

"저는 요즘 통 식욕이 없어서 일부러 하루에 삼사 리를 걸어서 식욕을 조금씩 돋우고 있는데, 그렇게 하니 몸에도 좋은 것 같습니다."

이 말에 태후의 안색이 조금 풀어졌다.

"나는 그렇게 할 수가 없소."

좌사공左師公이 말했다.

"저의 비천한 자식 서기舒祺는 나이가 제일 어리고 어리석습니다만 신이 늙고 쇠하여 마음속으로 그를 가여워하고 있습니다. 청컨대 흑의黑衣[1]에 빈자리가 있으면 그 아이로 하여금 보충하게 하여 왕궁을 지키도록 해주시기를 죽음을 무릅쓰고 간청합니다."

태후가 말했다.

"나이가 어찌 되었소?"

좌사공이 대답했다.

"열다섯 살입니다. 비록 어리지만 제가 죽어서 묻히기 전에 그 아이를 당신께 의탁하고자 합니다."

"대장부도 어린 자식을 아끼고 사랑하오?"

좌사공이 대답했다.

"부인들보다 더 심합니다."

그때야 비로소 태후가 웃으며 말했다.

"부인들은 대개 유독 심하다오."

좌사공도 마음이 조금씩 편해지면서 기색이 펴졌다. 좌사공은 이렇게 말했다.

"저 혼자만의 생각이지만 태후께서는 장안군보다 연후燕后를 훨씬 더 아끼시는 것 같습니다."

"그대의 말은 틀렸소. 나는 연후를 장안군만큼 깊이 사랑하지는 않소."

좌사공이 말했다.

"부모가 자식을 사랑하려면 그들을 위하여 깊고 먼 계획을 짜야 합니다. 태후께서 연후를 시집보내실 때 그녀의 발뒤꿈치를 잡고 우셨는데, 그녀가 멀리 가는 것을 생각하면 슬픈 일이지요. 또 끝없이 그리우니 더욱 그렇습니다. 하지만 태후께서 제사를 지낼 때 축원하여 말하기를 '반드시 그녀가 되돌아오는 일이 없도록 하라.'라고 하실 것이니, 이것은 태후께서 길고도 먼 날까지 생각하여 그녀의 자손이 대를 이어 연나라의 왕이 되기를 바라시기 때문이 아니겠습니까?"

태후가 말했다.

"맞소."

좌사공이 말했다.

"지금부터 삼 대 이전의 조나라 군주의 자손 중에서 후侯에 봉해진 사람의 후계자 중 지금도 자리를 유지하고 있는 사람이 있습니까?"

"나는 듣지 못했소."

"그것은 가까이 있는 화는 자신에게 미치고, 멀리 있는 화는 그 자손에게 미치기 때문입니다. 어찌 군주의 자손으로 후에 봉해진 사람들 모두가 선하지 않겠습니까? 그럼에도 불구하고, 지위가 존귀하거나 봉록이 후하거나 간에 공은 없고, 보물만 많이 지니고 있기 때문입니다. 이제 태후께서 장안군의 지위를 높여주시고 기름진 봉토를 하사하시고 귀중한 보물을 많이 주셨으나, 지금 그로 하여금 나라를 위해서 공을 세우게 하지 않고, 태후께서 하루아침에 돌아가시면 장안군이 어떻게 조나라에서 스스로를 보전할 수 있겠습니까? 저는 태후께서 장안군을 위한 계책이 길지 못하다고 생각하여 그를 아끼는 것이 연후만 못하다고 말한 것입니다."

태후가 말했다.

"알았소. 그대의 뜻에 따라 그를 보내시오."

이에 장안군을 위해서 백 대의 마차를 약조하고 제나라에 볼모로 보냈다. 제나라는 즉시 병사를 보내주었다.

자공의 심리 경영

　기원전 485년 경, 제나라에는 큰 세력이 넷이 있었는데 고 씨, 국 씨, 포 씨, 안 씨가 그들이었다. 제나라의 대부 전상은 반란을 꾀하려 해도 그들이 두려웠다. 때문에 어떻게 하든 그들의 세력을 약화시킬 필요가 있었다. 전상은 그들과 군대를 합쳐 노나라를 치기로 했다. 그렇게 함으로써 일단은 그들의 힘을 소모시키고 볼 속셈이었다.

　공자가 이 소식을 듣고는 근심이 깊었다. 이에 공자는 제자들에게 나라를 구하러 나서지 않는다고 질책을 했다.

　"그대들은 어찌하여 조상의 무덤이 있는 우리 부모님의 나라를 구하러 나서지 않는가?"

　처음에 자로가 나서서 청하자 공자는 허락하지 않았다. 다음에 자공이 나서서 공자에게 허락을 얻어냈다. 자공은 말재주가 뛰어난 사람이었다. 공자는 늘 이 점을 꾸짖어 스스로를 경계하게 했다. 그러나 자공은 발 빠르게 5개국을 뛰어다니더니, 제나라의 침공 계획을 바꿔놓았다.

　자공子貢은 제일 먼저 제齊나라로 급히 가서 전상田常을 만났다. 그리고는 그의 판단이 크게 잘못되었음을 지적하며, 그 이유로 노魯나라는 공략하기 어려운 나라라는 것을 설명했다.

"당신이 노나라를 치려는 것은 잘못된 판단입니다. 그 나라는 성벽도 낮고 헐어빠져 약하며, 땅은 좁기도 하거니와 비옥하지도 못하고, 또 임금조차 어질지도 못할 뿐더러 우둔하기까지 합니다. 대신들 또한 무능하기 짝이 없고, 병사나 백성들은 전쟁에 싫증이 나 있습니다. 이런 나라는 싸울 상대가 못 되니 오나라를 치는 것이 낫습니다. 오나라는 성도 높이 새로 지어서 공격하기가 수월치 않고, 또 땅은 넓은데다 비옥하기 그지없으며, 군사시설도 최근에 병장기를 새로 만들어 싸움에 걱정이 없거니와, 그래서 병졸들은 사기가 하늘에 닿아 있습니다. 그뿐 아니라 식량까지 그 모든 것이 성안에 완비되어 있습니다. 게다가 어진 대부들이 보좌하고 있으니 오나라를 치는 게 좋습니다."

전상은 벌컥 화를 내며 노기 띤 목소리로 말했다.

"네가 어렵다고 하는 것은 남들에겐 오히려 쉬운 일이고, 네가 쉽다는 것은 오히려 어려워 보이니 대체 상식과 다르게 뒤집어서 나를 미혹하는 이유가 무엇이냐?"

자공은 다음과 같이 대답했다.

"나라 안에 걱정거리가 있을 때는 강한 적을 공격하고, 나라 밖에 걱정거리가 있을 때는 약한 적을 공격해야 한다고 들었습니다. 저는 지금 대신들의 반대 속에서 당신이 설 땅이 좁다는 것을 들어서 알고 있습니다. 그런 마당에 노나라를 공략하여 너무도 쉽게 제나라의 영토를 넓히게 되면, 임금은 임금대로 대신은 대신대로 교만해지고 그 위세가 더욱 높아질 것입니다. 그러면 당신의 공로는 드러나지도 못한 채 입지만 더욱 좁아지게 됩니다. 게다가 아래로 신하들까지 방자해진다면 당신이 뜻하는 바를 영영 이루기가 어렵게 됩니다. 대개 임금이 교만해지면 방탕하게 되고, 신하가 방자해지면 권력다툼이 일어나는 법이니, 당신은 임금과 더욱 멀어지게 될 것이며, 대신들과는 팽팽한 힘겨루기로 골치만 아플 것입니다. 그러나 오나라는 쉬운 상대가 아니어서 이기지 못할 경우 대신들은 나라 안에서 죽을 것이고 밖에선 수많은 백성들이 죽을 것입니다. 그렇게 되면 당신을 억압할 강한 적수가 없을 것이고, 아래로는 백성들에게 그 어떤 원망도 듣지 않을 것입니다. 다시 말해서 임금마저도 의지할 바가 없어져 고립시킬 수 있을 테니 제나라는 당신 혼자서 주무르기 나름입니다."

전상은 자공에게 다시 물었다.

"좋은 생각이다. 그러나 군대가 이미 노나라를 향해 떠났으니 어찌 오나라로 방향을 돌리라고 한단 말인가? 대신들의 의심을 살 것이다."

자공이 의기양양하여 말했다.

"그것도 문제될 게 없습니다. 당신은 잠시만 군대를 붙들어 놓으십시오. 그리고 제가 오나라 임금을 만나도록만 주선하십시오. 저는 재빠르게 오나라 왕이 노나라를 위해서 제나라를 공격하도록 만들겠습니다. 당신은 그때 가서 오나라를 공격하라고 명령만 내리면 됩니다."

전상은 이를 쾌히 수락하고 자공을 즉시 남쪽으로 보내 오나라 왕을 만나게 해 주었다.

자공은 오나라 왕 부차에게 이렇게 말했다.

"신이 들으니 왕의 도리는 속국의 후대를 끊지 않는 대덕을 베풀면서도, 속국의 국력이 도가 넘지 않도록 견제할 수 있어야 패업을 이룰 수 있다고 합니다. 지금 제나라는 막강한 병력을 노나라로 이동시키고 있으니 이는 노나라를 통제하기 위한 것이 아니라 실상은 오나라와 위세를 다투기 위함이 아니겠습니까? 저는 실로 이 점이 왕을 위하여 심히 걱정이 됩니다. 이때 왕께서 노나라를 구원하신다면 그것은 명분을 살리는 일이 됩니다. 그리고 강대한 제나라를 친다면 그것은 커다란 득을 가져오게 됩니다. 나아가 사수泗水 유역의 제후들을 끌어들여 제나라를 격파하고, 연이어 진晋나라를 무너뜨린다면 그 이익은 말로 다할 수가 없을 정도입니다. 이것은 위기에 찬 노나라를 구원한다는 명분 속에서 강한 제나라를 크게 위축시키는 일입니다. 현명한 사람이라면 이런 계책을 두고 망설이지 않을 것입니다."

다 듣고 난 오나라 왕이 말했다.

"좋은 계책이오! 허나 나는 월나라와 싸워서 월나라 왕을 회계산에서 지내도록 가두어 놓았는데, 그가 지금 원한을 품고 복수의 칼을 갈고 있으니, 내가 월나라를 해결한 다음에 당신의 계책을 따르도록 하겠소."

자공이 다시 말했다.

"월나라는 오나라에 미치지 못하고, 오나라는 제나라를 능가하지 못합니다. 지금 왕께서 제나라를 놓아둔 채 월나라를 향한다면 그 사이 제나라는 노나라를 삼킬 것입니다. 그러면 노나라를 구원한다는 명분은 사라지고 맙니다. 더군다나 강한 제나라가 두려워서 작은 월나라를 치는 것으로 보일 것입니다. 용감한 사람은 어려움을 비켜가지 않고, 어진 사람은 곤경에 처한 사람을 버려두지 않으며, 지혜로운 사람은 기회를 놓치지 않는 법입니다. 그리고 왕은 다른 나라의 후대를 끊지 않음으로써 의를 세웁니다. 왕께서는 월나라를 그대로 두십시오. 그것으로 제후들에게 인의를 보이시고, 노나라를 위해 제나라를 징벌한 다음에, 오나라의 힘을 진나라에 더한다면, 제후들은 다투어서 오나라로 귀순할 것입니다. 그렇게 되면 왕께서 패업을 이루시게 됩니다. 만일 왕께서 월나라를 꺼리신다면 제가 동쪽으로 가서 월나라 왕을 만나 오히려 군대를 지원하게 하겠습니다. 그러면 사실상 월나라는 텅 비게 됩니다. 이는 명목상 제후들을 이끌고 제나라를 응징하는 명분을 얻는 일입니다."

오나라 왕은 크게 기뻐하며 자공을 월나라로 보냈다.

월나라 왕 구천句踐은 거리를 청소하고 교외까지 마중 나와 자공을 맞이한 후, 직접 수레를 몰아 숙소까지 데려다 주었다.

"대부께선 무슨 일로 오랑캐 나라까지 오셨습니까?"

자공은 다음과 같이 말했다.

"저는 오나라 왕에게 노나라를 도와서 제나라를 치도록 권했습니다. 오나라 왕은 그 사이에 월나라가 쳐들어올까봐 걱정되어 '내가 월나라를 치기까지 월나라가 기다려 준다면 그렇게 하겠다.'고 하였습니다. 오나라는 필경 월나라를 공격해올 것입니다. 보복할 의사도 없이 의심을 받는 것은 우둔한 일이나, 그럴 의사가 있는데 눈치를 채게 한다면 실로 위태로운 일이 아니고 무엇이겠습니까? 그러나 뜻한 바가 실행되기도 전에 들통이 난다면 그건 더욱 위험합니다. 큰일을 꾀하려는 사람에게 이 세 가지는 무척 조심해야 할 요소들입니다.

월나라 왕은 공손히 두 번 절하고 다음과 같이 말했다.

"저는 일찍이 저의 힘을 셈하지 않고 오나라와 싸웠다가 회계산에서 곤욕을 치르고 이런 신세가 되었습니다. 그때의 고통으로 맺힌 원한은 저로 하여금 밤낮으로 복수할 생각에 잠도 이룰 수가 없게 만듭니다. 오나라 왕과 싸우다 죽을 각오까지 하고 있습니다."

오나라에 복수할 방법을 묻는 구천에게 자공이 대답했다.

"오나라 왕은 사람됨이 잔인해서 모든 신하가 괴로워합니다. 게다가 잦은 전쟁으로 군사들도 싫증을 내고 있고, 백성들도 원망에 사로잡혀 있으며, 대신들도 변절하여 사욕을 채우기에만 급급합니다. 이는 패망의 전조입니다. 지금 왕께서 군사를 내어 그를 지원하고, 귀한 보물들로 그의 환심을 사면서 자신을 낮춘다면, 그는 필경 안심하고 제나라를 칠 것입니다. 그리하여 오나라가 전투에서 패하면 그것은 왕의 복입니다. 설령 이긴다 해도 오나라 왕은 거기서 멈추지 않고 여세를 몰아 진나라를 칠 터이니 필경 오나라 왕의 세력은 약해질 것입니다. 오나라는 제나라에서 정예병사의 기력을 빼고, 튼튼한 무기를 지닌 병사들은 진나라에서 맥이 빠지게 될 터이니, 왕께서 그 틈을 타서 공격한다면 반드시 뜻을 이룰 수 있을 것입니다."

월나라 왕은 크게 기뻐하며 허락하였다. 월나라 왕은 자공이 떠날 때 황금 백일鎰과 칼 한 자루, 좋은 창 두 자루를 선물하였다. 자공은 그것을 받지 않고 오나라로 갔다.

자공은 오나라 왕에게 찾아가서 이렇게 보고하였다.

"신이 삼가 왕의 말씀을 월나라 왕에게 전했더니, 그는 몹시 두려워하면서 '저는 불행히도 어려서 부친을 여의고 저의 분수도 망각한 채 오나라에 덤벼들었다가 패하여 회계산에 숨어들어 나라를 폐허로 만들었습니다. 그러나 너그러운 왕의 덕에 의하여 조상께 제사는 지낼 수 있게 되었으니 어찌 그 은공을 모르고 오나라에 딴 마음을 품겠습니까?'라고 하였습니다."

그로부터 닷새 후, 월나라는 대부 문종文種을 사신으로 보내왔다. 그는 오나라 왕에게 예를 올리고 다음과 같이 말했다.

"동해 구천의 사신 문종이 대신들을 통해서 문안드립니다. 듣건대 왕께서는 대의로서 군사를 일으켜 약자를 구하고 포악한 제나라를 벌줌으로써 주나라 종실을 편안케 하신다고 하니, 저희는 병사 3천 명을 모두 동원하여 대왕의 휘하에서 지휘 받고자 합니다. 또한 월나라 왕은 무장한 채로 직접 선봉에 서서 적의 화살과 돌을 막고자 합니다. 월나라의 천한 신하 문종에게 선대로부터 물려받은 갑옷 스무 벌과 도끼, 굴로屈盧라는 장인이 만든 창과 빛나는 칼을 올리게 하였습니다."

오나라 왕은 크게 기뻐하며 자공에게 물었다.

"월나라 왕이 직접 제나라 정벌에 나서겠다고 하는데 허락해도 괜찮겠소?"

자공이 대답했다.

"그건 안 됩니다. 남의 군대를 모조리 동원시켜 남의 나라를 텅 비게 하면서 또 그 나라의 왕까지 싸움터로 나가게 하는 것은 의롭지 않습니다. 예물과 군대만 받으시고 왕의 종군은 사양하십시오."

오나라 왕은 자공의 권고를 받아들였다. 오나라 왕은 드디어 아홉 군의 병사들을 동원하여 제나라 정벌에 나섰다.

자공은 진나라로 가서 정공에게 말했다.

"지금 제나라와 오나라가 싸우려 하고 있습니다. 만일 이 싸움에서 오나라가 패하면 월나라가 오나라를 공격할 것이고, 오나라가 이기면 그 여세를 몰아 반드시 진나라를 공격해올 것입니다."

진나라 왕은 두려워하며 물었다.

"이일을 어떻게 하면 좋단 말이오?"

자공이 대답했다.

"군대를 잘 정비하고 병사들을 잘 준비시키십시오."

진나라 왕은 그의 말을 따르기로 하였다.

자공은 노나라로 돌아왔다. 오나라 왕은 과연 제나라와 싸워 애릉艾陵에서 크게 이기고 적의 장군 일곱 명과 그의 군사들을 사로잡았다. 그리고 그 여세를 몰아 진나라로 진격했다. 황지黃池에서 두 나라는 맹렬히 교전을 치렀고 진나라가 크게 이겼다. 이 소식을 들은 월나라 왕이 강을 건너 오나라 도성 밖 칠 리쯤에 진을 쳤다. 오나라 왕은 이 소식을 듣자마자 진과의 교전을 중단했다. 부리나케 돌아온 오나라 왕은 오호五湖에서 월나라와 세 차례 싸웠으나 모두 패하여 결국 오나라는 월나라에게 도성까지 내주었다. 월나라 군대는 오나라 궁궐을 포위한 뒤 오나라 왕 부차를 죽이고, 재상 백비까지 죽였다. 이리하여 삼년 뒤에 월나라는 동방에서 꺼리는 적이 없었다. 제후들은 월나라 왕 구천을 패왕이라고 불렀다.

이와 같이 자공은 한 번 나서서 노나라를 보존시키고, 제나라를 혼란에 빠뜨리고, 오나라를 멸망시켰으며, 진晉나라를 강국으로 만들었다. 그리고 월나라를 제후들의 우두머리가 되게 하였다. 즉 자공이 한 번 뛰어다녔더니 각국의 형세에 균열이 생겼다. 십년 사이에 각 나라에 커다란 변화가 있었다.

나비 효과가 일으키는 정치 기상도

어느 날 자공이 공자에게 사師와 상商 중 어느 게 더 나은가를 물은 적이 있었다. 공자는 사師는 지나친 데가 있고 상商은 미치지 못하는 데가 있다고 대답했다. 그럼 사師가 더 나은가를 자공이 되묻자 다시 대답하여, 지나친 것은 모자란 것과 같다고(過猶不及) 하면서 "너는 소인배 같은 선비가 되지 말고 군자 같은 선비가 되라고(汝爲君子儒, 無爲小人儒)" 덧붙였다. 과유불급이라는 가르침에 따르면 자공의 행적은 지나치지도 모자라지도 않았다. 그것은 이 일의 성공이 입증한 셈이다. 특히 월왕 구천의 선물을 사양한 것은 오히려 자공의 순수성을 보증하는 대목이다. 그러나 그가 꽁지에 불붙은 심정으로 급하게 다녔든, 성공을 확신하고 양양하게 다녔든, 이 일은 공자의 호통에서 비롯되었다. 물론 조국을 구한다는 대의는 있었다지만 어쨌든 이들은 인仁을 표방하는 유가儒家였다.

어질다는 품성 속에는 자애로움이 스며있다. 그래서 그 뜻은 만물을 낳는 어머니의 마음으로까지 확대된다. 그것은 참으로 커다란 사랑의 덕목이라서 우리가 완벽하게 인仁을 갖추고 실행하는 데는 물론 상당한 어려움이 있기 마련이다. 그럴지라도 그 안에는 거짓이 비집고 들어설 틈은 없다. 허나 자공이 한 행위는 모조리 거짓으로, 좋게 말하면 모사요 심하게 말하면 사기詐欺가 된다. 그렇다 하더라도 전쟁사는 읽기에 재미가 있다. 게다가 나라 간의 전쟁을 마치 골목대장 싸움 붙이듯 날개를 펄럭인 자공의 활약상은 놀랍기만 하다. 행적으로 보아선 유가의 학도라는 것이 믿어지지 않을 정도이다.

헌데, 자공의 행적을 이끈 부분에 대하여 북송의 문호 소식蘇軾은, 제나라가 노나라를 정벌하려던 게 전상 때문이 아니라고 한다. 계희季姬가 도공悼公을 노하게 했기 때문이라는 것이다. 또 오나라가 제나라 정벌에 나선 것도 자공 때문이 아니라 도공悼公의 변덕이 심해서였다면서 사마천의 기록 모두가 사실이지만은 않다는 것이다. 하긴 사기를 읽다 보면 자료의 어떤 부분에서 연대가 상이하다든가 같은 내용이 다르게 기록된 것이 발견되기도 한다.

아무튼 계희가 도공을 노하게 만든 경위는 이렇다.

기원전 547년에 제나라 장공莊公이 최저의 난으로 죽는데, 최저는 장공의 이복동생인 경공景公을 보위에 앉히고 우승상이 되었다. 이때 안영이 장공의 시신을 베고 곡을 했다는 얘기는 유명하다. 태사공도 안영의 충절을 흠모하여 '오늘날 안자가 살아있다면 나는 그를 위해 채찍을 드는 마부가 되어도 좋을 만큼 흠모한다.'라고 말했다.

당시 제나라는 조세와 형벌이 무거웠고 나라가 내란으로 혼란스러웠다. 나라는 우승상 최저와 좌승상 경봉慶封의 세상이었는데, 최저가 안하무인이 되자 경봉은 최저를 죽이고 상국이 되었다. 그러나 상국 경봉 또한 전씨 일파들에게 쫓겨서 오나라로 달아나자 경공 자신도 제나라는 결국 전씨에게 돌아갈 거라고 생각하게 되었다.

경공 58년에 맏아들이 세상을 뜨자 태자문제가 불거졌다. 당시 경공에게는 애첩 예희芮姬에게서 낳은 아들 도가 있었다. 예희는 신분도 낮고 행실도 나빴으나 늙은 경공은 그녀를 사랑했다. 대부들은 경공이 도를 태자로 세울까봐 염려되어 그 문제를 거론하면 경공은 회피를 하거나 이렇게 말했다.

"즐기기를 원할 뿐이지 나라에 왕이 없을까 걱정이오?"

그러나 내심으론 도를 태자로 세우고 싶었다. 그해 가을 경공이 병이 들자 도를 태자로 세우고 다른 공자들은 내莱땅으로 옮겨가서 살게 했다. 경공이 죽자 태자 도(안유자晏孺子)가 임금 자리에 올랐다. 이때 배다른 형들인 다른 공자들은 목숨에 위협을 느껴 경공을 안장도 못한 채 국외로 망명을 했다. 공자 양생陽生은 공자 서와 함께 노나라로 도망갔다. 그때 노나라의 집정대신 계강자季康子가 양생에게 여동생 계희季姬를 아내로 주었다. 머지않아 대부들은 다시 양생을 맞이해서 자리에 앉혔다. 이 사람이 도공悼公이다. 그리고 안유자는 살 곳을 지정해주고 옮기는 척하다가 도중에 죽었다.

그 사이 노나라에 있던 계희는 계방후와 사통을 하였다. 이 사실을 모르는 제나라의 도공은 보위에 오르자 바로 계희를 맞이해 오려고 했다. 난처해진 건 계희였다. 계희는 노나라에 실상을 고백했다. 그러자 이제는 노나라가 사실대로 말할 수도 없고 난처하게 되었다. 그러는 사이 제나라가 변방을 슬쩍 건드려서 노나라의 환읍과 천읍을 빼앗으며 계희를 찾아갔고 계희가 총애를 받게 되면서 제나라는 빼앗은 땅을 다시 돌려주었다.

북송의 소식은 이 내용을 들어서 제나라가 노나라를 치려 했다는 것은 전상 때문이 아니라 도공이 화가 났기 때문이라고 하는데, 사실상 사기에는 목목이 연대가 나오질 않아서 정확한 것은 알 수가 없다. 하지만 제나라가 노나라를 쳐서 계희를 데려갔다는 것으로 짐작하건대 소식의 견해는 맞을 것 같지 않고, 전상이 노나라를 치려고 했던 시기가 그 무렵이기는 하나 계희와는 별개의 일로 여겨진다.

제나라 도공은 재위 4년 만에 오나라와 노나라가 침공하여 포목鮑牧이라는 자에 의해 죽었다. 그리고 도공의 아들 간공簡公이 자리에 올랐다가 4년 만인 기원전 481년에 전상에게 살해되고 전상은 간공의 동생 오를 자리에 앉혔다. 이 사람이 평공平公이다. 이때 전상은 그의 재상이 되어 제나라 정치를 휘둘렀다. 그 후, 백여 년 뒤인 기원전 379년에 주나라 초기 공신인 태공 여상呂尙의 봉국인 제나라는 전상의 증손자 전화田和의 소유가 되었다.

이렇게 주욱 훑어보니, 소식이 어찌 말했을지라도 전상이 대부들의 세력을 약화시키기 위해 노나라를 치려했다는 말은 꽤나 사실적으로 보인다. 나아가 자공의 활약상을 드라마틱하게 연출한 사마천의 문학적 재능은 더욱 돋보이는 듯하다. 게다가 망가진 몸으로 근이천오백여 년의 역사를 수집하기 위해 발로 뛰어 확인하고 분류하여, 대쪽에다 한 자 한 자 심혈을 기울여 써나갔을 사마천의 노고는 존경스럽기 한량없다. 또한 열전의 한 귀퉁이에 자공의 행적을 드라마틱하게 그려 넣은 사마천은 아무래도 나비효과를 말하려 했던 것으로 사기 전권全券이 한 폭의 정치 기상도로 보인다.

브라질에 있는 나비 한 마리의 날갯짓이 텍사스에 토네이도를 일으킬 수 있다고 한다. 그러한 나비효과는 카오스 이론을 도출시켰고, 카오스 이론은 더욱 정밀하고 심도 깊은 복잡계이론(Complex Systems Theory)으로 진화했다. 그리고 어차피 그 이론들이 가설 위에서 연구되는 현상학이라면, 자공이 일으킨 나비효과 또한, 그게 사실이라는 가설 아래서, 십여 년에 걸친 5개국의 세력판도뿐 아니라 오늘날의 판세에도 커다란 힘으로 작용되었던 것이라는 생각을 하게 된다.

리처드 3세에 대한 영국 전래 민요이다. 자공의 나비효과에 붙여본다.

"못이 없어 편자를 잃었다네.
편자가 없어 말을 잃었다네.
말이 없어 기사를 잃었다네.
기사가 없어 전투에 졌다네.
전투에 져서 왕국을 잃었다네."

합리적 경영으로
패주를 만든 관중

기원전 694년, 노나라 사람들이 제나라 군주에게 알렸다.

"우리 군주는 편안히 머물지 못하고 당신에게 예절을 다하였으나 돌아오지 못하였습니다. 그래도 죄를 물어 꾸짖을 곳이 없으니, 청하건대 팽생을 잡아들여 제후들 간에 퍼져있는 추악한 소문을 없애주십시오."

[제 태공 세가]에서

어느 날 노나라 환공이 왕후와 함께 제나라를 방문했다. 제나라 양공은 여색을 지나치게 탐하여 대부들에게 신뢰를 잃었음에도 불구하고 노나라의 왕후와 정을 통했다. 노환공이 이 사실을 알게 되자 제양공은 팽생을 시켜 노환공을 죽였다. 그런 후 공손무지가 난을 일으켜 양공을 시해하여 정국이 혼란스럽게 되자 공자들은 아버지의 장례도 못 치르고 다른 나라로 달아났다. 이때 공자 규는 노나라로, 소백은 거나라로 달아났는데, 규는 관중이 모셨고 소백은 포숙이 모셨다. 그로부터 얼마 지나지 않아 공손무지가 시해되는 사건이 또 일어났다. 제나라는 세력을 놓고 보이지 않는 움직임이 시급하게 벌어지게 되었다. 그 틈에 제나라의 정경 국의중은 재빨리 소백을 귀국시키려고 거나라로 사람을 보냈다. 이 일은 노나라에 바로 소문이 났다. 노나라는 군대를 동원하여 소백의 앞길을 막게 하면서 관중에게도 군사들을 붙여주었다. 관중은 군사들을 데리고 소백이 나타나길 기다렸다가 화살로 소백을 쏘아 쓰러뜨렸다. 관중은 소백이 죽은 줄로 오판하여 사람을 보내 노나라에 알리게 했다. 그러나 죽은 척하고 있던 소백은 그 자리를 도망쳐 제나라로 달아났다. 그러자 소백을 기다리고 있던 대부들은 그를 맞아 보위에 오르게 했다. 이 사람이 환공이다. 환공은 왕위에 올라 군대를 출동시켜 노나라를 막으면서 관중을 죽이려고 했다. 그때 포숙아는 오히려 왕에게 관중을 천거했다. 왕은 포숙아의 말을 듣고 관중을 중용했다. 관중은 왕을 도와 제나라를 강국으로 만들고 환공을 춘추오패의 제일 첫 번째 패주가 되게 했다.

　　노나라 환공桓公이 부인과 함께 제나라에 왔을 때, 부인은 제나라 양공襄公과 정을 통하게 되었다. 노나라 환공이 이것을 알게 되어 부인에게 화를 냈다. 노부인이 이 사실을 제나라 양공에게 말하자, 양공이 노환공을 술자리로 초청하여 술에 취하게 한 후, 팽생彭生을 시켜 살해하고 말았다. 원래 환공의 부인은 양공의 이복 여동생이었다. 두 사람 간엔 과거에도 그런 일이 있었는데 다시 만나게 되자일이 또 벌어지게 된 것이었다. 이 문제는 사소한 문제가 아니었던 만큼 양쪽 나라의 조정을 시끄럽게 했다. 제양공은 노환공을 주살한 것에 대해 뚜렷한 말을 못하고 이치에 어긋나게 둘러댔다. 이렇게 노환공을 주살하고, 여자들에게 음란한 짓을 하며, 대신들을 속이는 일이 거듭되자 양공의 동생들은 그 재앙이 자신들에게 미칠까봐 다른 나라로 도망을 갔다. 둘째 왕자인 규糾는 관중管仲과 소홀召忽이 보좌하여 노나라로 갔고, 다음 동생 소백小白은 포숙鮑叔이 보좌하여 거莒나라로 갔다.

　　이때 공손무지가 난을 일으켜 양공을 죽인 후 스스로 왕이 되었다. 공손무지公孫無知는 양공과는 외사촌 간이었다. 그는 선왕인 희공釐公에게 큰 사랑을 받아서 태자에 버금가는 녹봉을 받고 있었다. 그때 태자였던 양공이 그와 다투는 일이 있었다. 그 일로 인해 양공이 자리에 올랐을 때 무지의 녹봉과 의복을 없애 버렸다. 이때부터 무지가 양공에게 상당한 원한을 갖게 되었다.

그 후 12년의 세월이 지나서 오이 농사로 수자리를 살던 두 사람이 있었다. 그들은 1년이 되어도 교대할 사람이 와야만 집에 돌아갈 수 있었다. 그러나 양공은 교대할 군사를 보내주지 않았다. 그들은 오랫동안 집에 가지 못하여 화가 났다. 어떤 사람이 그들을 위해서 왕에게 청원을 했다. 그러나 양공은 그 청원을 거절하고 말았다. 이들은 공손무지를 찾아가 난을 벌이도록 부추겼다. 마침 이들 중 한 명이 왕에게 총애를 받지 못한 궁녀와 사촌 간이었다. 그는 궁녀에게 "일이 성공하면 너는 무지의 부인이 될 수 있다."라고 설득했다. 그러자 궁녀는 궁 안의 사정을 살펴서 이들에게 알려주기 시작했다. 그러던 어느 날 양공이 고분姑棼에 놀러갔다가 멀리까지 사냥을 나가게 되었다. 그날 양공이 멧돼지를 쏘았는데 그 멧돼지가 앞발을 치켜들고 사람처럼 벌떡 일어나서 우는 것이었다. 그 바람에 양공은 혼비백산하여 신발을 잃어버리게 되었다. 양공은 궁궐로 돌아와서 신발을 관리하는 불茀이라는 역인役人을 불렀다. 그런 후 채찍으로 내려쳤는데 그 횟수가 삼백 대나 되었다. 마침 그 날이 무지의 거사 날이었다. 불이 집에 가려고 궁문을 나서자 공손무지와 그의 패거리들이 있었다. 불은 잠시 생각을 해 보았다. 그러다가 몸을 돌려 그들에게 길안내를 해주었다. 그때 양공은 문 사이에 숨어 있었는데 급히 숨느라고 그만 두 발이 밖으로 삐져나온 상태였다. 그들은 두 발을 보고 그가 양공인 줄 알게 되어 그 자리에서 시해했다. 이렇게 해서 무지는 기원전 686년에 스스로 제나라의 임금이 되었다. 그리고 이듬해에 원한관계로 살해되었다. 무지를 죽인 사람은 제나라 대부에게 알리면서 이렇게 말했다.

"무지가 양공을 시해하고 스스로 자리에 올랐기에 신이 삼가 주살하였습니다. 다시 공자들 중에서 적당한 이를 세우시면 대부들의 명을 듣겠습니다."

이렇게 해서 임금을 새로 세우는 일에 관해 논의하게 되었다.

소백을 옹호하던 대부 고혜와 국의중國懿仲은 노나라에 있는 소백을 아무도 모르게 먼저 불렀다. 노나라도 무지가 죽었다는 소문을 듣고는 군사를 내어서 규에게 보냈다. 또 관중에게도 별도의 병사를 인솔하게 하여 거나라로 가는 길목을 막게 했다. 관중은 소백이 나타나자 바로 화살을 꺼내 쏘아서 쓰러뜨렸다. 화살은 허리띠의 쇠 부분에 맞았다. 관중은 소백이 죽었다고 생각하여 노나라 조정에 이를 알렸다. 얼마 후 소백은 일어나서 수레를 타고 제나라로 도망했다. 고혜와 국의중은 소백을 맞이해 왕위에 앉혔다. 이 사람이 기원전 685년에 즉위한 환공桓公이다. 한편 규를 호송하던 행군이 제나라에 도착한다는 소식을 들은 소백은 군대를 출동시켜 노나라 군대를 막았다. 규는 노나라로 다시 돌아가게 되었다. 그해 가을 제나라는 노나라에 편지를 보냈다.

"공자 규는 형제라 차마 직접 주살하지 못하겠다. 노후魯侯께서 그를 죽이기를 청한다. 원수 소홀과 관중은 젓갈을 담는 형벌에 처하여 마음을 달래려 한다. 그렇게 하지 않으면 곧 노나라를 포위하겠다."

노나라 사람들은 겁이 나서 공자 규를 죽였다. 소홀은 스스로 목숨을 끊었고 관중은 감옥에 갇혔다. 환공이 임금이 되어 군대를 출동시켰을 때 관중을 죽이려고 했다. 그러나 포숙이 말리면서 오히려 그를 중용하라고 권했다.

"주군께서 제나라를 다스리시는 데는 고혜와 저만으로도 충분하겠지만 패왕이 되시고자 한다면 관이오管夷吾(관중의 이름)는 꼭 필요합니다. 관이오가 머무는 나라는 강성해질 수 있습니다. 놓치면 안 됩니다."

이에 제나라가 노나라에게 관중을 살려 보내 달라고 알리자, 노나라 사람 시백이 장공莊公에게 말했다.

"제나라가 관중을 살려 보내라는 것은 앞으로 그를 등용하려는 것인데, 그가 제나라에서 등용이 되면 노나라의 우환이 될 것입니다. 반드시 그를 죽여서 시체를 제나라에게 주는 것이 낫습니다."

하지만 노나라 장공은 그의 말을 듣지 않고 관중을 옥에 가둔 채 제나라에 주었다. 관중도 환공이 자기를 등용하려는 것을 짐작하였다. 포숙은 관중을 맞이하여 족쇄와 수갑을 풀어주었다. 그리고 몸을 재계하여 상서롭지 못한 것을 떨어내게 한 후 환공을 뵙게 했다. 환공 또한 심신을 가다듬고 관중을 맞아들여 대부로 삼았다. 이렇게 해서 환공은 관중을 비롯하여 포숙, 습붕, 고혜 등과 함께 나랏일을 보게 되었다. 노나라 장공莊公은 제환공이 관중을 대부로 삼았다는 말을 듣자 제환공에게 농락당한 것 같아 마음이 편치 않았다.

관중은 환공이 나라 안의 어지러운 일들을 정비하느라 군사를 일으키지는 않을 것으로 알았다. 하지만 제환공은 젊고 혈기가 왕성했으므로 나라 밖으로 세력을 떨치는 데도 관심이 많았다. 그래서 즉위한 다음해에 보란 듯이 담나라를 정벌해서 멸망시켰다. 이 전쟁은 전에 환공이 도망치던 때 환공에게 예를 갖추지 않았다 하여 벌인 전쟁이었다.

한편 환공이 즉위하고 5년이 지난 뒤에도 노나라 장공은 제나라 환공에게 복수할 마음을 가지고 있었다. 이를 알고 환공이 먼저 쳐들어가서 노나라를 쳤다. 이 싸움에서 노장공은 조말曹沫을 장군으로 삼았는데 조말은 원래 자객으로서 용기와 담력 하나로 노장공을 모시고 있는 사람이었다. 조말은 환공과의 싸움에서 패하여 세 번이나 달아났었다. 그때 노장공은 겁을 먹고 수읍遂邑을 바치면서 제나라와 화친을 맺으려고 했다. 환공은 이를 허락하고 노후魯侯를 가읍柯邑에서 만나기로 했었는데 이날 노장공은 조말을 데리고 나왔다. 노후가 맹세하려고 할때 조말이 환공에게 비수를 들이댔다. 환공 주변에 있던 사람들은 모두 놀랐으나 아무도 움직이지 못했다.

환공도 놀라며 물었다.

"그대는 무슨 짓을 하는 게요?"

조말이 대답했다.

"강한 제나라가 약한 노나라를 침범하는 것은 가혹한 일입니다. 지금 제나라는 노나라의 도성이 무너지면 허물어진 담장이 제나라의 땅으로 떨어질 만큼 깊숙이 쳐들어와 있습니다. 노나라에게 빼앗은 땅을 돌려주십시오."

환공은 어쩔 수 없이 돌려주겠다고 약속을 했다. 그러자 조말이 비수를 내던지고 단상에서 내려와 제자리에 앉았는데 그 얼굴색에

변함이 없었고 말소리도 평소와 다름이 없었다. 환공이 화가 나 방금 전의 약속을 후회하며 조말을 죽이려고 했다. 그러자 관중이 이를 말리며 환공에게 말했다.

"위협받아 허락했다가 이제 그를 죽이면 그로 인해 제후들에게 신의를 잃고 천하의 지지 또한 잃게 될 테니 그래서는 안 됩니다."

그래서 환공은 조말이 세 번의 싸움에서 잃었던 땅을 모두 노나라에 돌려주었다. 이 일로 인하여 제후들은 제나라로 귀의하게 되었다. 이로써 '주는 것이 곧 얻는 것임을 아는 게 정치의 비책'이라는 말이 생겼다. 그리하여 2년 뒤인 기원전 679년, 재위 7년 만에 환공은 견읍甄邑에서 제후들과 회맹하여 처음으로 패주覇主가 되었다. 이때 주周나라 왕실은 이미 통제력을 잃고 있었으므로 힘을 갖춘 제후가 천하를 호령하게 되었다. 패자는 주왕조의 종주권을 존중하면서 중원 제국을 위협하는 주변의 소수민족을 격퇴하고 중원의 질서를 유지해야 했다. 환공이 패주가 된 데는 관중의 공로가 결정적이었다.

관중은 병사를 선발하는 군대 행정조직을 관민 합동체제로 개선했다. 그것은 다섯 가구를 한 조로 묶는 것인데, 나라에 전쟁이 일어나면 한 집에서 장정 한 명씩을 징발하여 그 다섯 명이 한 대오를 이루게 하는 것이었다. 이것은 백성들로 하여금 평시에는 생업에 종사하고 전시에는 전쟁에 임하게 하는 것으로서 생업과 나랏일 양쪽을 거들게 하는 것이었다. 그뿐 아니라 관중은 경제개혁에도 착수하여 물가 조절법을 시행하는 가운데 소금을 생산하고 어업을 장려했으니 이를 유통시키는 방식과 세금 문제가 극히 합리적이고 편리하게 바뀌었다. 그리하여 백성들의 생업이 한층 더 활성화되었다. 또 그에 따르는 풍요는 사람들에게 군주와 관리에 대한 믿음과 공경을 일으켰다. 관중은 범법자들에게도 갱생의 기회를 줄 방법을 찾다가, 그들로 하여금 벌금을 내거나 병기를 만드는 일에 종사하는 것으로서 속죄를 하도록 하여 이 또한 군사력을 보조하는 한몫이 되게 했다. 관중은 인재를 모으기 위해서도 애를 썼다. 그는 우선 어질고 재능 있는 자들을 등용하는 제도부터 개선했는데 관리를 임명하기 전에 반드시 세 번이나 심사를 거치게 하였다. 이는 뇌물이나 청탁 등을 통한 불완전한 인사기용을 근절시키고자 하는 것으로서 보다 널리 인재를 구할 수 있는 방법이었고 평민마저도 관리로 임용될 수 있었던 공평한 제도였다. 이러한 개혁들로 인해서 제나라의 민심은 안정되고 국력은 급속히 신장되었다.

관중은 이렇게 말했다.

"창고에 물자가 풍부해야 예절을 알게 된다. 또 먹고 입는 것이 풍족해야 명예와 치욕을 알게 된다. 임금이 법도를 실천하면 육친이 굳게 결속하고, 나라를 다스리는 네 가지 강령인 예의禮, 올바름義, 청렴함廉, 부끄러움恥이 펼쳐지지 못하면 나라는 멸망한다. 물이 흐르듯 이치에 맞게 명령을 내리면 그 명령은 민심과 어긋나지 않는다."

공자孔子는 관중의 공적에 대하여 '환공이 비참한 수단에 호소하지 않고 제후들을 복종시킬 수 있었던 것은 관중의 활약 때문이었다. 관중은 환공을 보좌하여 제후의 맹주가 되게 하고 천하의 질서를 회복했으며, 그 은혜는 오늘날까지 미치고 있다. 만약 관중이 없었다면 우리는 오랑캐의 풍속을 강요당하고 있었을지도 모른다.'라고 말했다. 또 태사공은 이렇게 말했다.

"관중은 정치를 하면서 재앙도 복이 되게 하고, 실패할 일도 성공하게 이끌 줄 알았다. 그는 백성이 원하는 바가 무엇인가를 살펴서 백성이 바라는 바를 따르고 백성이 꺼리는 것은 없애주었다. 또한 이득과 손실을 정확히 따지면서, 얻고 잃는 것에 대한 판단을 신중히 하였다."

제나라는 본디 바닷가에 의지한 작은 나라였다. 그러나 관중은 뜻을 크게 펼쳐서 당시 누구와도 견줄 수 없는 국가로 제나라를 성장시켰다. 특히 시대의 폐단을 바로 잡고 문화적으로 그 수준을 크게 육성시켰다. 이는 제환공이 인재를 중시하고 원대한 계책을 세웠기에 가능했던 일이었다.

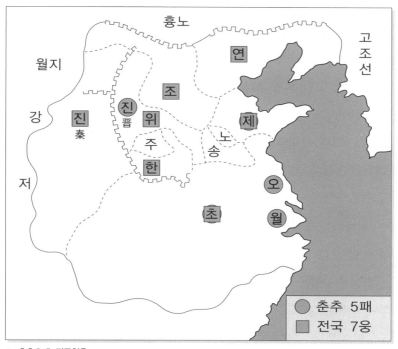

▶ 춘추오패, 전국칠웅

여자 때문에 혼란을 겪은 진나라

장백莊伯의 아들 칭稱은 곡옥曲沃의 무왕으로 불렸다. 곡옥의 무왕은 진후晉侯 민을 죽이고 그의 보물을 모두 주나라 희왕에게 바쳤다. 그러자 주나라 희왕은 곡옥의 무왕을 명실상부한 진晉나라 주군으로 임명하고 제후의 반열에 들게 했다. 이렇게 해서 곡옥의 무왕은 기나긴 정벌의 시간을 끝내고 마침내 진나라 땅을 모두 차지하게 되었다. 장백이 곡옥에 봉해진 후 무공이 진의 제후가 되기까지는 67년이 걸렸다. 그리고 무공은 2년 뒤에 세상을 떠났다.

기원전 676년, 아들 헌공이 왕위에 올라 5년 뒤에 여융驪戎을 정벌했다. 그때 여희驪嬉와 여희의 여동생을 얻었는데 헌공은 이 둘을 모두 총애했다. 3년이 더 지나간 뒤의 어느 날 사위士蔿가 헌공을 설득하여 말했다.

"진나라는 공자들이 많아서 그들을 없애지 않으면 장차 난이 일어나게 될 것입니다."

헌공은 사람을 보내서 공자들을 모두 죽였다. 그리고 취聚에다 성을 쌓아 도읍을 정하고 강絳이라고 이름 붙였다. 이때부터 강은 진나라의 도성이 되었다. 그때 화를 모면한 여러 공자들이 괵나라로 달아났다.

헌공은 일찍이 제나라 환공의 딸을 맞아들여 아들 신생申生을 낳아 태자로 정했다. 딸은 후일 진秦나라 목공의 부인이 되었다. 헌공에게는 모두 여덟 명의 아들이 있었다. 그중에 태자 신생, 중이重耳, 이오夷吾가 행동이 바르고 현명하며 선했다. 그러나 여희에게서 7년 만에 해제奚齊를 본 뒤로는 이 세 아들을 멀리하게 되었다.

헌공은 태자를 폐하려는 마음으로 이렇게 말했다.

"곡옥은 우리 조상의 무덤이 있는 곳이며, 포읍蒲邑 곁이 진秦나라이고 굴읍屈邑의 옆이 정나라이니, 아들들로 곡옥을 튼튼히 지키게 하지 않으면 걱정스러울 것이다."

그런 까닭에 헌공은 신생을 곡옥에, 중이를 포읍에, 이오를 굴읍에 살게 하며 이들 서로가 구원도 화친도 하지 못하게 했다. 그리고 여희가 낳은 아들 해제를 강에 살게 했다. 이는 변방의 요충지를 지킨다는 명분으로 공자들의 힘을 분산시키려는 정책이었다. 헌공은 이군二軍을 만들어서 상군을 헌공이 거느리고 하군은 태자를 따르게 하여 괵나라와 위나라를 멸망시켰다. 그리고 곧바로 태자로 하여금 곡옥에 성을 쌓게 했다. 이때 사위는 태자에게 왕의 자리에 오르지 못할 테니 달아나라고 말했다. 태자는 이 말을 따르지 않았다.

한편 신하 중에 이극里克이라는 사람이 있었다. 헌공은 그에게 이렇게 말했다.

"과인의 아들들 중에 누구를 태자로 세워야 할지 모르겠소."

이극이 대답하지 않고 물러나왔는데 태자를 만나게 되었다. 태자가 그에게 물었다.

"나는 아마도 폐위되겠지요?"

이극은 이렇게 대답했다.

"주어진 일에만 열심이라면 무슨 이유로 폐위되겠습니까? 또 불효하지 않을까만을 걱정할 일이지 임금의 자리에 오르지 못할까를 두려워할 필요는 없습니다. 자신을 닦으며 남을 탓하지 않으면 재난에서 벗어날 수 있습니다."

이때 헌공은 여희에게 "나는 태자를 폐하고 해제를 그 자리에 앉히겠다."라고 속마음을 털어놓았다. 그러자 여후는 이렇게 말했다.

"태자는 이미 여러 차례나 군대를 거느렸고 백성들이 그를 따르고 의지하는데 어찌 천첩 때문에 태자를 폐하고 서자를 태자로 세울 수 있습니까? 주군께서 그리 하신다면 천첩은 스스로 목숨을 끊겠습니다."

하고는 태자를 만나서 이렇게 말했다.

"군왕께서 꿈에 제강齊姜을 보셨다 하니 태자께서는 빨리 어머니를 위해 제사를 올리고 그 음식을 군왕께 보내시오."

태자는 곡옥으로 들어가 제사를 올리고 제육을 가져다 헌공에게 바쳤다. 여희는 몰래 사람을 시켜서 제육에 독을 넣었다. 군왕이 사냥을 마치고 돌아오자 주방장이 제육을 헌공에게 바쳤다. 헌공이 고기를 먹으려 하자 여희가 말리면서 이렇게 말했다.

"고기는 먼 곳에서 온 것이니 마땅히 점검해 보아야 합니다."

하고는 제육을 개에게 던져 주니 그것을 먹은 개가 죽었다. 그 다음에 어린 환관에게 주었더니 그 또한 죽었다. 그러자 여희가 흐느끼며 말했다.

"태자가 어찌 이렇게 잔인하단 말인가! 군왕께서 연로하여 목숨이 조석朝夕에 달렸는데 그 새를 못 참고 죽으려고 하다니! 이것은 오직 천첩과 해제가 있기 때문입니다. 원하건대 저희 모자를 다른 나라에 숨어 살게 해주십시오. 만일 저희가 자살을 하더라도 저희 모자로 하여금 한낱 태자의 어육이 되지 않게 해주시기를 바랍니다. 애초에 군왕께서 그를 폐출하려 하실 때 소첩이 그것을 말렸는데 이제와 생각해 보니 정말 후회가 됩니다."

태자가 이 소식을 듣고 신성新城으로 달아났다. 태자에게 어떤 사람이 해명하라고 말하자 태자는 이렇게 말했다.

"군왕께서는 연로하셔서 여희가 아니면 잠도 편히 못 주무시고 음식도 달게 못 드시오. 내가 이를 해명한다면 군왕께서 여희를 노여워하실 테니 어찌 그리 한단 말이오."

어떤 사람이 태자에게 다른 나라로 달아나라고 말하자 태자는 이렇게 말했다.

"이 오명을 뒤집어쓰고 다른 나라로 간다면 누가 나를 용납하겠소? 나는 스스로 목숨을 끊겠소."

이렇게 태자는 목숨을 끊었다. 허나 여희는 남은 두 공자가 두려웠다. 그래서 헌공에게 그들을 헐뜯으며 이렇게 말했다.

"사실 신생이 제육에 독을 넣을 때 다른 두 공자들도 알고 있었습니다."

이 소식을 듣고 중이는 포성으로 달아났고, 이오는 굴성으로 달아나 그들의 성을 지키며 방비했다. 그들의 성벽은 아직 완공이 덜 된 상태였다. 원래 헌공은 사위로 하여금 성 쌓는 것을 맡아 하게 했는데 중간에 이오가 일의 진행이 더딘 것을 헌공에게 보고하자 헌공이 사위를 불러서 꾸짖은 적이 있었다. 그때 사위는 사죄하며 이렇게 말했었다.

"변경의 성읍에는 도적이 적은데 어찌 성벽을 쌓으십니까?"

그리고는 물러나서 노래를 지어 불렀다.

"여우 갓옷의 털이 무성한데 일국—國에 세 명의 공자가 있으니 나는 누구를 따라야 하나?"

여우 갓옷은 여희의 세도가 강함을 비유한 말이었다.

헌공은 아들들이 음모를 꾸미고 있다고 생각했다. 그래서 군대를 보내 포성蒲城을 치게 했다. 그러자 포성 사람 중에서 환관 발제가 중이에게 목숨을 끊으라고 재촉했다. 중이가 담을 넘어가자 발제가 그를 뒤쫓아 옷소매를 베었다. 중이는 마침내 적翟나라로 달아났다. 이번에 헌공은 굴성을 치게 했다. 그러나 굴성 사람들의 방어가 튼튼하여 치지도 못하고 돌아왔다. 이오 또한 적나라로 달아나려 하는데 어떤 사람이 말리면서 말했다.

"중이가 이미 그 나라에 있는데 지금 거기로 가신다면 반드시 진나라가 적나라를 칠 것입니다. 그러니 양나라로 가는 것이 나은데 양나라는 진秦나라와 가깝고 진秦나라는 강성하므로 우리 군주가 죽은 후엔 진나라에게 당신이 귀국할 수 있도록 요청을 하면 될 것입니다."

그래서 이오는 양나라로 달아났다.

이때는 헌공 25년으로서 진나라가 강성해지기 시작하여 진秦나라와 국경을 접하게 되었고 북쪽은 적나라, 동쪽으로는 하내河內까지 이르게 되었다. 그즈음 여희의 동생은 도자悼子를 낳았다.

이듬해인 기원전 651년에 제나라 환공이 규규葵丘에서 제후들과 회맹을 대대적으로 했다. 이때 헌공은 병이 심하여 늦게 출발했다가 다시 돌아왔는데 병이 위중해져서 순식荀息이라는 사람에게 해제로 하여금 뒤를 잇게 하라고 부탁하고는 세상을 떠났다.

이극李克과 대부 비정은 중이를 맞이하고자 하여 세 공자에게 의지해 난을 일으켰다. 그리고 순식에게 말했다.

"세 사람의 원한이 일을 일으키려고 하고 진秦나라 사람과 진晉나라 사람들이 도우려 하는데 그대는 어찌할 것이오?"

순식은 선왕의 유언을 저버릴 수 없다고 했다. 그러자 선왕이 안장도 되기 전에 이극이 장례를 치르는 곳에서 해제를 죽였다. 순식은 해제의 동생 도자悼子를 왕으로 세우고는 헌공을 안장했다. 그 후 두 달 만에 이극이 조정에서 또 도자를 시해하니 순식은 도자를 따라서 죽었다.

이극의 무리들은 도자를 죽인 후 적나라에 사람을 보내 중이를 맞이해서 왕으로 세우려고 하였다. 그러나 중이는 사양하며 이렇게 말했다.

"아버지의 명을 등지고 도망쳐 왔고, 아버지가 세상을 뜨셨는데도 예를 다하지 못했는데 내가 어찌 감히 나라로 돌아가겠소? 대부들은 다른 공자를 추대하시오."

그래서 이극이 양나라에 있는 이오를 맞이하려 하자 이오는 진나라로 돌아가려고 했다. 그러나 여성呂省과 극예가 말리면서 이렇게 말했다.

"나라 안에 임금의 자리를 이을 공자가 있는데 나라 밖에서 왕위를 이을 사람을 찾는다는 게 믿기 어려운 일이니 진秦나라로 가서 강국의 권위에 의지해 입국하면 뒤탈이 없을 것 같습니다."

그래서 이오는 극예에게 후한 뇌물을 주며 '만일 나를 내 나라로 무사히 가게 한다면 진나라의 하서河西 땅을 진秦나라에게 주도록 하라' 하면서 편지를 적어 극예에게 들려 보냈다. 그리고 이극에게는 따로 편지를 보내서 이렇게 말했다.

"진실로 임금의 자리를 얻게 된다면 분양汾陽의 성읍을 그대에게 봉읍으로 주겠소."

진秦나라 목공은 즉시 군대를 출동시켜 이오를 진晉나라로 호송해서 길을 떠났다. 제나라 환공은 진晉나라에 내란이 발생했다는 말을 듣고 제후들을 거느리고 진晉나라로 갔다. 진秦나라 군대와 이오도 진晉나라에 도착했다. 제나라는 습붕으로 하여금 진秦나라와 회동하여 이오와 함께 들어와서 그를 군주로 세우게 했다. 이 사람이 혜공惠公이다. 제나라 환공은 다시 제나라로 돌아갔다.

혜공은 자리에 올라 진秦나라에 비정을 보내 사죄하여 말했지만 하서 땅을 주지 않았다. 또 중이가 나라 밖에 있었으므로 이극이 정변을 일으킬까 두려워 그에게 준다고 했던 봉읍을 주지 않고 죽음을 내렸다. 이때 어린아이들은 다음과 같은 노래를 불렀다.

"공 태자의 묘에 다시 장사지내게 되었다네. 지금부터 십사 년 뒤에 진晉나라도 창성하지 못할 텐데, 창성하게 된다면 형에게 달렸겠지.

비정은 진나라에 사죄하러 갔다가 돌아오지 않아서 화를 면했다. 비정은 진秦나라 목공을 이렇게 설득했다.

"진晉나라의 여성, 극칭, 기예는 실제로 하서 땅을 진秦나라에 주는 것을 반대했습니다. 만일 그들에게 많은 재물을 주어 일을 도모하여 진나라 군주 이오를 내쫓고 중이를 불러들이면 반드시 성공할 것입니다. 진나라 목공은 그렇게 하기로 하고 비정과 함께 진晉나라로 들어가 세 사람에게 뇌물을 후하게 주었다. 세 사람의 대부들은 예물이 너무 많다고 생각하여 비정이 그들을 진秦나라로 팔아 버릴 것이라고 믿었다. 그래서 그들은 비정의 무리 일곱 명을 죽였다. 이런 일들로 인해서 백성들은 혜공으로부터 마음을 돌리게 되었다. 그 후 진나라에 기근이 들었는데 진秦나라 대부들은 도움을 주지 않으려고 했다. 그래서 목공은 이 사태를 어찌할지를 백리해百里奚에게 물었다.

백리해가 대답했다.

"하늘의 재앙은 나라마다 번갈아 생길 수가 있으니 재난을 구제하여 이웃나라를 도와주는 것이 나라를 다스리는 이치입니다. 양식을 팔아야 합니다."

그래서 진나라는 진秦나라로부터 양식을 구걸하듯이 샀다. 그러나 혜공은 워낙 신망을 잃은 데다 거만하기까지 했으므로 결국 진秦나라는 크게 화가 나서 군대를 일으켰다. 진나라에서도 군대를 일으켜 맞서 싸웠으나 진나라 혜공은 秦진나라에게 사로잡혀 버렸다. 그러나 秦진목공의 부인은 진나라 이오의 누이였으므로 눈물만 흘리고 있었다. 그러자 목공은 혜공을 돌려보냈다. 혜공은 진나라로 돌아오자 정치와 교화를 닦는 한편 사람을 보내서 적나라에 있는 중이를 죽이려고 했다. 중이는 이 소식을 듣고 제나라로 갔다.

    기원전 637년에 혜공이 죽고 태자 어가 왕위에 올랐다. 이 사람이 회공懷公이다. 어는 혜공 8년에 진秦나라에 볼모로 간 적이 있었는데 도망쳤다가 다시 돌아온 적이 있었다. 그때 진秦나라는 어를 증오하며 공자 중이를 찾아서 그를 진나라로 돌아가게 하려고 했었다. 때문에 어는 왕위에 오르자 진秦나라의 공격을 두려워했다. 그래서 기한을 정해놓고, 나라 안에서 중이를 따라 도망친 사람들에게 돌아오라고 명령을 내리면서, 만일 기한이 지나도 돌아오지 않는 사람들은 그의 가족들을 모두 죽이겠다고 했다. 그러자 진秦나라 목공은 즉시 군대를 일으켜 중이를 귀국시키고는 사람을 보내서 회공을 죽였다.

    기원전 636년, 중이가 자리에 오르니 이 사람이 춘추오패의 한 사람인 진 문공晉文公이다. 문공은 62세가 되어서야 왕위에 올랐다. 문공은 자리에 오른 후 먼저 민심을 안정시키면서 혜공, 회공 때의 반역자들을 소탕한 후, 공신들을 봉했다. 문공이 즉위한 해에 주周나라 왕실에 내란이 있었다. 문공은 진나라 군대를 이끌고 가서 적나라 사람들을 몰아낸 후 왕자 대를 죽이고 양왕襄王을 맞아들였다. 즉위 5년인 기원전 632년에는 조나라를 침략하고 위나라를 정벌하여 오록五鹿 땅을 빼앗고 조백曹伯을 사로잡았다. 또 초나라를 패배시켜 고립시켰다. 이로써 진문공은 천하의 우두머리 소리를 듣게 되었다.

04
가혹한 경영인 공손앙의 말로

　　기원전 4세기 무렵의 진나라는 아직 기틀이 잡히기 전이었다.
효공은 패주로서의 위상을 떨치고 싶었다. 그러자면 동쪽의
위나라는 진나라에게 무척 성가신 나라였다. 효공은 나라를 다
스리는 이치나 방책보다는 세력을 넓히는 계책들에 더욱 관심을
가졌다. 그래서 현명한 사람을 찾는다는 포고령을 전국에 내렸
다. 이때 위나라에서 젊고 유능한 상앙이란 사람이 진나라를 찾
아와 효공을 만났고 효공은 그를 중용하게 되었다. 상앙은 효공
을 도와서 진나라를 개혁하면서 마침내 재상의 지위까지 오르게
되었다. 상앙이 만들어 시행한 제도들은 군주의 권력을 절대적
으로 강화시키는 효과를 불러일으켰다. 이때 만들어진 혁신적인
조치들은 후일 진나라가 천하를 통일할 수 있는 발판이 되었다.
그러나 그 제도는 지나치게 가혹하여 수많은 사람들의 원망을
불러 일으켰다. 결국 상앙마저도 자신이 만든 제도에 의해서 처
참하게 죽게 되었다.

　　상앙은 위衛나라 여러 공자들 중의 한 사람으로서 성이
공손公孫이고 이름은 앙鞅이다. 그는 젊어서부터 법가의 학문을 좋
아하였는데, 그가 위나라에서 재상 공숙좌公叔座를 섬기고 있을 때

공숙좌가 왕에게 그를 천거했지만 왕은 별다른 반응이 없었다. 그때 공숙좌는 공손앙이 비록 나이는 어리지만 재능이 빼어나니 등용치 않으려거든 반드시 그를 죽여서 다른 나라로 가지 못하게 하라고 한 적이 있었다. 그리고는 공손앙에게 "나는 군주에게 충성하는 것이 다른 무엇보다도 우선한다고 생각하기에 그대가 국경을 넘어 다른 나라로 가지 못하도록 반드시 죽여야 한다고 말했으니 그대는 붙잡히기 전에 빨리 이 나라를 떠나시오."라고 했다. 그러나 공손앙은 "왕이 당신 말을 듣고도 저를 임용하지 않았는데, 이번에는 당신 말을 들어서 저를 죽일 리가 있겠습니까?"라고 말하면서 끝내 위나라를 떠나지 않았다. 그리고 세월이 흘러 공숙좌는 세상을 떠났다. 그 무렵 진秦나라 효공孝公은 현자를 찾는다고 전국에 포고령을 내렸다. 진의 효공은 진나라가 과거에 잃었던 동쪽의 땅을 찾아서 목공穆公의 패업을 이어가고 싶었다.

공손앙은 진나라로 들어가 효공이 아끼는 신하 경감景監 통해 효공을 만났다. 효공은 위앙(위나라의 상앙)을 여러 차례 만났으나 이야기를 할 때마다 졸거나 딴청을 부리면서 공손앙의 말에 집중을 하지 않았다. 그 까닭은 효공의 마음이 단지 패업에 있었을 뿐으로 군주의 일반적 통치론인 제도帝道[1]와 왕도王道[2] 등에 대해선 관심이 없었기 때문이었는데 위앙은 이것을 뒤늦게 깨달았다. 위앙은 경감에게 왕을 한 번 더 만나게 해달라고 부탁을 했다. 다시 효공을 만났을 때 위앙은 효공으로 하여금 완전히 자기 말에 심취하도록 만들었다. 이야기를 시작한 지 여러 날이 지날수록 효공은 더욱더 흥미를 가졌다. 경감은 위앙이 어떻게 왕의 마음을 사로잡았는지 무척이나 궁금했다. 그래서 위앙에게 그 까닭을 물었더니 위앙이 이렇게 대답했다.

"저는 공에게 삼황오제의 도를 통치에 반영한다면 하, 은, 주 삼대 못지않은 태평성대를 이룰 것이라고 말씀드렸습니다. 그러나 공은 그 방법을 탐탁하게 생각하지를 않으셨습니다. 그 까닭은 태평성대가 이루어지기까지 걸리는 시간이 너무 길기 때문이었고, 공께서는 당대에 이름이 드러나기를 원하셨습니다. 그래서 저는 강력한 나라를 만드는 법을 말씀드렸습니다. 그랬더니 공께서는 그때 비로소 기뻐하셨습니다. 하지만 이러한 통치 방법은 덕행과는 거리가 멉니다."

결국 효공은 위앙을 등용하였다. 위앙은 법을 먼저 바꿀 필요가 있다고 생각했지만 사람들이 자기에 대해 어떻게 생각할지를 몰라서 망설이며 걱정했다. 위앙의 근본적인 생각은 이러했다.

"의심을 가지고 어떤 일을 하게 되면 그 끝에 공명도 없고 성공도 할 수 없게 됩니다. 다른 사람들보다 특출난 행동을 하면 당연히 비난을 받게 마련이니, 이는 남들이 그의 지혜를 시기하기 때문입니다. 그러나 어리석은 자는 일이 성사된 후에도 그 이치를 터득하지 못합니다. 하지만 지혜로운 사람은 그 일이 시작되기 전에도 그 결과까지 미리 알고 있습니다. 그러므로 백성과는 일을 시작할 때 함께 상의해선 안 됩니다. 하지만 일이 다 되어 성공한 후에는 함께 즐길 수 있게 됩니다. 때문에 가장 높은 것을 추구하는 사람은 세상과 타협하지 않으며 아무하고나 상의하지 않습니다. 즉 성인은 강대한 나라를 만들 수 있다면 구태여 옛것을 모방하지 않았고, 백성을 이롭게 할 수 있다면 예악 제도 또한 옛날의 것을 따르지 않았습니다."

이 말을 듣고 효공은 옳다고 생각했다. 그 자리에 감룡甘龍이라는 신하가 있었다. 감룡은 위앙의 말을 듣고 다음과 같이 말했다.

"위앙의 말은 옳지 않습니다. 성인은 풍속을 고치지 않는 가운데서 백성을 교화시키며, 지혜로운 사람은 법을 고치지 않는 가운데서 백성을 다스립니다. 그것은 익숙한 풍속 가운데서 백성을 가르치는 것이라 힘도 안 들고 낯설지도 않습니다. 때문에 애쓰지 않고도 공을 이룰 수가 있습니다. 그렇게 하면 관리들도 백성들도 익숙하기 때문에 편하게 여길 것입니다."

이 말을 다 듣고 있던 위앙은 감룡의 의견이 속되다면서 반론을 폈다.

위앙은 '평범한 사람들은 그저 옛 풍속을 생각 없이 따를 뿐이고 학자들은 본시 자기 학문에만 몰두하기 때문에, 이 두 부류의 사람들은 관직에 앉혀서 법을 지키게 할 수는 있어도 그 밖의 문제를 함께 논의하기에는 적당치 않다.'고 했고, '지혜로운 자는 법을 만들고 어리석은 자는 예법의 통제를 받게 되는데, 이때 현명한 사람들은 그 법을 수정하고 극히 평범한 자들은 예법에 얽매일 뿐'이라고도 했다.

그러자 두지杜摯라는 사람이 나서서 확신에 찬 목소리로 말했다.

"백 배의 이로움이 없으면 법을 고쳐서는 안 됩니다. 또 열 배의 효과가 없으면 틀을 바꿔서도 안 됩니다. 옛것을 본받으면 문제가 생길 일이 없습니다. 또 예법은 사람이 지켜야할 도리를 일깨워주니 사람을 악하게 만들 수가 없습니다."

그러자 위앙이 다시 말했다.

"산을 오르는데 여러 길이 있는 것처럼, 사람을 다스리는 데도 정해진 길이 따로 있는 게 아닙니다. 은나라 탕왕과 주나라 무왕의 예가 그 좋은 본보기입니다. 그분들은 옛날 법을 따르지 않았어도 제왕의 일을 이루었고, 하나라 걸왕과 은나라 주왕은 예법을 바꾸지 않았지만 멸망했습니다. 옛날 법을 반대한다고 해서 비난할 것도 아니고 옛날 예법을 따른다고 해서 그것만이 옳다고 할 수도 없습니다."

다 듣고 있던 효공이 위앙의 생각에 크게 동조했다.

"옳소."

이렇게 해서 효공은 위앙을 좌서장左庶長으로 삼았다. 효공은 위앙에게 옛 법을 바꾸어 새로운 법을 정하도록 했다. 그리하여 위앙이 새 법을 만들고 효공은 이를 시행하게 했는데, 일 년이 되자 도성까지 올라와서 이 법이 불편하다고 호소하는 백성이 1,000명이나 될 정도였다. 그러나 위앙은 법이 제대로 지켜지지 않는 까닭은 위에서부터 이 법을 지키지 않기 때문이라고 생각하였다.

그런데 그 무렵 태자가 법을 위반하는 일이 생겼다. 위앙은 태자를 법에 따라서 처벌하려고 했다. 그러나 왕위를 이을 태자를 형법으로 처벌하기는 곤란했다. 그래서 태자의 태부太傅로 있던 공자 공손고公孫賈가 태자를 대신하여 이마에 글자를 새기는 형벌을 받았다. 그 다음 날부터 백성들은 새로운 법을 철저히 지키게 되었다. 그리고 길거리에 물건이 떨어져 있어도 주워가는 사람이 없었다. 나아가 백성들 중에는 오히려 새로운 법이 예전과는 다르게 편하게 느껴진다고 말하는 사람도 있었는데, 위앙은 그렇게 말하는 사람들을 모두 색출해서 변방 지역으로 쫓아버렸다. 그러자 아무도 그 법에 대해서 왈가왈부하지 못하게 되었다.

위앙은 옛 법과 제도를 철저히 배제하고 대대적인 개혁을 통해서 군주에게 절대적 권력이 확립되도록 했다. 특히 위앙이 귀족들의 세습적인 특권을 박탈하려고 하자 이를 위험하게 보는 자율적이고 비판적인 지식인들이 있었다. 위앙은 그들의 사상적 논의를 허용해선 안 된다고 생각하여 그 또한 금지시켰다. 위앙의 개혁 덕분에 진나라는 정치·경제·사회 모든 분야에서 큰 힘을 갖출 수 있었다. 이런 것들은 나중에 진나라가 통일제국을 이루는 기틀이 되었다. 인간의 자율적인 성품과 지성적인 비판을 통제하는 이런 법치사상은 반발을 불러일으킬 소지가 컸다. 하지만 당장은 눈에 띄게 나아졌고 효공은 만족스러워했다. 그래서 효공은 위앙을 대량조大良造로 삼았다. 그러자 위앙은 병사를 이끌고 자기 나라인 위나라의 수도 안읍安邑을 포위하여 항복시켰다. 이때가 기원전 352년이었다. 그로부터 7년 뒤에 공자 건이 또 법령을 어겼고 그때는 의형[3]을 받았다.

그 다음해에는 제나라가 위나라를 제나라 땅 마릉馬陵에서 물리쳐 태자 신申을 사로잡고 장군 방연龐涓을 죽였다. 그 이듬해 위앙은 효공에게 위나라를 정벌해야 할 필요성을 극구 설명하면서 그래야만 제왕의 대업을 이룰 수 있다고 강력하게 주장했다. 게다가 '지난해 위나라는 제나라에게 크게 패했을 뿐 아니라 제후들마저 등을 돌리고 있는 상황이므로 정벌의 최적기'라고도 말했다. 효공이 이를 옳다고 생각하여 위앙을 장군으로 삼아 위나라를 정벌하게 했다.

위나라는 공자 앙으로 하여금 진나라 군대를 맞아 싸우게 했다. 위앙은 위나라 공자 앙에게 다음과 같은 편지를 보냈다.

"비록 지금은 서로 적국의 장수가 되었으나 본래 저는 위나라에서 공자와 가까운 사이였습니다. 그래서 차마 공격하기가 힘이 듭니다. 차라리 직접 마주하여 화친의 맹약을 맺은 뒤 즐겁게 마시고 헤어져 각자의 나라를 평안히 합시다."

위나라 공자 앙도 그 말이 옳다고 생각하여 서로 만나서 맹약을 맺은 뒤 함께 술을 마셨다. 그때 위앙은 미리 잠복시켰던 군사들로 하여금 위공자 앙을 사로잡게 하였다. 또 위나라 군대를 전멸시키고 진나라로 돌아왔다. 위나라 혜왕은 제나라에게도 여러 차례나 패하여 군사도 줄고 땅도 줄었는데 진나라에게마저 당하니 너무도 두려웠다. 그래서 황하 서쪽 땅을 떼서 진나라에 바치면서 강화를 맺었다. 그리고는 이렇게 말했다.

"과인이 일찍이 공숙좌의 말을 듣지 않은 것이 크게 후회가 되는구나!"

위앙이 전장에서 돌아오자 효공은 상商 등 열다섯 읍에 봉하고 상군商君이라고 불렀다. 상군이 진나라의 재상으로 있은 지 십여년이 흘렀을 때, 선비 조량趙良이 찾아와 맹난고의 소개로 왔다면서 사귀기를 청했다. 상군은 구태여 사귀고 싶지 않다고 말하고는 진나라를 다스리는 자기의 방식이 맘에 들지 않느냐고 물었다. 그랬더니 조량은 이렇게 대답했다.

"자신을 돌아보고 마음속에 귀를 기울이는 것을 총聰이라고 하고, 마음속으로 자신을 냉철하게 돌아보는 것을 명明이라고 하며, 자신의 무분별한 욕망을 이기는 것을 강彊이라고 합니다. 순 임금도 '스스로 자신을 낮춤으로써 더욱 높아지게 된다.'라고 말했습니다. 당신은 순 임금의 도를 따라야 합니다. 제 의견을 물을 필요가 없습니다."

그러자 상앙이 진나라에서 행한 자신의 모든 개혁으로 풍습과 문화가 발전하였음을 스스로 열거하며 오고대부[4] 백리해百里奚와 자기를 비교해 볼 때 누가 더 현명한 사람이라고 생각하는지 물었다. 그러자 그는 이렇게 대답했다.

"천 마리의 양가죽은 여우 한 마리의 겨드랑이 가죽만 못합니다. 천 사람의 아부는 한 사람의 올바른 직언을 따라가지 못합니다. 주나라 무왕은 신하들의 바른 직언으로 일어났고, 은나라 주왕은 신하들이 입을 다물어서 망했습니다. 당신이 만일 무왕을 잘못된 왕이라고 생각하지 않는다면 제가 온종일 솔직하게 말해도 죽지 않을 수 있겠습니까? 그럴 수 있겠습니까?"

상군은 '선생께서 정말로 온종일 바른 말을 해준다면 나는 그 말을 약으로 삼겠소.'라고 말했다. 그러자 조량은 정말 신랄하고 진정 어린 말들을 장황하게 쏟아냈다. 온종일이 걸린 조량의 말 속에는 상군의 인생사가 고스란히 담겨 있었다. 우선 그는 오고대부와 상군을 비교해서 말했다.

오고대부는 이런 사람이었다.

오고대부는 형荊 땅의 보잘 것 없는 평범한 사람이었다. 그는 진나라의 목공이 현명하다는 소문을 듣고 그를 만나고 싶었다. 그러나 여비가 없어서 진나라로 가는 여행자에게 자신을 팔아서 소를 치며 따라갔다. 진나라에 도착하여 일 년이 지나자 그가 어질다는 소문이 목공에게 닿았다. 목공은 그를 찾아가서 양가죽 다섯 장을 주고 데려왔다. 그는 관리가 되었고 나중에는 재상이 되었는데, 그가 재상이 된 지 육칠 년 후에는 정鄭나라를 쳤고, 진晉나라의 임금을 세 번이나 세우게 했다.[5] 또한 형 나라의 재앙[6]을 구하기도 했다. 애초부터 진나라에서 백리해에 관해 불만을 가졌던 사람은 없었다. 그는 백성들을 교화시켜 좋은 쪽으로 인도했고 제후국들에게도 은덕을 베풀어서 여덟 곳의 오랑캐까지 와서 복종했다.

그 당시 서융西戎으로 달아난 진晉나라 사람 유여由余는 융왕의 명을 받고 진나라의 상황을 파악하러 왔다가 진나라의 화려한 궁궐과 엄청난 재물을 보고 '만일 이것을 귀신이 만든 것이라면 귀신을 수고스럽게 하여 만든 것이고, 사람들을 시켜서 만든 것이라면 백성을 해롭게 했을 것'이라고 말했다. 목공은 이 말에서 유여의 재능을 알아보고 그를 탐하여 융왕에게 여자와 가무단을 보내 현혹되게 함으로써 유여와 관계를 끊도록 유도했다. 유여는 융왕에게 여러 차례 간언했지만 융왕은 받아들이지 않았다. 그래서 유여는 진나라로 투항하여 목공을 도와서 서융을 쳤다. 그러한 유여도 백리해를 만나고 싶어 했을 정도였다.

오고대부는 진나라 재상이 된 이래 아무리 피곤해도 수레 위에 걸터앉지 않았다. 또한 수레에 햇볕을 차단하는 차양을 설치하지도 않았다. 나라 안을 순시할 때도 꺼릴 것이 없었으므로 호위하는 수레나 호위병이 필요 없었을 정도로 공경 받고 있었다.

그의 공로와 덕행은 역사책을 모아 놓은 창고에 보존되어 후세 사람들에게 큰 교훈이 되고 있다. 그가 세상을 떴을 때 나라 사람들은 모두가 눈물을 흘렸고 아이들조차 노래를 부르지 않았다. 이것은 오고대부의 덕정德政으로 인해서 나라가 융성하게 되었을 뿐 아니라 그가 백성들을 그지없이 사랑했던 것을 온 나라 사람들이 다 알고 있기 때문이었다.

그런 후 상군이 경감의 소개로 효공을 만나게 되었던 방법 자체가 명예롭지 못한 행위였다고 지적하며, 백성들은 이익을 중시하지 않고 크고 화려한 궁궐을 세운 것은 공적이랄 수도 없다는 것과 가혹한 형벌로 백성들을 상하게 만들어 원한과 재앙을 쌓았다고 나무랐다. 또 태자의 태사와 태부를 죽인 것 및 이마에 먹물을 들이는 묵형을 창안한 것 등은 도리를 등진 행위였으며, 따라서 상군이 고친 국법은 이치에 어긋나기에 교화라고는 할 수 없다고 말했다. 조령은 실로 온종일 걸려도 끝나지 않을 무수한 비판을 참된 선비의 입장에서 날카롭게 지적했다. 계속되는 그의 말은 이러했다.

"『시경』에는 '쥐한테도 예의가 있는데 사람으로서 예의가 없도다. 사람으로서 예의가 없는데 어째서 빨리 죽지 않는가?'라고 했습니다. 이 시로 보더라도 당신은 천명을 다하지 못할 행동을 했습니다. 공자 건은 코를 베인 것을 수치스럽게 여겨서 팔년간이나 밖을 나오지 않고 있습니다. 『시경』에는 '사람의 마음을 얻는 자는 흥하고 마음을 잃는 자는 망한다'라고 했고, '덕을 믿는 자는 일어나고 힘을 믿는 자는 멸망한다'고 했는데, 당신이 외출을 할 때는 무장한 병사들이 탄 수레 수십 대가 뒤따르고, 건장한 장사가 수행할 뿐 아니라 창을 가진 병사가 양 옆에서 수레와 함께 달리니, 당신의 처지가 이토록 아침이슬과 같아 위태롭기 짝이 없는데 아직도 목숨을 연장하여 오래 살기를 바라십니까? 어째서 식읍으로 받은 성 열다섯 개를 돌려주고 전원으로 물러나 꽃과 풀에 물을 주며 살지를 않는 것입니까? 동굴 속에 살고 있는 현자를 불러내서 왕에게 추천한 후 물러나십시오. 그리고 당신은 노인을 받들고 고아를 보살피며 부모와 형을 공경하고, 공훈이 있는 자에게는 그에 합당한 지위를 주고 덕 있는 자를 존중하며 사십시오. 그러면 조금은 마음이 편해질 수 있을 것입니다. 당신은 재물과 권력에 취해서 백성들의 원한을 사고 있는데, 이러다가 왕께서 하루아침에 세상을 떠나서 당신이 조정에 설 자리가 없게 되면 진나라에서 당신을 제거하려는 명분을 찾지 못할 것 같습니까? 당신의 파멸은 한 발을 들고 넘어지기를 기다리는 바와 같이 쏜살같이 다가올 것입니다."

그러나 상군은 조령의 말을 따르지 않았고 다섯 달 뒤에는 진나라 효공이 세상을 떠나게 되었다. 그러자 태자가 보위에 올라 혜문왕惠文王이 되었다. 그때 공자 건과 그를 따르는 사람들이 '상군이 반란을 일으키려 한다'고 밀고하였다. 왕은 관리를 보내서 상군을 잡아오게 하였다. 상군은 놀랍고 두려워서 무작정 달아났다. 상군이 변방의 함곡관 부근에 이르러 여관에 들어가려 했다. 여관 주인은 그가 상앙임을 알 턱이 없었다. 여관 주인은 이렇게 말했다.

"상군의 법에 의하면 여행증이 없는 손님을 묵게 할 순 없습니다. 처벌을 받으니까요."

때는 기원전 338년이었다.

상군은 그곳을 떠나서 위魏나라로 갔다. 그러나 위나라 사람들도 상군을 받아주지 않았다. 그가 공자 앙을 속여서 위衛나라 군대를 친 것을 원망했기 때문이었다. 상군은 할 수 없어서 다른 나라로 가려고 했다. 그러자 위나라 사람이 이렇게 말했다.

"상군은 진나라의 적이다. 강한 진나라의 적이 위나라로 들어왔는데도 그를 잡아서 보내지 않으면 큰일이 날지도 모른다."

위나라는 상군을 잡아서 진나라로 보냈다. 상군은 다시 진나라로 들어가자 상읍商邑으로 가서, 자신을 따르는 무리와 봉읍의 병사를 동원하여 북쪽으로 정나라를 쳐들어갔다. 그러자 진나라에서는 급히 군사를 일으켜 상군을 쳤다. 그런 후 정나라의 맹지에서 상군을 죽였다. 상군은 죽어서 다시 진나라로 들어오게 되어 자신이 만든 법에 따라 또다시 처형되었다. 진나라 혜왕은 그를 거열형車裂刑[7]으로 다스리고 상군의 집안을 모두 죽여 버렸다. 그런 후 이렇게 말했다.

"상앙처럼 모반하는 자가 되지 마라."

소진의 세계 경영

　　전국시대란 공자의 전국책에 기록되는 시대로서, 기원전 403년부터 진제국의 형성까지를 말한다. 진의 천하통일은 기원전 221년의 일이다. 이때 제후들은 드디어 천하 쟁패의 싸움을 벌인다. 정세는 서방의 초강대국 진나라에 대립하여 패권을 다투는 여섯 강대국의 세력 싸움이다. 여섯 강대국이란 제, 초, 조, 위, 연, 한나라이다. 이때 제후들은 정황에 따라 합종책合從策이나 연횡책連衡策을 써가면서 난세를 버텨나갔다.

　　합종은 소진에 의해서 주장되었는데, 여섯 나라가 종으로 연합하여 진나라에 대항하는 방책이다. 거기에 비해서 연횡은 제후들이 횡으로 연합하여 진나라의 패권을 인정하면서 질서를 유지하는 책략이다. 연횡책은 유세객 장의張儀가 주장하였고, 이 둘은 귀곡선생에게 동문수학하였다.

　　소진蘇秦은 동주東周 낙양 사람으로 여러 해 동안 유세하러 다니다가 성과도 없이 집으로 돌아왔다. 스스로 자신의 처지를 돌아보니 한심하고 딱하여 저절로 슬퍼졌다. 그래서 그 길로 방문을 걸어 잠그고 책 속에 파묻혔다. 일 년쯤 지나자 상대방의 심리를 파악하여 설득할 자신이 생겼다. 소진은 제일 먼저 서쪽의 진秦나라로 갔다. 이때 진나라에서는 효공孝公이 세상을 떠나서 그 아들 혜왕惠王에게 다음과 같이 말했다.

"진나라는 사방이 튼튼하여 요새로 이루어진 나라입니다. 산으로 둘러싸이고 위수渭水를 끼고 있으며 동쪽에는 함곡관函谷關과 황하가 있고, 서쪽에는 한중漢中, 남쪽에는 파군巴郡과 촉군蜀郡이 있고, 북쪽에는 대군代郡과 마읍馬邑이 있으니 이곳은 천혜의 지역이라고 할 수 있습니다. 진나라 선비와 백성들에게 병법을 가르친다면 천하를 삼켜서 제왕이라고 일컬어지며 천하를 다스릴 수 있을 것입니다."

진나라 왕은 이렇게 말했다.

"새도 깃털이 자라나지 않으면 높이 날 수 없소. 우리나라는 아직 다스리는 이치가 밝혀지지 않아서 천하를 통일할 수가 없소."

당시 진나라는 상앙을 죽인 뒤라서 유세하며 변론하는 선비들을 혐오하는 상태였다. 그래서 소진은 동쪽의 조나라를 찾아갔으나 거기서도 등용되지 못했다. 하는 수 없이 소진은 연나라로 갔는데, 일년이 넘어서야 문공文公을 만났다. 그는 연나라 문공을 다음과 같이 설득했다.

"싸움에 지고 장수를 죽이는 일도 없이 편안한 곳은 연나라뿐입니다. 그 까닭은 조나라가 방패처럼 연나라의 남쪽을 막고 있기 때문입니다. 진나라와 조나라는 다섯 번의 전쟁을 치러서 서로 지친 상태인 까닭에 왕께서는 연나라를 보전하면서 오히려 그 배후를 누를 수 있었습니다. 이것이 이제까지 연나라가 안전했던 까닭입니다.

또한 진나라가 연나라를 치려면 운중과 구원을 넘고 대代와 상곡上谷을 지나 수천 리를 와야 합니다. 만의 하나 진나라가 연나라의 성을 얻는다 해도 절대로 그 성을 지킬 수가 없습니다. 그러나 조나라가 연나라를 친다면 호령號令을 내린 지 채 열흘도 못 돼서 군사 수십만 명이 동원에 진을 칠 것입니다. 또 호타하와 역수를 건넌 지 나흘 닷새도 못 돼서 연나라 수도에 도착할 수 있습니다. 그러므로 진나라가 연나라를 치면 천 리 밖에서 싸우게 되고, 조나라가 연나라를 치면 백 리 안에서 싸우게 됩니다. 백 리 안의 근심거리를 생각하지 않고 천 리 밖을 중시한다면 이보다 더 잘못된 계책은 없을 것입니다. 그렇기 때문에 왕께서 조나라와 합종하시기를 삼가 바라는 것입니다. 이렇게 되면 연나라는 어떤 걱정도 없을 것입니다."

문공이 말했다.

"그대 말이 옳소. 그러나 우리나라는 작은데 서쪽에서는 강대한 조나라가 핍박하고 남쪽에는 제나라가 가까이 있소. 제나라와 조나라는 강한 나라요. 당신이 합종을 이루게 해서 연나라가 편해질 수만 있다면 과인은 온 나라를 들어 당신 견해를 따르겠소."

문후는 소진에게 수레와 말, 금과 비단을 주면서 조나라로 보냈다.

소진은 직접 조나라 숙공을 만나서 다음과 같이 말했다.

"신이 생각하기에 왕을 위한 계책으로는 백성이 편안하고 나라가 무탈한 게 가장 좋습니다. 그러니 새로운 일로 백성을 힘들게 해서는 안 됩니다. 백성이 편안해질 근본적인 계책은 친하게 사귈 만한 나라를 하나 고르는 데 있습니다. 사귈 만한 나라를 잘못 고르면 백성은 안정을 얻을 수 없게 됩니다. 우선 나라 밖의 걱정거리를 말씀드리겠습니다. 만일 제나라와 진나라가 둘 다 조나라의 적국이 된다면 백성은 편안하지 못할 것이고, 진나라에 기대어 제나라를 쳐도 백성은 편치 못할 것이며, 제나라에 의지해서 진나라를 쳐도 백성은 안정되게 살 수 없을 것입니다. 그뿐 아니라 다른 나라의 군주를 회유해서 다른 나라를 친다는 것은 비밀이 지켜지지 않는 게 골치 아픈 문제가 되어 공개적으로 외교 관계를 끊는 대가를 치러야 합니다."

소진은 타고난 언변과 머리를 싸매고 얻은 지식과 대륙의 판세를 연구하고 분석한 결과를 토대로 합종의 유익함과 필요성에 대해 거침없이 늘어놓았다. 소진의 기세는 사흘 밤낮을 꼬박 새워도 끝이 없을 말들로 조나라 숙공의 넋을 빼앗았다. 특히 전쟁을 통해서 얻을 수 있는 땅과 생산품들을 앉은 자리에서 평화로이 상납 받을 수 있다는 점과, 왕이 애호하는 친척과 부형을 모두 제후로 봉할 수도 있다는 대목에선 조숙공으로 하여금 정신을 모아 집중하게 했다. 소진의 계속된 얘기는 이러했다.

"지금 왕께서 진나라를 돕는다면 진나라는 반드시 한韓나라와 위魏나라를 약하게 만들 것이고, 제나라를 돕는다면 제나라는 반드시 초나라와 위나라를 약하게 만들 것입니다. 위나라가 약해지면 하외河外의 땅을 진나라에 떼어줄 것이고, 한나라가 약해지면 의양宜陽을 진나라에 바칠 것입니다. 의양을 바치면 상당上黨에 이르는 길이 끊어질 것이고, 하외를 떼어주면 상당으로 통하는 길이 막힐 것입니다. 초나라가 약해지면 조나라는 도움 받을 곳을 잃게 됩니다. 이 세 방면의 대책을 깊이 생각해야 합니다."

소진은 마치 자신이 조나라 왕실을 위협하는 힘을 갖기라도 한 듯이 거침없이 이야기했다. 그러나 일국의 지엄하신 왕의 면전인지라 다만 한 방울의 침이라도 튀길세라 조심하는 것을 잊지는 않았다.

소진은 조나라에 위기가 닥칠 상황을 가정하여 말했다. 즉 조나라는 강대한 진나라의 북쪽과 동쪽 벽을 조, 위, 한, 초나라가 방벽인 듯 에워싸고 있어서, 사실상 진나라에서는 그 어디로도 쳐들어올 수 있다는 점을 강조하면서, 합종만이 살 길이이라는 자신의 논지를 전달하기 위한 목적에 치중했다. 그러므로 진에서 한을 위협하면 조나라는 전쟁을 치루지 않을 수 없다는 점과, 진나라가 위나라를 밟고 근거지를 삼으면 제나라가 스스로 진의 신하나라가 될 것이니, 그쯤 되면 한, 조, 위를 장악하고 반드시 조나라를 침공하게 될 것이라고 말했다. 조나라 숙공은 근심스런 표정이 되었다. 그럴 때 소진은 장황한 설명의 한 대목을 빨리 끝나도록 이야기를 몰아가서, 지금 산동에 세워진 나라 중에 조나라가 가장 강하다는 추임새를 붙였고, 숙공의 표정이 평온 쪽으로 기울면 반드시 "그러나 진나라가 병사를 출동시켜 조나라를 치지 못할 이유는 없다"는 쐐기를 박음으로써, 일국의 왕을 입안에 든 사탕처럼 굴리기도 하고, 손바닥 위의 공깃돌처럼 굴리기도 하였다. 그 다음엔 반드시 반대 방향으로 나아가, 한나라와 위나라는 조나라에겐 남쪽 장벽인 셈인데, 진나라에서 한나라와 위나라를 치는 데는 큰 산이나 깊은 강 따위의 장애가 없기 때문에, 누에가 뽕잎 갉아 먹듯이 야금야금 그들의 땅을 차지하여 수도까지 이를 테니, 그렇게 되면 반드시 그들은 진의 신하가 될 것이고, 그화는 조나라로 미칠 것이라고 압박을 하였다. 그리고 다음과 같은 말로 끝을 맺었다.

"이것이 바로 신이 왕을 위해서 걱정하는 점입니다."

숙왕은 심장이 멈출 것 같은 고통을 느꼈다. 그러면 소진의 어조는 다시 어린애를 달래는 어른의 음성처럼 편안히 하여 숙왕도 더불어 안정을 찾고는 했다. 소진은 요·순 임금이 손바닥만 한 땅도 없었지만 천하를 소유하게 된 것과, 탕·무왕이 삼천 선비에 삼백 병사로 천자가 된 까닭이, 진실로 그분들은 천하를 얻는 이치를 알았기 때문이라고 숙왕을 달래듯 말했다. 그 말은 마치 소진 자신이 요·순 임금처럼 천하를 얻는 이치에 통달하고 있다는 것처럼 들렸다. 숙왕은 더욱더 안정이 되어갔다.

"이것은 진실로 그들이 천하를 얻는 이치를 분명히 알았기 때문입니다. 그래서 현명한 군주는 밖으로는 적의 강약을 헤아리고 안으로는 병사의 자질을 헤아려, 두 군대가 서로 싸워보지 않고서도, 승패와 생사의 관건이 이미 가슴속에 있게 됩니다. 어찌 평범한 사람들의 말에 흔들려 어두컴컴한 곳에서 큰일을 결정하겠습니까?

신이 천하의 지도를 놓고 살펴보니 제후들의 땅덩어리가 진나라보다 다섯 배나 크고, 제후들의 병사를 따져보니 진나라보다 여섯 배나 많습니다. 여섯 나라가 힘을 합해서 서쪽으로 진나라를 친다면 진나라는 반드시 질 것입니다. 그러나 지금 왕께서 서쪽으로 진나라를 섬긴다면 진나라의 신하 노릇을 하는 것이 됩니다."

여기까지 말하고 소진은 연횡가들의 주장이 옳지 않음을 논리적으로 예를 들어가며 말했다.

"따라서 연횡을 주장하는 자들은 늘 진나라 힘만 믿고서 각 나라를 위협하고는 땅을 떼어 달라고 요구할 것이니 왕께서는 이 문제를 세밀하게 생각해 보시기 바랍니다."

소진은 지금 천하의 장수와 재상들을 원수洹水 근처로 모이게 하여 인질을 맞바꾸고 백마를 죽여 맹세하고 '이렇게' 약속해야 한다고 주장했다. 그 '이렇게'라는 것은 소진이 일 년이나 머리 싸매고 읽었던 『주서周書』「음부陰符」의 실제적인 활용이었다. 예를 들자면, 실제로 진나라가 초나라를 쳤다고 했을 때 제나라와 위나라는 각기 날랜 군사를 보내 초나라를 돕고, 한나라는 진나라가 식량 옮기는 길을 막으며, 조나라는 황하와 장수를 건너고, 연나라는 상산 북쪽지역을 지킨다는 등, 병가의 지략과 술책에 관한 것이었다. 그리고 이 계책들은 진나라의 침공방법에 따라 이리저리 달라지는, 적어도 듣기에는 신출귀몰한 전략들이었다.

조숙공은 거의 몰아의 지경까지 심취되어 있었다.

"여섯 나라가 합종하여 함께 진나라에 맞서면 진나라 군대는 틀림없이 함곡관으로 나와 산동을 위협하지 못할 것입니다. 이와 같이 하면 천하의 우두머리가 되는 사업이 이루어질 것입니다."

조숙공이 말했다.

"나는 나이도 젊고 자리에 오른 지도 얼마 되지 않아 일찍이 국가를 다스리는 계책을 들어본 적이 없었소. 지금 그대가 천하를 보존하고 각 나라를 안정시킬 좋은 뜻을 갖고 있으니, 나는 진실로 이 나라를 당신 말에 따라 이끌어 가겠소."

그리고 조숙공은 소진에게 치장한 수레 백 대와 황금 2만 냥, 백옥 백 쌍, 비단 천 필을 갖추어 주고 각 제후들과의 맹약을 추진하게 했다.

이 무렵 진나라 혜왕은 위나라를 쳐서 장수 용고龍賈를 사로잡고 조음雕陰을 빼앗은 후 다시 동쪽으로 나아가려고 했다. 소진은 진나라가 조나라를 칠까봐 걱정이 되었다. 그러나 소진은 진나라에서 힘쓸 만한 사람으로 아는 사람이 없었으므로 장의를 떠올렸다. 장의는 귀곡선생을 스승으로 모시고 공부할 때 함께 수학했던 사람이다. 이때 장의는 소진이 처음에 그랬던 것처럼 어려운 입장에 놓여 있었다. 소진은 곧바로 장의의 화를 돋우어 분발시켜서 진나라로 들어가게 만들었다.

한나라 선왕宣王을 만나서 소진은 한나라의 지세의 유리함과 발달된 병기 제조실력 및 용맹스런 군사들과 왕의 현명함을 극도로 치하하는 것으로 말문을 열었다. 그리고 진나라를 섬긴다면 진나라는 의양과 성고 땅을 요구할 것이니, 그에 응하면 내년에는 또다시 다른 땅을 요구하게 될 것이고, 그러다 보면 결국 더 이상 줄 땅이 없게 될 테고, 땅을 주지 않으면 전에 땅을 바친 공로는 잊혀지고 뒤탈만 생길 것이라는 점을 간곡하나 명확하게 말했다. 이어진 설명은 다음과 같다.

"왕의 땅은 끝이 있지만 진나라의 탐욕스러운 요구는 끝이 없다는 뜻입니다. 이것은 원한을 사고 불행을 불러오는 격입니다. 속담에 '닭의 머리가 될지언정 소의 꼬리가 되지 말라(鷄口牛後)'는 말이 있습니다. 지금 왕께서 서쪽으로 투항하고 신하로서 진나라를 섬긴다면 쇠꼬리가 되는 것과 무엇이 다르겠습니까? 왕께서는 어질고 군대는 막강한데 오히려 쇠꼬리라는 이름을 얻게 된다면 왕을 위하는 신으로서는 부끄러울 것입니다."

이 말을 듣자 한나라 왕은 바로 얼굴빛이 바뀌면서 팔을 걷어붙이고 눈을 부릅뜨고 칼을 어루만지며 하늘을 바라본 후 긴 한숨을 내쉬며 말했다.

"내가 비록 어리석지만 절대로 진나라를 섬길 수는 없소. 지금 당신은 조나라 왕의 가르침을 알려 나를 깨우쳤소. 나는 공손히 내 나라를 받들어 당신 계책을 따르겠소."

소진은 또 위나라 양왕襄王에게는 지형의 특징을 들어 장점을 말하면서 나라가 번성한 것과 국력이 초나라에 뒤지지 않음을 찬양했다. 아울러 연횡을 주장하는 사람들은 왕을 위협하여, 호랑이나 이리 같은 진나라로 하여금 천하를 차지하게 만든다면서, 그것은 진나라가 아무 때나 쳐들어올지도 모르는데 그것을 방비하지 않는 것이며, 그러한 재앙을 돌보지 않는 것은 오직 진나라의 위세에 눌려서 자기 나라 군주를 위협하는 것밖에는 안 되므로 그것은 커다란 죄가 된다는 점을 역설했다. 또한 그럼에도 불구하고 천하에서 어질고 강한 제왕께서 진나라의 문화를 받아들이고, 예물을 바치고 제사를 올리려 하니 자신은 그 점을 부끄럽게 여긴다고 말했다. 더불어 소진은 월나라 왕 구천과 주나라 무왕이 적은 병사로도 자신들의 위세를 십분 발휘하여 패업을 이룬 것도 빼놓지 않고 일깨웠다. 그러므로 땅을 떼어 바쳐가며 우의友誼를 유지해야 하는 연횡의 방법을 분명히 살펴보기 바란다고 정중히 지적한 후 다음과 같이 말했다.

"미리부터 깊이 생각해서 결정하지 않으면 나중에 큰 재앙이 생길 테니, 그것을 대비하여 여섯 나라가 합종하여 여러 나라가 힘과 뜻을 하나로 모은다면 진나라가 아무리 강하다고 해도 근심할 필요가 없을 것입니다. 그러므로 저희 조나라 왕께서는 신을 보내서 어리석은 계책이나마 제시하고 분명한 약속을 맺도록 하였습니다. 왕께서는 조칙을 내려 주십시오."

위나라 왕은 대답했다.

"나는 우둔하여 일찍이 훌륭한 가르침을 들어본 바가 없었소. 당신은 조나라 왕의 조칙으로 나를 일깨워주었소. 삼가 나라를 들어 당신의 의견을 따르겠소."

소진은 이어 제나라 선왕宣王을 찾아가서 설득했다.

우선, 제나라의 강대함은 천하에서 그 누구도 당해낼 자가 없다고 칭송한 후, "한나라와 위나라는 진나라의 변방과 맞닿아 있습니다. 때문에 전쟁을 일으키든 침략을 당하든 극히 위태로워서 국가가 살고 죽는 근본적인 기틀이 상할 수도 있습니다. 그러므로 충돌하는 것보다는 신하가 되는 게 나을지도 모른다는 판단을 내릴 수도 있습니다. 하지만 지금 진나라에서 제나라를 친다면 이와는 사정이 다릅니다. 진나라는 한나라와 위魏나라의 땅을 등지면서, 위나라 양진陽晉의 길을 거쳐서 항보亢父의 험한 땅을 지나가야 하는데, 그곳은 수레 두 대가 나란히 지나갈 수 없고, 기마도 두 줄씩 지나갈 수가 없습니다. 백 명에게 험한 곳을 지키게 하면 천 명으로도 함부로 지나가지 못합니다. 비록 진나라가 허세를 부리면서 과장을 하여 큰소리를 치고는 있지만, 깊숙이 쳐들어올 수 없는 것은 한나라와 위나라가 후방을 칠까봐 두려워하기 때문입니다. 이렇게 보면 진나라가 제나라를 쳐들어오지 못할 것은 분명합니다."라고 확신에 찬 설명을 했다. 소진은 이어서 말했다.

"이런 요소들을 면밀하게 생각해 보지도 않고 오직 진나라를 섬기려고 하는 것은 왕의 신하들의 생각이 잘못되었기 때문입니다. 지금 신하가 되어 진나라를 섬긴다면 그 어떤 명분도 없고 실질적인 이익도 없습니다. 신은 왕께서 이 문제를 깊이 생각하여 헤아리시기를 바랍니다."

제나라 왕이 말했다.

"나는 어질지도 못하고, 제나라는 멀리 떨어진 외진 곳에서 바다를 끼고 있으며, 길이 끊긴 동쪽 변방의 나라여서 어떤 가르침을 들을 수가 없었소. 그런데 지금 당신이 조나라 왕의 조칙을 가지고 와서 나를 일깨워 주었소. 나는 진심으로 온 나라를 걸고 당신의 의견을 따르겠소."

그리고 소진은 서남쪽으로 가서 초나라 위왕威王에게 앞서와 마찬가지의 찬사를 늘어놓은 후, 진나라와 초나라는 세력이 비등하기 때문에 양립할 수 없으므로 초나라를 가장 방해가 되는 나라로 여기고 있다고 말했다. 그래서 자신이 왕을 위하여 하나의 계책을 마련했는데 그것은 여섯 나라가 서로 합종하여 화친을 맺고, 진나라를 고립시키는 것이 마땅하며 그것보다 더 좋은 계책은 없다고 했다. 그리고 일이 벌어진 뒤에는 걱정도 소용없으니 사전에 미리 대책을 세워두어야 한다고 하면서, 왕께서 진실로 자신의 의견을 듣는다면 그들 다섯 나라의 국가와 왕족의 운명을 왕께 맡기겠다고, 그래서 병사를 훈련시키고 무기를 만들어서 왕의 지휘에 따르도록 하겠다고 했다. 아울러 다음과 같이 덧붙여 말했다.

"왕께서 진실로 신의 계책을 취하게 된다면 한, 위魏, 연, 조, 위衛

나라의 절묘한 음악과 미녀가 왕의 후궁에 가득 차게 될 것이고, 연과 대ft에서 생산되는 낙타와 훌륭한 말도 반드시 왕의 마구간에 채워질 것입니다. 그러므로 합종이 이루어지면 초나라가 천하의 우두머리가 될 것이고, 만일 연횡을 하면 진나라가 천하의 제왕이 될 것입니다. 그런데 지금 왕께서는 패왕의 길을 저버리고 다른 사람을 섬기려고 하시니 신은 왕을 위하여 연횡을 한사코 반대하는 것입니다."

소진은 그밖에도 땅을 떼어 주면서까지 진을 섬겨야 하는 연횡의 문제점에 대해서 현실적인 설명을 곁들인 후 말했다.

"이 두 계책은 큰 차이가 있는데 왕께서는 두 가지의 길 중에서 어느 길을 선택하시겠습니까? 저희 조나라 왕께서 신을 보내 이와 같은 설명을 하도록 하고 계책을 말씀드려 분명한 약속을 맺고 오도록 하셨습니다. 왕의 가르침을 듣고 싶습니다."

초나라 왕은 '한나라와 위나라는 진에게 침략의 위협을 받고 있으므로 그들과는 큰일을 도모할 수가 없다. 그렇게 한다면 그 생각에 동조하지 않는 사람들이 그 사실을 진나라에 누설할지도 모르니 그건 화를 불러들이는 일이 될 것이다. 또 진나라에 맞서는 것은 아무리 생각해도 승산이 없는 일이다. 조정에서 신하들과 얘기해 보아도 뾰족한 수가 없었다.'라고 하면서 지난날의 고민을 털어놓았다. 그런 후에 초나라 왕은 다음과 같이 말했다.

"그래서 나는 자리에 누워도 잠을 편히 잘 수 없었고, 음식을 먹어도 단맛을 느낄 수 없었으며, 마음은 허공에 외로이 나부껴 의지할 곳이 없었소. 지금 당신이 천하를 하나로 묶어 제후들의 힘을 모아

이 위태로운 실정에서 각 나라를 구하고자 한다면 내가 무엇 때문에 그 계책에 반대를 하겠소? 나 또한 삼가 나라를 걸고 당신 의견을 따르겠소."

이렇게 하여 여섯 나라는 합종하여 힘을 합치게 되었다. 소진은 합종 맹약의 우두머리가 되고 여섯 나라의 재상을 겸하게 되었다. 소진이 조나라에 가서 경과를 보고하자 조나라에서는 그를 무안군武安君으로 봉했다. 그리고 곧바로 합종문서를 진나라에게 보냈다. 진나라는 그 후 감히 십오 년 동안 동쪽으로 이들 여섯 나라를 넘보지 못했다.

그러나 기원전 317년 경, 소진의 계책이었던 여섯 나라의 합종은 진秦나라를 위한 장의의 연횡책에 의해 깨지게 되면서 이에 따라 소진은 각 나라 왕들에게 했었던 말들에 책임을 지기 위해 이리저리 뛰어다닐 수밖에 없었다. 제일 먼저 맹약을 깨트린 나라는 제나라였다. 제나라는 위나라와 함께 조나라를 치고 연달아 연나라를 쳐들어와서 성 10개를 빼앗아갔다. 연나라는 소진에게 제나라에 빼앗긴 땅을 찾아달라고 했다. 소진은 할 수 없이 연나라를 위해 제나라를 황폐하게 만들려고 거짓으로 제나라에 망명했다. 그리고 또 제나라 왕을 만나서 넉살 좋게 변설을 늘어놓아 연나라에게 성 10개를 찾아주었다. 이때 소진과 제나라 왕의 총애를 다투던 제나라의 대부가 자객을 시켜 소진을 죽이도록 하였다. 자객은 소진을 죽이지는 못했으나 상처를 입히고 달아났는데, 결국 소진은 그 상처로 인해서 죽었다.

소진이 유세객으로 본격적으로 나서서 진나라에 벼슬을 구하러 갔을 때, 그가 혜공을 처음 만나서 변설을 늘어놓은 건 연횡의 책략이었다. 그러나 그 후 여섯 나라를 돌아다니며 열렬히 주장한 것은 합종의 책략이었다. 이는 소진이 뚜렷한 정치적 사관을 가지고 의롭게 살고자 했던 것이 아니라, 일신의 안위와 영달이 목적이었기 때문이었다.

일신의 안위와 영달을 목적으로 하는 처세는 현대의 정계에서도 흔하게 볼 수 있다. 그렇다 해도 '본인의 무능함으로 인해서 국가경제가 쇠락하고 실업률이 높아지게 되었다'라든가, 본인의 부덕함으로 인해서 도덕의 평균율이 저하되어 해괴한 범죄가 늘었다고 겉치레를 하는 정치인도 없다. 그러나 역사를 되짚어 보건대, 모든 성군은 나라의 안녕과 질서가 군주 자신의 바른 정신과 헌신적 행위에서 나온다고 스스로 믿었으므로, 천기의 변화마저도 군주 스스로를 경계시키는 하나의 징후로 받아들이곤 했다. 그러나 오늘날 그런 지도자는 발견되지 않는다. 그 까닭은 정치를 한다는 사람들이 정신적으로는 퇴행을 하면서 권력을 위해서만 전진하기 때문인지도 모른다.

황금대를 쌓고
곽외를 맞이한 연소왕

연나라의 자지가 죽은 지 2년 만에 연나라 사람들은 태자 평을 세웠으니 이 사람이 연나라 소왕이다. 연 소왕은 무너진 연나라의 뒤를 이어 왕위에 올랐기 때문에 자신을 낮추고 예물을 후히 하여 어진 자를 초빙했다. 그는 곽외에게 말했다.

"제나라는 우리나라가 어지러워진 틈을 타서 습격했는데, 나는 연나라가 작고 힘이 약하여 이 상태로는 복수할 역량이 부족하다는 것을 압니다. 그러니 참으로 어진 선비를 얻어 함께 국가를 다스리면서 선왕의 치욕을 씻는 것이 나의 바람입니다. 선생께서 괜찮은 사람을 천거하면 내가 그를 섬기겠습니다."

곽외가 말했다.

"왕께서 반드시 선비를 초청하려면 제 말을 따르는 데서부터 시작해야 합니다. 그렇게 한다면 저보다 현명한 사람들이 어찌 천리를 마다하겠습니까?"

이에 소왕은 궁궐을 고쳐 그를 맞이하여 스승으로 섬겼다.

그 후에, 악의가 위나라로부터 왔고, 추연이 제나라로부터 왔고, 극신이 조나라로부터 왔으니 선비들이 다투어 연나라로 달려온 것이다.

[연 소공 세가]에서

기원전 318년 선왕 연쾌가 진秦나라를 공격하던 무렵, 연나라의 자지子之가 재상이 되자 권세를 빙자하여 국정을 함부로 농단하였다. 게다가 소대蘇代[1]가 쾌왕의 신임에 기대어 더욱 자지의 힘이 강화되도록 늙은 왕을 부추겼다. 녹모수鹿毛壽도 요 임금이 왕위를 양보하려 한 점을 들어 말하면서 이렇게 꾀었다.

"지금 왕께서 나라를 자지에게 양보하셔도 자지는 결코 응하지 않을 테지만, 그렇게 한다면 왕은 요 임금과 마찬가지의 성군이 되는 것입니다."

연나라 왕은 그 말에 미혹되어 자지에게 나라를 맡겼다. 그러자 사람들은 여러 말을 하며 술렁거리게 되었다. 이에 쾌왕은 삼백 석 이상 관리들의 인수를 거두어서 자지에게 넘겨주니 오히려 자지의 신하가 되어버린 셈이었다. 나라가 휘청거리는 데는 3년이 채 안 걸렸다. 그 후 태자가 대의를 바로잡고자 난을 일으켰으나 성공도 못하고 수개월에 걸친 동란에서 수만 명이 죽어나갔다.

이때 맹자는 제나라 왕에게 기회를 놓치지 말라고 간했다. 그리하여 제나라가 쳐들어오니 연나라 군사들은 성문도 열어둔 채 싸움에 임하지도 않았다. 이때 연나라 왕 쾌가 희생되고 나라는 대대적인 혼란에 빠졌다. 이에 자지가 죽은 후 2년 만에 연나라 사람들은 태자 평平을 보위에 올렸다. 이 사람이 연 소왕昭王이다. 소왕은 몸을 낮추고 예물을 풍성하게 준비하여 어진 선비를 구했다. 그리고 궁궐을 고치고 곽외郭隗를 모셔서 스승으로 삼았다. 소왕이 어진 선비를 구한다는 풍문이 퍼지자 각 나라에서 선비들이 모여들었다.

악의樂毅는 어질고 병법을 좋아하는 위나라 사람인데 연나라에서 어진 선비를 구한다는 소문을 들었다. 그래서 위나라 소왕에게 부탁하여 연나라에 사자로 갔다. 연나라 왕은 겸허하게 그를 맞아 빈객의 예우에 허술함이 없었고, 악의는 사양하며 신하로서 왕을 대했다. 그러자 소왕은 악의를 아경亞卿에 임명했다.

세월이 흘러 제나라의 세력이 엄청나게 강성해지자 제나라 민왕은 스스로 제帝라고 칭하며 진秦나라와 견주려고 했다. 이제 제후들은 진나라를 등지고 제나라에 복종하려고 하였다. 하지만 민왕은 난폭하고 교만하여 백성들은 편치가 않았다. 연나라 소왕은 어떻게 하든 제나라를 쳐서 과거의 치욕을 씻고 국력을 높이고 싶었다.

소왕은 제나라를 칠 방법을 악의에게 물었다.

"제나라는 땅도 넓고 인구도 많고, 게다가 일찍이 환공이 세상을 제패한 업적도 있고 하니 얕잡아볼 나라가 아닙니다. 혼자 힘으로는 불가능합니다. 그러나 꼭 제나라를 치고자 하신다면 조나라, 초나라, 위나라와 힘을 합치셔야 합니다. 그러면 가능합니다."

소왕은 악의에게 이 일을 일임했다. 악의는 발 빠르게 일을 진행시켜 조나라 혜문왕과 맹약을 맺으면서, 조나라에게는 진나라를 설득하도록 일임하고, 초나라와 위나라에는 다른 사람을 보냈다. 그러자 제후들이 오히려 다투어서 연합하려 했다. 제나라 민왕이 교만하여 제후들에게 선망을 잃은 까닭이었다.

악의가 돌아오자 소왕은 즉시 병력을 총동원했다. 악의가 상장군이 되었는데 조나라에서는 상국相國의 직인까지 주었다. 드디어 조, 초, 한, 위, 연 5개국의 병사들에게 결전의 날이 왔다. 싸움은 제수 서쪽에서 벌어졌고 보기 좋게 제나라를 무찔렀다. 그리고 싸움이 끝나자 제후국 병사들은 돌아갔다. 그러나 악의는 연나라 군대만으로 추격전을 벌여 제나라 수도 임치까지 밀고 들어갔다. 겁이 난 제나라 민왕은 거萬성으로 도망하여 몸을 피했다. 병사들도 겁이 나서 성문을 닫아걸고 싸우려 들지 않았다. 때를 만난 악의는 제나라의 보물, 재물, 제기를 모두 털어 연나라에 보냈다. 이때가 기원전 284년이었다. 그리고 5년을 넘도록 제나라에 머물면서 곳곳마다 공격을 했다. 성과는 대단하여 칠십여 개의 성을 항복시켜 연나라의 군현으로 삼았다. 그래도 거와 즉묵卽墨만은 항복하지 않았다. 악의는 군사들을 모아서 거성을 집중적으로 공격했다. 그러자 원병으로 와 있던 초나라 장수 요치가 민왕을 죽이고, 거성을 더욱 굳게 사수하며 연나라 군대에 맞섰다. 그러기를 여러 해가 지났다. 드디어 악의는 군대를 이끌고 동쪽으로 가서 즉묵을 둘러쌌다. 상황이 이쯤 되니 즉묵의 대부들도 나서서 목숨을 걸고 싸웠다. 대부들은 하나 둘 죽어갔다. 그러자 성안의 사람들은 목숨이 경각에 달렸음을 느꼈고 누군가가 자신들을 구원해주기를 기대했다. 그러나 그들이 기다리는 구원병은 없었다. 그때 성 안에 있던 한 사람이 전단을 지목하며 말했다.

"안평 싸움에서 전단의 집안사람들만 무사했다. 그것은 전단이 뛰어났기 때문이다. 모두들 수레가 부서져 잡혔는데, 전단은 바퀴 축을 쇠로 싸두었기 때문에 즉묵까지 무사히 올 수 있었던 것이다. 그런 지혜라면 필경 군대도 잘 다룰 것이다. 우리는 그를 장군으로 삼아야 한다."

원래 전단은 제나라 민왕 때 시연[2]이었다. 연나라가 제나라의 깊숙한 곳까지 침입하여 평정할 때 전단은 안평으로 달아났는데, 집안 사람들에게 수레바퀴 축의 양끝을 모두 잘라버리게 하고 쇠를 덧붙여 튼튼하게 만들도록 했다. 모든 사람들이 앞을 다투어 도망을 할 때 수레가 부서지는 바람에 사로잡혔지만, 전단의 가족들만큼은 바퀴의 축을 쇠로 싸두었기 때문에 즉묵까지 탈출하는데 성공하여 몸을 보존할 수 있었다. 이것이 즉묵성 안의 사람들이 전단을 추대한 이유였다. 그리하여 전단은 남아있는 병사들을 이끄는 장군이 되었다.

이때 연나라에서는 소왕이 죽자 태자가 즉위하여 혜왕惠王이 되었다. 전단은 혜왕과 악의 사이가 좋지 않다는 말을 듣고 연나라에 첩자를 보내 간계를 썼다.

"제나라에서 항복하지 않은 곳은 단 두 곳뿐인데, 악의는 혜왕과 사이가 나쁘기 때문에 전쟁을 질질 끌어서 제나라의 왕이 되려고 한다. 그래서 제나라는 연나라에서 다른 장수를 또 보낼까 두려워하고 있다."

혜왕은 악의를 의심하고 있던 차에 이 간계에 속아 넘어갔다. 그래서 장군을 기겁騎劫으로 교체하고 악의를 불러들였다. 갑자기 날벼락을 맞은 것은 악의였다. 악의는 이 마당에 연나라로 돌아가면 꼼짝없이 죽은 목숨이라는 생각이 들었다. 그래서 재빨리 서쪽으로 달아나서 조나라에 투항했다. 얼결에 횡재를 한 건 조나라였다. 조나라 또한 재빨리 악의를 관진觀津에 봉하고 망제군望諸君이라고 불렀다. 이렇게 조나라가 악의를 높이 떠받들자 연나라 혜왕은 머리가 멍해지면서 장군을 기겁으로 바꾼 게 공연한 짓이 아니었는지 다시 한 번 돌아보게 되었다. 제나라도 놀란 건 마찬가지였고 이는 악의를 재평가 하는 사건이 되었다.

한편 장군이 된 전단은 제나라 사람들이 죽을 각오로 싸움에 임하게 해야 한다는 신조를 가지고 있었다. 그러지 않고서는 이 난국을 헤쳐 나갈 길이 없다고 생각하였다. 그래서 사람들의 마음에 분노의 불을 댕겼다. 우선 병사들에게 이렇게 말했다.

"보라! 항복하는 놈들은 용서할 수 없다. 싸우든지 죽든지 둘 중에 하나를 선택하라! 사로잡히는 놈들도 용서하지 못한다. 그리고 제군들은 적의 진영에 있는 우리 병사들의 코를 먼저 칼로 베되 우리가 했다는 소문이 나서는 안 된다. 알았는가?"

그러자 교전 중에 코가 떨어져나가 피범벅이 된 제나라 병사들의 모습을 성 안 사람들이 보았다. 성 안의 사람들은 가슴을 쥐어뜯으며 분노했다. 그 후에 전단은 연나라 진영에 첩자를 풀어서 이런 말을 퍼뜨렸다.

"나는 연나라 사람들이 우리 성 밖에 있는 무덤을 파헤쳐서 조상들을 욕보일까 겁난다. 이런 생각만 하면 정신이 서늘해진다."

이 말을 들은 기겁의 병사들은 무덤을 모두 파헤쳐서 시체를 꺼내 불살라 버렸다. 성 위에서 이 광경을 바라보던 제나라 사람들은 눈물을 흘리며 말할 수 없이 분노했다. 그때 전단은 되뇌었다.

"이제 비로소 싸울 준비가 되었다."

그리고 몸소 삽을 들어 병졸들과 똑같이 일했다. 아내와 첩들도 군졸로 삼았다. 여자들은 자기의 남편이요 아들이나 다름없는 병사들에게 한없는 애정과 측은함을 가지고 음식을 배불리 먹이고 잔일을 거들었다. 따라서 병졸들은 어느 때보다도 사기가 충천하게 되었다. 그런 후 전단은 무장한 병사들을 모두 숨게 하고 부녀자들만 성 위에 오르게 했다. 그리고 연나라 측에 사신을 보내 항복을 약속하며 뒤로는 돈 2만 냥을 걷어서 연나라 장수에게 뇌물을 썼다.

"즉묵이 항복하면 내 집안과 처첩들만은 포로로 삼지 말고 편안히 살 수 있도록 해 주십시오."

연나라 병사들은 만세를 부르며 이제는 다 이긴 싸움이라고 생각했다. 그러나 전단은 소 천여 마리를 모아서 붉은 비단에 오색으로 용무늬를 그려 넣은 옷을 만들어 입혔다. 그리고 쇠뿔에는 칼날을 붙들어 매고 쇠꼬리에는 갈대를 매달아 기름을 붓고 그 끝에 불을 붙였다. 그러고 나서 성벽에 구멍을 뚫어 밤을 틈타 그 구멍으로 소를 내보내고, 장사 5천 명이 그 뒤를 따르게 하였다. 꼬리가 뜨거워진 소는 성이 나서 연나라 군대의 진영으로 뛰어들었다. 자다가 한밤중에 소가 들이닥치는데, 꼬리의 햇불은 눈부시게 빛나고, 용의 형상으로 보이는데 용도 아니고 소 같은데 소도 아니었다. 그러니 연나라 군사들은 자다 말고 기절초풍을 할 수밖에 없었다. 그들은 쇠뿔에 받히는 대로 죽거나 부상을 당했다. 거기서 끝이 난 게 아니었다. 장사 5천 명이 나뭇가지³를 입에 문 채로 뛰어들어서 닥치는 대로 칼질을 해대는 것이었다. 때맞추어 성 안에서는 온 힘을 다해 북을 두드리며 함성을 질렀다. 노인과 아이들까지 모두 합세하여 구리그릇을 두드리며 성원을 했다. 연나라 군사들은 싸울 생각은 하지도 못하고 정신없이 달아나기 바빴다. 그때를 놓치지 않고 제나라 사람들이 연나라 장수 기겁을 찾아서 죽이고, 도망가는 연나라 병사들을 뒤쫓았다. 성난 그들이 기세 좋게 돌격하자 성과 고을의 모든 장정들은 전단에게 귀순했다. 전단의 군사는 나날이 늘어갔다. 반면에 연나라는 나날이 패하여 하상河上까지 밀려났다. 이리하여 연나라 성 칠십여 개가 도로 제나라의 수중으로 들어오게 되었다. 이렇게 전단은 연나라 군대를 깨끗이 내쫓고 꺼져가던 제나라의 불씨를 다시 살렸다. 그리고 거에 도피해 있던 민왕의 아들 양왕襄王을 맞아 수도 임치로 돌아왔다.

연나라 혜왕은 기겁을 악의와 교체시킨 까닭에 싸움에 졌고 장수를 잃었으며 전에 빼앗았던 땅마저 도로 잃게 된 것을 후회했다. 또한 조나라에 투항한 악의가 보복을 하지나 않을까 두려웠다. 그래서 혜왕은 사신을 보내서 사과했는데, 왕으로서의 위엄까지 잃을 수는 없었으므로 꾸짖는 형태를 취했다.

"선왕께서 나라 전체를 장군에게 맡겼고, 장군이 제나라를 쳐부수고 선왕의 원수를 갚으니 놀라서 떨지 않는 이가 없었소. 과인이 어찌 감히 장군의 공로를 하루인들 잊을 수 있겠소? 다만 선왕께서 신하들을 버리고 세상을 떠나 과인이 새로 왕위에 오르자, 좌우의 신하들이 과인을 그르쳤소. 기겁을 장군과 교체했지만 이 또한 오랜 시간 나라 밖에서 더위와 비바람에 시달린 장군을 잠시 쉬게 한 후 나랏일을 꾀하려고 했던 것뿐이오. 그런데 장군은 이를 오해하여 연나라를 버리고 조나라로 갔으니, 그것이 장군 자신을 위한 처신으로는 좋은 일일지 모르나, 장군은 무엇으로 선왕이 장군을 극진히 대우한 뜻에 보답하겠소?"

악의는 진심어린 장문의 답장[4]으로 마음을 알렸다.

"··················〈상략〉··················

이미 연나라를 버리고 조나라로 가는 큰 죄를 지었는데, 또 연나라가 지친 틈을 타서 조나라를 위하여 연나라를 쳐서 연나라에 앞서 저지른 죄를 요행으로 면해보려는 것은 도의상 도저히 할 수 없는 일입니다.

신이 듣건대 '옛 군자는 사람과 교제를 끊더라도 그 사람의 단점을 말하지 않고, 충신은 그 나라를 떠나더라도 자기 결백을 밝히려고 군주에게 허물을 돌리지 않는다.'라고 합니다. 신은 영리하지는 못하지만 자주 군자의 가르침을 받았습니다. 다만 왕을 모시는 신하들이 주위 사람들의 말을 가까이하여 멀리 내쳐진 신의 행위를 제대로 살피지 못할까 염려되어 감히 글을 올려 말씀드립니다. 부디 군왕께서 신의 뜻을 마음으로 헤아려 주시기 바랍니다."

혜왕은 비로소 안심이 되어 악의의 아들 악간樂間을 창국군昌國君에 봉했다. 악의는 조나라와 연나라를 오가면서 다시 연나라와 친해졌다. 연나라와 조나라에서는 그를 객경客卿으로 삼았다.

＊1 소대蘇代는 합종가 소진의 동생.
＊2 시장을 감독하는 관리.
＊3 고대의 싸움에선 말소리가 입 밖으로 새어나가지 않도록 입 안에 나뭇가지를 물렸다.
＊4 「보유연혜왕서報遺燕惠王書」는 고금古今의 명문名文으로 일컬어진다. 제갈량의 출사표出師表와 함께 읽고도 울지 않는 자는 충신이 아니라고 말해진다.

부드러운 충절의 교훈 「보연왕서」

조선시대에 원자元子가 태어나면 일단 보양청輔養廳에서 보호와 양육을 받다가, 서너 살쯤 되었을 때 강학청講學廳이 설치되면서 본격적으로 제왕학帝王學을 배우게 된다. 하지만 그 어린 나이에 소학·천자문·격몽요결 등의 공부를 어찌 다 해득하겠는가? 그래서 이때는 그저 스승을 따라서 줄줄 암송하는 게 전부였다. 그 후 원자 나이 여덟 살을 전후해서 세자에 책봉이 되면 강학청은 서연書筵으로 바뀌는데, 서연관으로서는 관료 수뇌부의 집합체인 정승들이 사師, 부傅, 이사貳師로 임명되었다. 그랬다 해도 바쁜 삼정승들이 세자교육에 전념할 순 없는 까닭에 세자시강원侍講院의 전임관료들이 담당하는 게 보통이었다. 이때 세자가 하는 공부는 실로 어마어마했다. 교과는 주로 소학, 효경, 논어, 맹자, 중용, 대학, 대학연의, 상서, 주역, 예기, 춘추좌전, 통감강목 등이었다.

이들 과목 중 『춘추좌전』이라는 게 바로 공자가 고난의 시절 끝에 쓴 책으로서 사마천의 『사기』와 흡사한 종류의 책이다. 그러니까 이 책에는 중국의 상고시대부터 군주들의 덕치나 얼룩진 삶, 또 그 안에서 벌어졌던 관료와 백성들 간의 상관관계 등을 통한 나라의 흥망성

쇠가 거의 연대별로 드러나 있다.

임금은 모름지기 역사를 통해서 과거를 알아 통치의 기술을 배우며, 그 밖의 다른 과목들을 통해 시·서·예·악 등의 정신적이고 문화적인 수준을 높이면서 성숙한 인간으로 변모해 갔다. 제왕학은 경연經筵이라고 해서 보위에 오른 후에도 하루 세 차례씩 계속되었다. 이때 종종 현안문제들이 학문의 토론과정에서 쟁점으로 제기되는 경우가 많았다. 그런 문제들은 토론을 거쳐서 해결방안을 찾게 된다. 그러므로 경연은 명색이 학문 토론장이지 실제로는 정치 토론장이나 다름이 없었다. 이처럼 전통시대의 왕은 왕이 되기 이전부터 제왕학을 연마하기 시작하여 죽을 때까지 계속했다.

헌데 이 공부를 다 마치면 실로 이상적인 군주가 태어날 수 있으련만 실제 역사를 보았을 때 그렇지만도 않은 걸 보면 사람이 환경이나 천성의 한계를 초월한다는 게 그리 쉬운 건 아닌 모양이다. 아무튼 원칙적으로 이런 공부를 해야 마땅한데, 현대에 와서 제왕학의 성격이 시대에 맞추어 변모된 부분이 있다고는 해도, 지도자라면 인성과 품격과 지성을 연마해야 하는 것은 기본이다. 그런데 오늘날 우리의 영도자들도 과연 현대적 제왕학을 통해서 자신을 닦고 만드는 데 힘쓴 연후에 대권에 도전을 하는지는 모르겠다. 그러나 한편으론 '아마도 그렇겠지.'라고 되뇌면서 '그런데 우리의 삶은 왜 이리도 팍팍하지?'라는 생각이 드는 건 왜일까? 또 불평등이라든지 양극화라든지 이런 단어들이 대두되면서, 소위 선진국의 대열에서 우리나라 국민의 행복수치가 바닥에서 맴맴 돌고 있다는 생각이 나는 까닭은 무엇일까? 하긴 굳이 이 문제에 장문으로 답할 것도 없이 요즘 일고 있는 안철수 신드롬이 그

내용과 현상을 말하고 있는데, 역사는 이와같이 항상 개혁과 개선을 통해서 진보해 왔다.

원론으로 가서, 다 쓰러져가던 나라의 왕으로서, 개혁이 대대적으로 필요하다고 가슴을 치고 머리를 싸매며, 나라의 재건을 위해 몸부림을 쳤던 군주가 전국시대 연나라의 소왕이었다. 그래서 그는 당대의 지식인 곽외를 찾아가는데, 곽외는 천리마를 구하는 얘기를 하면서 우선 자신을 먼저 대접하라고 말했다. '선종외시先從隗始'는 여기서 비롯된 말이니, 즉 외를 먼저 대접하면 '곽외를 저렇게까지 대접하는데 곽외보다 더한 현자들은 얼마나 크게 대접할까?' 하여 저절로 어진 사람이 모여들게 된다는 뜻이다. 참고로 천리마를 구하는 예를 들어 곽외를 스승으로 모시는 대목은 이렇다.

郭隗先生曰：“臣聞古之君人，有以千金求千裏馬者，三年不能得。
涓人言于/於君曰：‘請求之’。君遣之。
三月得千裏馬，馬已死，買其首五百金，反以報君。
君大怒曰：‘所求者生馬，安事死馬而捐五百金？’
涓人對曰：‘死馬且買之五百金，況生馬乎？天下必以王爲能市馬，
馬今至矣’。
于/於是不能期年，千裏之馬至者三。
今王誠欲致士，先從隗始；隗且見事，況賢于/於隗者乎？豈遠千裏哉？”
于/於是昭王爲隗筑宮而師之。

곽외 선생이 말했다.

"신이 듣기로, 옛날 어떤 왕이 천금을 들여 천리마를 구하려 했으나 3년이 지나도 얻지를 못했습니다. 이때 측근에 있던 한 사람이 '내가 구해 오겠다'고 나서서 왕이 그에게 (그 일을) 맡겼습니다.

3개월 후 천리마를 얻긴 했는데 말은 이미 죽어 있었습니다. 그 사람은 말의 머리를 5백금에 사와서 왕에게 보고했습니다.

왕은 대노하여 말했습니다. '살아있는 말을 사오라고 하였는데, 어찌 죽은 말을 사왔으며, 5백금이나 버렸는고?'

그가 말하길, '죽은 말조차 5백금으로 사들였으니 하물며 살아있는 말은 어떻겠습니까? 천하 사람들은 왕이 반드시 말을 사려고 함을 알 것입니다. 하니 말은 이제 곧 모여들 것입니다.'

그러자 1년도 지나지 않아 천리마가 세 필이나 모였다고 합니다.

왕께서 선비를 구하시려면, 먼저 外隗부터 시작하십시오. 저 같은 이도 예우를 받는다면, 저보다 더 현명한 사람들이 어찌 천리를 멀다 하겠습니까?"

이에 소왕은 두려워하여 궁을 고치고 그를 스승으로 삼았다.

정말 그 뒤에 악의, 추연, 극신이 위, 제, 조나라로부터 모여들었고, 소왕은 악의를 상장군으로 삼아 제나라를 쳐부수고 땅을 되찾았다. 때가 되어 소왕이 죽고 혜왕이 즉위했다. 혜왕은 젊은 시절부터 악의를 탐탁하게 여기지 않았으므로 악의에서 기겁으로 장군을 교체했다. 이것은 하나의 정치적 보복으로서 권력의 남용이었으며, 국제정세를 잘못 읽은 혜왕의 오판이었다. 과연 기겁은 전단에게 참패하게 되었는데, 그것은 정보부족에서 비롯되었다. 그것은 전단이 얼마나 발 빠르게 정보들을 수집하고 잘 활용했는지를 알게 한다.

전단은 시장의 일개 관리였다. 그리고 정말 의지할 데 없었던 제나라 사람들이 그런 전단을 추대했다. 전단은 장군으로 임용되자 사람들로 하여금 식사 전에 꼭 제사를 드리게 했다. 헌데 희한하게도 제사를 드릴 때마다 새떼가 날아와서 음식을 먹는 것이었다. 이를 해괴하게 여기는 사람들에게 전단은 '그것은 신이 와서 나를 가르쳐 주는 것이다.'라고 했다. 그리고 '앞으로 신과 같은 사람이 나의 스승이 될 것'이라고 선전했다. 그러자 사람들은 전단을 함부로 대할 수도 없었거니와 그에게서 나오는 모든 것을 믿을 수밖에 없었다. 이것은 무지한 그들을 단합하게 하는 큰 힘이 되었다.

그러나 만일 이때 기겁이 첩자라도 보내서 이 사실을 알았더라면, 전단은 왕이 되기 위하여 황당한 거짓으로 혹세무민하고 있다.'라든가, '사실 전단은 제나라를 위하는 척하면서 결정적 순간에 즉묵성을 연나라에 내어주고 연나라로 귀의해서 큰 벼슬을 할 것이다.'라는 등의 간계를 써볼 수도 있었을 것이다. 그러나 혜왕과 기겁은 적에 대해서 너무도 안일했었기에 연나라의 내부 실정에 대하여 전적으로 방심했던 것이다. 아니 그보다는 더 이전에 악의를 장군에서 축출할 수 없도록 선왕의 충신들은 혜왕 앞에 목숨을 걸고 간했어야 했다. 이러한 때 전단은 한 병사를 거짓 스승으로 앉혀놓고 그를 신격화해서 더욱 성안 사람들의 신망을 얻어갔다.

태사공은 전단의 용병술에 대해서 이렇게 말했다.

"용병의 도는 정공법으로 싸우고, 기이한 계책으로 이기는 것이다. 싸움을 잘하는 사람은 기이한 계책을 무궁무진하게 낸다. 기이한 계책과 정공법이 서로 어우러져 쓰이는 것은 마치 끝이 없는 둥근 고리 같다. 대체로 기이한 병법은 처음에는 처녀처럼 약하게 보여 문을 열어두게 하지만, 나중에는 그물을 벗어난 토끼처럼 날래져서 적이 막으려고 해도 막을 수가 없다. 이는 전단의 용법을 두고 한 말일 것이다."

한나라의 명장 한신이 조나라와 싸우게 되는 정형전투에서도 조나라의 성안군은 정공법으로 맞설 것을 주장하여 광무군의 계책을 쓰지 않고 임했다가 이십만 대군을 참패하게 만들고 조나라를 멸망시킨 채 자신은 죽음을 면치 못했다. 그러므로 날고 기는 전장에서, 승승장구하던 지장智將 악의를 교체한 것은 연나라의 운명을 확정시킬 수밖에 없었다.

혜왕은 전쟁에 지고 나서 악의에게 사자를 보내 말을 전했다. 그것은 꾸짖음을 가장한 사과문이었다. 그 편지에는 부디 선왕의 총애를 생각해서라도 제발 연나라로 보복전쟁을 일으키지 말아달라는 비굴한 당부가 들어있었다. 그러나 악의는 마음을 다하여 답장을 했고 그 글은 「보연왕서」라 하여 후대까지 명문으로 일컬어지며 역사적 가치를 부여받고 있다.

태사공도 말하길,

"일찍이 제나라의 괴통과 주보언主父偃은 악의가 연나라 왕에게 보낸 글 「보연왕서」를 읽을 때마다 책을 덮고 눈물을 머금지 않은 적이 없었다고 한다."라고 했다.

이 답장을 받은 혜왕은 마음을 쓸며 안도하고는 감사의 뜻으로 악의의 아들 악간을 창국군에 봉했다. 그러나 희왕喜王 때에 이르러 연나라가 또 조나라를 침공하는 일이 일어났다. 이때 악간이 간하여 불가함을 주장했으나 희왕은 강행했고 결과는 참패였다. 조나라는 염파와 인상여라는 충신 단 두 명 때문에 진나라도 20여년이나 감히 넘보지 못했던 나라였다. 당연히 연나라의 희왕이 신임하던 율복栗腹과 그 계책을 반대하던 악승樂乘은 염파에게 사로잡혔고 연나라는 조나라에게 땅을 떼어주어 화친을 맺었다. 악승은 그때 도주하여 조나라에 있었는데, 희왕은 할아버지 혜왕이 했던 것처럼 악승의 아비 악간에게 편지를 썼다.

인간됨은 아무리 닦아도 타고나는 천품이 우선하는 건지, 참으로 슬픈 일이다. 하지만 지난 일을 알게 하여 오늘을 바로잡고 더욱 발전시켜 후대에 계승하는 것이 역사가 지닌 참뜻이라면, 혜왕과 희왕의 심지 약한 저 행위마저도 우리에게 참된 강인함을 공부하게 하는 큰 영양분이 될 것이다. 아울러 오늘날의 통치자들도, 스승을 모시기 위해 황금대를 쌓았고, 몸소 제나라까지 나와서 악의의 업적을 치하했던, 연소왕의 그 겸허함을 숙연히 음미해볼 필요가 있다.

報遺燕惠王書
보유연혜왕서(보연왕서)

樂毅報遺燕惠王書曰:

臣不佞, 不能奉承王命, 以順左右之心, 恐傷先王之明, 有害足下之義, 故遁逃走趙。今足下使人數之以罪, 臣恐侍御者不察先王之所以畜幸臣之理, 又不白臣之所以事先王之心, 故敢以書對。

　신은 재능이 없어 왕명을 받들지 못하고, 좌우 신하들의 마음을 따르지 못하여, 선왕의 밝으심을 해치고 대왕의 의로움을 해칠까 두려워 조나라로 도망하였습니다. 지금 왕께서 사신을 보내 여러 차례 신의 죄를 꾸짖으셨습니다. 지금 신은 왕을 모시는 이들이 선왕께서 신을 아끼셨던 이치를 살피지 못하고, 신이 선왕을 섬겼던 속뜻이 어디에 있었나를 명백히 하지 못할까 하여 감히 글로써 대답합니다.

臣聞賢聖之君不以祿私親, 其功多者賞之, 其能當者處之。故察能而授官者, 成功之君也；論行而結交者, 立名之士也。臣竊觀先王之擧也, 見有高世主之心, 故假節於魏, 以身得察於燕。先王過擧, 廁之賓客之中, 立之群臣之上, 不謀父兄, 以爲亞卿。臣竊不自知, 自以爲奉令承敎, 可幸無罪, 故受令而不辭。

신은 어질고 성스러운 군주는 친하다 하여 녹을 주지 않고 공이 많은 자에게 상을 주며, 능력이 되는 자를 자리에 앉힌다고 들었습니다. 예로부터 능력을 살펴 관직을 주는 이는 공을 이룬 군주이고 행동을 바르게 하여 사귀는 이는 이름을 남기는 선비입니다. 신이 선왕께서 하신 일을 살펴보니 이 세상 군주들보다 높은 뜻이 있는 것으로 보였습니다. 그래서 위나라의 사신이라는 신분을 빌려 연나라로 갔던 것입니다.

선왕께서는 신을 뽑아 빈객들 틈에 끼게 하고, 신하들의 윗자리에 서게 하고, 군신들과 논의도 없이 아경으로 삼았습니다. 신은 속으로 저 자신을 알 수 없었지만, 명을 받들어 가르침을 받는다면 다행히 죄는 안 되리라는 생각에 사양치 않고 명령에 따랐습니다.

先王命之曰：「我有積怨深怒於齊, 不量輕弱, 而欲以齊爲事。」臣曰：「夫齊, 霸國之餘業而最勝之遺事也。練於兵甲, 習於戰攻。王若欲伐之, 必與天下圖之。與天下圖之, 莫若結於趙。且又淮北, 宋地, 楚魏之所欲也, 趙若許而約四國攻之, 齊可大破也。」先王以爲然, 具符節南使臣於趙。顧反命, 起兵擊齊。以天之道, 先王之靈, 河北之地隨先王而擧之濟上。濟上之軍受命擊齊, 大敗齊人。輕卒銳兵, 長驅至國。齊王遁而走莒, 僅以身免；珠玉財寶車甲珍器盡收入于燕。齊器設於寧臺, 大呂陳於元英, 故鼎反乎歷室, 薊丘之植植於汶篁, 自五伯已來, 功未有及先王者也。

先王以爲慊於志, 故裂地而封之, 使得比小國諸侯。臣竊
不自知, 自以爲奉命承教, 可幸無罪, 是以受命不辭。

　　선왕께서는 신에게 「나는 제나라에 깊은 분노와 원한이 쌓여 있
다. 그래서 힘이 약함을 헤아리지 않고 제나라를 치려고 한다.」고 명
하셨습니다. 신은 「제나라는 선대에 패국으로서의 업적이 남아 있고
전쟁에서 언제나 이겼으므로, 병기와 장비가 갖추어져 있고 싸움에
도 익숙합니다. 왕께서 제나라를 치시고자 하면 반드시 천하제후들
과 함께 하셔야 합니다. 천하제후들과 함께 하시려면 조나라와 약속
을 맺어야 합니다. 또한 회수 북쪽의 송나라 땅은 초나라와 위나라가
탐내는 땅입니다. 만약 조나라가 이 일에 가담하기로 허락하고 네 나
라가 동맹을 맺어서 친다면 제나라를 크게 깨뜨리는 게 가능합니
다.」라고 말씀드렸습니다. 선왕께서는 그렇게 하라고 하시면서 부절
을 마련하여 신을 남쪽 조나라에 사신으로 보냈습니다. 신은 돌아와
보고를 마친 뒤 병사를 일으켜 제나라를 쳤습니다.
　　하늘이 도와 선왕의 영이 있어 황하 북쪽의 모든 땅이 선왕을 따
랐으므로 그곳 병사를 제수 가로 모이게 했습니다. 제수 가의 군사는
명을 받고 제나라를 쳐서 크게 깨뜨리고, 빠른 병졸과 정예 군대가
멀리 임치까지 뒤쫓았습니다. 제나라 왕은 거로 도주해 겨우 몸만 피
해 있었습니다. 제나라의 주옥과 수레와 무기와 진귀한 그릇들을 모
두 거두어 연나라로 들여왔습니다. 제나라의 그릇을 영대寧臺에 설
치하고, 대려大呂를 원영元英에 진열하였으며, 예전에 빼앗겼던 솥

을 역실歷室로 되찾아 왔으며, 계구薊丘[1]에는 제나라의 문수汶水가에서 자라는 대나무를 옮겨 심었습니다. 오백五伯[2] 이래로 선왕보다 더 큰 공을 이룬 사람은 없었습니다. 선왕께서는 만족스러워하시며 땅을 떼어 신을 봉하여, 작은 나라의 제후에 견줄 만큼의 지위로 만들어 주셨습니다. 신은 속으로 저 자신을 알 수 없었지만, 명을 받들어 가르침을 받는다면 다행히 죄는 안 되리라는 생각에 명을 받고 사양치 않았던 것입니다.

臣聞賢聖之君, 功立而不廢, 故著於春秋; 毀蚤知之士, 名成而不毀, 故稱於後世。若先王之報怨雪恥, 夷萬乘之彊國, 收八百歲之蓄積, 及至棄群臣之日, 餘教未衰, 執政任事之臣, 脩法令, 愼庶孽, 施及乎萌隷, 皆可以敎後世。

신이 듣기로 어질고 성스러운 군주는, 공을 세우면 무너지지 않기에 춘추에 기록되고, 앞을 밝히 아는 선비가 공명을 이루면 그것이 손상되지 않아 후세까지 일컬어진다 합니다. 선왕께서는 원한을 갚고 치욕을 씻고 만승의 강국을 평정하여, 800년 묵은 보물과 진기한 그릇을 빼앗아 오셨고, 신들을 버리고 가시기까지도 가르침은 사라지지 않아, 정사를 맡은 신하는 그 법령을 닦고 적서嫡庶를 신중히 하게 함을 서민과 하인들에게까지 이르게 한 것은 후세에 두루 교훈이 됩니다.

臣聞之, 善作者不必善成, 善始者不必善終。昔伍子胥說
聽於闔閭, 而吳王遠跡至郢 ; 夫差弗是也, 賜之鴟
夷而浮之江。吳王不寤先論之可以立功, 故沈子胥而不悔 ; 子胥
不蚤見主之不同量, 是以至於入江而不化。

신이 들은 바에 의하면, 일을 잘 꾸미는 자가 반드시 일을 잘 이루
는 것은 아니고, 시작을 잘 하는 자가 반드시 마무리를 잘 하는 것도
아니라고 합니다. 옛날에 합려가 오자서의 말을 들었기에 오왕은 멀
리 영[3]까지 쳐들어갔습니다. 그러나 부차는 이를 그르다 하여 칼을
내려 (오자서를) 죽게 하고 강물에 띄웠습니다. 오왕 부차는 선왕의
논리를 이어가면 공을 이루게 됨을 깨닫지 못하여 자서의 일을 후회
할 줄을 몰랐습니다. 자서도 두 군주의 기량이 다름을 깨닫지 못했기
에 강물에 던져졌습니다.

夫免身立功, 以明先王之跡, 臣之上計也。離毀辱之誹謗,
墮先王之名, 臣之所大恐也。臨不測之罪, 以幸爲利, 義之
所不敢出也。

신으로서는 몸을 피하여 공을 세우고 선왕의 공적을 분명히 하는
것이 가장 좋습니다. 모욕적인 비방으로 선왕의 명성을 떨어뜨림이
신의 가장 큰 두려움입니다. 이미 죄를 지었는데 요행을 바라는 것은
의가 그렇지 않으므로 감히 할 수 없습니다.

臣聞古之君子, 交絶不出惡聲 ; 忠臣去國, 不潔其名。臣雖不佞, 數奉教於君子矣。恐侍御者之親左右之說, 不察疏遠之行, 故敢獻書以聞, 唯君王之留意焉。

신이 듣기로, 옛 군자는 교류가 끊어져도 험담을 하지 않고, 충신은 나라를 떠나더라도 이름을 들어 결백을 밝히지 않는다 합니다. 신은 비록 영리하진 못하지만 여러 번 군자의 가르침을 받았습니다. 다만 왕을 모시는 자가 좌우의 말을 듣고, 멀리 떨어진 신의 행적을 살피지 못할까하여 글을 올려 감히 말씀드립니다. 부디 군왕께서는 신의 뜻을 헤아려 주시기 바랍니다.

주

*1 연나라의 수도.
*2 오패五覇.
*3 초나라의 수도.

춘신군 황헐의 목숨을 건 지혜

기원전 299년, 초나라 회왕懷王 30년, 진나라 소왕은 회왕에게 무관武關에서 만나서 얼굴을 맞대고 맹약을 맺자는 편지를 보냈다. 초나라 회왕은 진나라 왕의 편지를 보고는 근심했다. 가자니 속을까봐 걱정이 되었고, 가지 않자니 진나라 왕이 노여워할까 해서 염려가 되었다.

소저가 말했다.

"군왕께서는 가시지 말고, 군대를 내어서 스스로를 지키면 됩니다. 진나라는 범과 시랑 같아서 믿을 수 없으니 제후들을 집어 삼키려는 마음을 품고 있습니다.

그때 회왕의 아들 자란子蘭이 회왕에게 가라고 권하면서 말했다.

"어찌하여 진나라의 호의를 거절합니까?"

이에 회왕은 소왕을 만나러 갔다. 소왕은 회왕을 속이기 위해서, 장군 한 명으로 하여금 무관에 군사를 매복시키게 하고 진나라 왕의 깃발을 걸게 했다. 초나라 왕이 도착하자 무관을 걸어 잠그고 서쪽으로 행차하여 함양에 도착했다. 장대章臺[1]에서 조회하는데 소왕은 회왕에게 마치 번신藩臣[2]처럼 하였으며 평등한 예의를 갖추지 않았다. 초나라 회왕은 매우 노여워하며 소저의 말을 받아들이지 않은 것을 후회했다. 초나라 왕은 맹약을 맺으려고 했다. 진나라 왕은 초나라 왕을 붙잡아 놓고서 그에게 무와 검중의 군현을 먼저 떼어달라고 했다. 초나라 왕이 이를 허락하지 않자 진나라는 회왕을 붙잡아 두었다.

　초나라는 갑자기 군왕이 없는 나라가 되었으므로 조정 대신들은 긴급히 나라 안에 있는 회왕의 아들을 추대하려고 했다. 이때 이득을 저울질하던 제나라에서 태자를 억류하는 것보다는 초나라의 회북 땅을 요구하는 것이 더 낫겠다는 판단으로 태자 횡을 보냈으니 이 사람이 경양왕이다. 회왕은 진나라에 4년간이나 억류된 채로 있다가 병을 얻어서 주검으로 초나라에 돌아왔다.

[초 세가]에서

　　　　　초나라의 황헐黃歇이 진나라에 사신으로 와 있다가 진나라 소양왕이 한나라, 위나라와 함께 초나라를 치려고 한다는 사실을 알게 되었다. 이무렵 초나라는 진나라 장군 백기白起에게 무군巫郡과 검중군黔中郡을 빼앗기고 언과 영이 함락된 데다가, 동쪽으로 경릉竟陵까지 빼앗겼으므로 경양왕은 동쪽으로 옮겨가서 진현陳縣에 도읍을 정한 상태였다.

　황헐은 일찍이 초나라 회왕이 꾐에 빠져 진나라로 들어갔다가 속아서 그곳에서 죽는 것을 보았다. 경양왕은 그 아들이므로 진나라는 그를 업신여기고 있었다. 황헐은 이번에도 진나라에게 패하면 초나라는 완전히 끝이 날 것이라고 생각했다. 황헐은 마음이 다급해져 진나라 소왕에게 긴급히 장문의 글을 올렸다. 요지는, '진나라와 초나라가 싸우면 중원지역에서 한나라와 위나라를 살찌게 하고 제나라를 안정시키는 일이다. 일 년 뒤쯤이면 위나라와 제나라는 도모할 수 없을 정도의 강국이 된다. 그렇게 되면 진나라는 패업을 이룰 수 없다.'라는 점과 '초나라와 화친하면 한나라와 위나라를 제후로 만들고 제나라를 앉아서 차지하게 되면서 연나라와 조나라는 제나라와 초나라에게 도움을 받을 수 없고, 제나라와 초나라는 연나라와 조나라에게 도움을 받을 수 없으니 제나라와 초나라를 흔들어서 네 나라를 저절로 복종시킬 수 있다'는 것이었다.

소왕은 참으로 그렇다고 맞장구를 치며 초나라에 사신을 보내 예물을 주면서 동맹국이 되기로 약속을 했다. 황헐은 변설에 그 정도로 능했다. 그런 후, 항헐은 초나라로 돌아왔다. 헌데 초나라에서는 태자 완完과 함께 다시 황헐을 진나라에 볼모로 보냈다.

진나라가 이들을 잡아둔 지 몇 해가 지나자 초나라 경양왕은 병이 들었다. 그러나 진에서는 이들을 본국으로 돌려보내질 않았다. 그런 상황에서도 초나라 태자는 진나라 재상 응후(범저)와 사이가 좋았다. 황헐은 응후를 이렇게 설득했다.

"상국(재상의 별칭)께서는 초나라 태자와 정말 친합니까?"

"그렇소."

또 황헐이 말했다.

"지금 초나라 왕이 병이 들어 회복이 어려울 듯 하니 태자를 돌려보내는 게 좋을 듯합니다. 여기에 계속 머문다면 그저 일개 범부에 지나지 않겠으나 돌아가서 왕위에 오르게 되면 상국의 은혜에 한없이 고마워할 것입니다. 태자가 돌아가지 못하여 초나라가 새 태자를 세운다면 반드시 진나라를 섬기지 않을 것입니다. 동맹국을 잃고 만승의 나라와 화친을 끊는 것은 좋은 계책이 아닙니다. 원컨대 상국께서는 이 점을 깊이 헤아리시기 바랍니다."

응후가 이 말을 진나라 왕께 아뢰니 진나라 왕이 말했다.

"초나라 태자의 스승을 보내서 초나라 왕의 병세를 살피고 돌아오게 하여 그때 다시 생각해 봅시다."

황헐은 태자를 위하여 계책을 세워놓고 응후에게 말했다.

"초나라에는 양문군의 두 아들이 있습니다. 만일 태자가 초나라에 없을 때 왕이 세상을 떠나면 반드시 양문군의 아들이 왕위를 이을 사람으로 정해질 테니, 태자께서는 왕위에 올라 종묘의 제사를 받들 수 없을 것입니다. 그러므로 사자와 함께 진나라를 빠져나가는 도리밖에 없으니 저는 남아서 목숨 걸고 이 일을 마무리하겠습니다."

이에 초나라 태자는 옷을 갈아입고 초나라 사자의 마부로 꾸민 뒤 함곡관을 빠져나갔다. 황헐은 숙소에 남아 태자가 병이 났다는 핑계로 빈객들의 방문을 사절했다. 그리고 뒤를 쫓을 수 없을 만큼 태자가 멀리 갔을 거라고 생각되는 시점에서 진나라 왕에게 직접 고했다.

"초나라 태자는 벌써 귀국길에 올라 함곡관을 벗어나서 멀리 갔습니다. 도망시킨 죄는 죽어 마땅하니 원컨대 죽음을 내려 주십시오."

소왕은 화가 나서 그가 자결하도록 놓아두려고 하는데 응후가 말했다.

"황헐은 신하로서 자기 한 몸을 던져 군주를 위해 죽으려 했습니다. 태자가 왕위에 오르면 반드시 황헐을 등용할 것입니다. 그러니 죄를 묻지 말고 그대로 돌려보내 초나라와 화친을 하는 게 가장 좋습니다."

그래서 진나라는 황헐을 돌려보냈다.

황헐이 초나라에 돌아온 지 석 달 만에 초나라 경양왕이 죽고 태자 완이 왕위에 올랐다. 그가 바로 고열왕考烈王이다.

기원전 262년, 고열왕 원년에 왕은 황헐을 재상에 임명하고 춘신군春申君에 봉하여 회수淮水 북쪽 땅 열두 현을 주었다. 그로부터 15년이 지나 황헐이 초나라 왕에게 다음과 같이 말했다.

"회수 북쪽 땅은 초나라 변방 지역으로 제나라와 맞닿아 있어서 정치적으로 급히 처리해야할 곳입니다. 그곳을 군으로 만들어 직접 관리하면 편리합니다."하고는 자기 봉읍 열두 현을 모두 왕에게 바치고 그 대신 강동에 봉읍을 요청했다. 고열왕은 이를 허락했다. 춘신군은 옛날 오나라의 성지에 성을 쌓고 자신의 봉읍으로 삼았다.

춘신군이 재상으로 있을 때 제나라에는 맹상군이 있고, 조나라에는 평원군이 있으며, 위나라에는 신릉군이 있었다. 이들은 선비들을 겸허하게 맞이하고 빈객을 불러 모으는 일에 서로 힘껏 다투었다. 이들은 선비의 힘을 빌려 나라의 정치를 돕는 한편 자신들의 권력을 굳히려고 애를 썼다.

춘신군이 초나라 재상이 된 지 8년째 되던 해에 그는 북쪽으로 노나라를 쳐서 멸망시켰다. 이 무렵 초나라는 다시 강대해졌다. 그리고 재상이 된 지 22년째 되던 해에 진나라의 공격이 끊이지 않자, 제후들이 서로 합종을 약속하고 서쪽으로 진나라를 쳤는데, 초나라 왕이 합종의 맹주가 되고 춘신군이 모든 일을 처리했다. 그러나 그들은 함곡관에 이르러 진나라 군대의 공격을 받고 싸움에 패해서 달아났다. 초나라 고열왕은 이 일에 대해 춘신군에게 책임을 물어 꾸짖었다. 이 일로 인해 춘신군과 고열왕의 사이가 점점 벌어지게 되었다. 그러자 빈객 중에 주영朱英이란 사람이 이렇게 말했다.

"사람들은 모두 초나라가 원래 강했는데 왕께서 정무를 맡으면서 약해졌다고 합니다만 저는 그렇게 생각하지 않습니다. 선왕께서 살아계실 때 진나라와 20년 동안이나 친선관계를 유지하였고, 진나라가 초나라를 치지 않은 것은 맹애의 요새를 넘어서 초나라를 치는 일이 불편하고, 동주와 서주에게 길을 빌려야 하며, 한나라와 위나라를 뒤에 두고 초나라를 치는 것이 불가능했기 때문입니다. 그러나 지금은 그렇지 않습니다. 위魏나라는 머지않아 멸망하려 하니 허許와 언릉을 아까워할 겨를도 없이 허를 갈라 진나라에 줄 것입니다. 그러면 진나라 군대와 초나라의 도읍 진陳과는 겨우 160리 떨어져 있게 됩니다. 제가 보기에 그렇게 되면 진나라와 초나라는 날마다 싸울 것입니다.

이에 초나라는 진을 버리고 수도를 수춘壽春으로 옮겼다. 그리고 춘신군은 이로 말미암아 봉국인 오吳에 머물러 살며 재상 일을 같이 보았다.

주

* 1 진왕이 궁을 떠나 머물던 누각.
* 2 속국의 신하.

몇 명의 목숨 값에 대한 소고(小考)

사기를 읽다 보면 자기가 중하게 여기는 사람을 위해서 목숨을 초개처럼 던지는 사례가 많이 나온다. 춘추오패의 한 명인 오나라 왕 합려가 왕이 되기 전, 공자 광으로 있을 때, 그는 전제專諸라는 자객을 거느리고 있었다. 남을 위해서 살인을 하는 경우는 보통 그에 따르는 상당한 대가가 있어야 하겠지만, 전제는 공자 광이 왕위를 찬탈할 때 숙부인 요왕을 죽인 대가로 무엇을 얻었는지 사기에 더 이상의 기록이 없다. 오히려, 일등공신임에도 불구하고 전제에게 대가는커녕 죽음만이 예고되어 있었다. 그럼에도 불구하고 그는 과감히 행동대원으로서의 실력을 유감없이 발휘하고 무대에서 사라졌다. 그가 요왕을 죽일 때 사용한 것은 비수였다. 여기저기 생채기를 낸다든가 하지 않고 비수를 꺼내서 단번에 행했는데 비수는 구운 생선의 뱃속에 숨겨놓았다. 그런데 이 일을 모의하기 전에 공자 광이 전제에게 마음을 진정으로 토로하는 장면이 자객열전에 나온다.

"이때를 정말 놓쳐서는 안 됩니다. 구하지 않으면 무엇을 얻겠습니까? 게다가 나는 정말로 왕의 뒤를 이을 사람이므로 마땅히 제왕 자리에 서야 합니다. 막내숙부 계자찰이 오더라도 나를 폐하지 못할 것입니다."

전제는 이렇게 말했다.

"요왕을 죽일 수 있습니다. 그의 어머니는 늙었고 아들은 나이가 어린데다 두 아우는 군사를 거느리고 초나라를 치러 갔는데, 초나라가 그들이 돌아올 길을 끊어버렸습니다. 지금 오나라는 밖으로 초나라에게 어려움을 당하고 있고, 나라 안은 텅 비어 있으며, 정직하고 용감하게 나서서 말할 신하가 없으니, 이러한 상황에서는 우리를 어떻게 할 사람은 없을 것입니다."

위 두 사람의 대화를 보면 정말 나쁜 일을 꾸미는 대역무도한 사람들이라는 것을 금방 느낄 수 있다. '어머니는 늙고, 아들은 어리고, 군대는 퇴로를 차단당했고, 나라 안은 텅텅 비었고, 정직하고 용감한 사람들은 없고' 이런 상황에서 나라를 뒤집는 일을 한 것인데, 계자찰이 오더라도 폐하지 못할 것이라는 논리는 합려의 독단이요 탐욕이었을 뿐이지, 본디 왕통이 형제에게 내려가도록 선대의 유언이 있었을진대 어찌 폐하지 못할까! 그래서인지 합려는 한 맺힌 죽음을 맞았고, 그 아들 부차 또한 치욕스러운 죽음을 맞았다. 그리고 오나라는 멸망하였다. 헌데 여기서 주의할 내용은 전제의 심리이다. 죽음이 예고된 것이 아니라, 죽음이 정해져 있는 상황에서 전제를 움직인 건 위 대화 끝에 공자 광이 한 말이었다.

"내 몸은 바로 당신 몸이오!"

두 사람은 그렇게 밀착되어 있었던 것이었다. 또한 전제는 거사 후에 자기가 죽게 될 것에 대해서 유감이 없었다. 그러고 보면 전제는 스스로 목숨을 던진 것과 다름이 없는데, 다음의 죽음과 큰 차이가 있다. 위나라에서 숨어 살던 선비 후영은 나이 칠십에 대량성의 동문을 지키는 문지기가 되었다. 위소왕昭王의 막내아들이자 안희왕의 이복동생인 공자 무기無忌는 그를 빈객으로 모시려고 많은 선물을 보냈지만,

"저는 몸을 닦고 행실을 깨끗이 하면서 수십 년을 지내왔습니다. 지금 새삼스럽게 문지기 생활이 고달프고 가난하다 해서 공자의 재물을 받을 수는 없습니다."라고 하면서 받지 않았는데, 그때는 진소왕이 조나라 군대를 장평싸움에서 거의 전멸시키고 수도 한단을 포위했을 때였다.

조나라 평원군이 위나라 안희왕과 위공자 무기에게 구원 요청을 여러 번 하였다. 평원군은 위공자의 매제이다. 위나라 왕은 장군 진비晉鄙에게 군사 십만을 이끌고 조나라를 돕게 했다가 중간에 진나라에게 위협을 당해서 진격을 멈추고 머물게 하고 있었다. 그런데도 평원군은 위공자 무기에게 계속 사자를 보내서 '나를 업신여겨서 진나라에 항복하도록 내버려두고 있다, 공자의 누이가 가엽지도 않냐'는 요지로 전갈을 보내며 다그치니 무기도 잠자코 있을 수만은 없었다. 그래서 왕에게 여러 번 청원을 했지만 워낙 진나라에 겁을 먹고 있어서 명령을 풀지를 못했다. 공자는 도저히 왕의 허락은 불가능하다고 여겨서, 조나라를 망하게 하면서 자기 혼자만 살아남을 수는 없다는 결심을 세웠다. 그래서 거기車騎[1] 백여 대를 마련하여 빈객들을 이끌고 진나라 군대와 부딪혀 조나라와 같이 죽기로 했다. 공자는 가는 길에 후영에게 들러서 진나라 군대와 싸워서 죽기로 한 까닭을 자세히 설명했다.

그러자 후영이 다음과 같이 말했다.

"공자께서는 선비를 아껴 명성이 천하에 알려졌습니다. 지금 어려운 일을 당하여 이렇다 할 계책도 없이 진나라 군대를 향하여 뛰어들

려고 하니, 이는 굶주린 호랑이에게 고기를 던져주는 것과 같을 뿐으로 무슨 효과가 있겠습니까? 공자께서는 저를 두텁게 대해 주셨고……."

후영의 말이 미처 끝나기도 전에 공자가 두번 절하며 계책을 물었다. 그러자 후영이 이렇게 말했다.

"장군 진비의 부절 반쪽을 훔쳐서 진비의 주둔지로 가십시오. 그래서 왕명이라고 진비를 속이고 그 군대를 이끌어 진나라를 무찌르십시오."

왕의 동생인 위나라 공자에게 왕명으로 머물고 있는 자국의 군대를 훔치라는 것이었다. 더욱이 벌집을 건드리는 것과 마찬가지인 진나라를 향해서 조나라를 대신해서 싸우다니 얼마나 아이러니컬한 일인가. 하지만 그 계책은 벌어진 최악의 상황에서 최선의 선택인 건 틀림없었다. 후영은 진비의 부절 반쪽을 훔치는 방법까지 상세히 가르쳐 주었다. 게다가 하는 말이, '혹시 진비가 왕명이라는 공자의 거짓말에 속지 않을 수도 있으니 그때는 진비를 죽여서라도 그 군대를 훔쳐내야지만 진나라와 싸울 수 있습니다. 그러므로 '나의 친구를 데리고 가십시오. 일이 여의치 않으면 그 친구가 진비를 해치울 것입니다.'하는데 그 친구란 사람은 시장에서 백정 노릇으로 숨어 사는 본시 선비인 주해였다. 그래서 그를 데리고 가서 후영의 계책대로 움직여 진나라가 조나라 수도 한단의 포위를 풀고 물러나게 했다. 물론 진비는 주해의 손에 죽었다. 헌데 후영이 공자를 보낼 때 했던 말이 있는데 그것이 바로 여기서 얘기하고자 하는 주안점이다.

"저도 마땅히 따라가야 하지만 늙어서 갈 수가 없습니다. 그렇지만 공자의 일정을 헤아려, 공자께서 진비의 군대에 이르는 날에 북쪽을 향하여 스스로 목숨을 끊는 것으로 저의 뜻을 대신하겠습니다.”

후영은 진정 공자가 진비의 군대에 도착한 날 북쪽을 향해 스스로 목숨을 끊었다. 합려나 부차의 죽음과 후영의 죽음이 그 동기에 있어서 이렇게도 크게 차이가 나니 경제적 가치에 따라 목숨값을 매기는 호프만식 계산법은 너무 빈곤해 보인다. 어찌 되었든, 전제와 후영의 죽음은 진소왕의 궁전에서 죽음을 무릅쓰고 태자를 초나라로 빼돌린 황헐의 ‘목숨 값’을 말하기 위해서 나온 말이었다.

황헐이 목숨을 담보로 그 위험한 짓을 한 것은 필경 커다란 충忠이요 효孝이자 승부수였지만, 사전에 세계적인 두 변사 범저와 황헐의 모의가 있었다는 점에서 큰 점수를 부여할 순 없다. 뿐만 아니라 앞의 본문에는 춘신군 황헐의 말년에 대해서 더 이상의 소개를 못했지만, 사실 춘신군의 말년에 이씨李氏라는 애첩이 있었다. 당시 그녀는 춘신군의 아이를 임신하고 있었다. 어느날 그녀의 오빠 이원李圓이 춘신군을 찾아와서 교활한 계책을 하나 내어 놓았다. 춘신군은 그만 그 꼬임에 넘어가 임신한 그의 애첩 이씨를 고열왕에게 바쳤다. 그녀는 때가 되자 아들을 낳았는데 고열왕은 그 아이를 태자로 삼고 이씨를 왕후로 맞았다. 이렇게 해서 초나라의 왕통은 고열왕 이후 춘신군의 아들로 이어지고, 황헐의 목숨은 이원에 의해서 아침의 이슬처럼 사라져 갔다. 이 내막을 아는 사람은 많았어도 고열왕 만큼은 속아 넘어갔다. 황헐은 평생 충신이었으나 말년에 한 짓은 마치 남의 둥지에 알을 낳아 기르는 뻐꾸기와 다를 바가 없었다. 황헐의 죽음 또한 후영의 죽음과 큰 차이가 있다. 후영의 목숨을 축으로 해서 오나라 왕과 황헐의 목숨을 함께 놓고 비교해 보았다.

진소왕의 범저 등용

　범저는 위나라 소왕의 사신을 따라서 제나라에 갔다가 나라의 기밀을 누설했다는 오해를 받고 위나라 재상 위제에게서 말할 수 없는 화를 입은 적이 있었다. 그러나 거기에서 구사일생으로 살아나와 이름을 바꾸고 숨어살다가 진나라에 등용이 되었다. 진나라 소양왕(기원전 306년 즉위)은 그에게 무릎을 세 번이나 꿇어가면서 가르침을 청했다. 이후 그는 객경을 거쳐 재상까지 오르게 되었는데, 위나라에서는 그가 오래 전에 죽었다고 생각했다.

　그 후 진나라가 한나라와 위나라를 곧 치려 한다는 말을 듣고 위나라에서는 수고를 진나라에 사신으로 보냈다. 장록이라는 이름으로 재상 자리에 있던 범저는 수고에게, 당장 위제의 목을 가져오지 않으면 수도 대량을 치겠다고 말했다. 이때 평원군의 집에 있던 위제는 밤을 틈타 조나라 재상 우경을 만났다. 우경은 조나라 왕을 도저히 설득할 수 없게 되자 신릉군을 찾아갔다. 그러나 신릉군이 이들을 만나기를 주저하자 위제는 스스로 목숨을 끊었다. 그리하여 조나라 왕이 위제의 목을 진나라에 보냈다.

　　위나라 사람 범저范雎는 수고須賈가 이끄는 위소왕魏昭王의 사신단을 따라서 제나라로 갔다. 제나라 양왕襄王은 범저의 범상치 않음을 알아보고 변론에 뛰어난 점을 치하하여 금 열 근과 쇠고기와 술을 내렸다. 하지만 범저는 사양하고 받지 않았다. 이를 알게 된 수고는 몹시 화를 냈고 귀국하여 공자 위제魏齊에게 사건까지 덧붙여 일러바쳤다.

"필경 범저는 우리나라의 비밀을 빼돌렸을 겁니다. 그렇지 않고서야 왕의 사신단이 몇 개월을 머물렀어도 아무런 성과가 없었는데, 오직 그에게만 포상을 내릴 이유가 있겠습니까?"

그러자 사신단으로 향하는 위제의 모든 화가 범저에게 쏟아졌다. 호령하는 위제의 명을 받든 사인의 매질은 가혹했다. 범저는 갈비뼈가 부러지고 이가 빠졌다. 범저는 살아야 한다고 이를 악물었다. 활동자금이 없어서 왕에게 등용되질 못하고 중대부中大夫 수고에게 몸을 의탁한 자신이 한없이 가여웠다.

"오오, 아버님, 아버님, 소인배에게 몸을 의탁한 불효자 숙叔(범저의 이름)은 이렇게 죽게 되었습니다."

이윽고 고통이 극에 달하자 범저는 죽은 척을 하였다.

위제는 더욱 심하게 호령을 하였다.

"그 자를 뒷간에 쳐 박아서 모욕을 주어 못된 소행에 대한 본이 되게 하라!"

사인은 죽어가는 범저를 대나무 발에 둘둘 말아서 변소에 던져 놓았다. 이윽고 술을 마시던 빈객들이 술 냄새가 풀풀 나는 오줌을 그에게 깔겼다. 범저는 살아서 여기를 나가야 한다고 이를 악물었다. 이윽고 주변이 조용해졌을 때, 지키는 사람에게 조그맣게 속삭였다.

"나를 여기서 나가게만 해준다면 반드시 후히 보답을 하겠소. 날

좀 달아나게 도와주시오."

지키던 사람은 술에 취해 정신없는 위제에게 허락을 구하여 범저를 빠져나가게 해 주었다. 달빛도 없는 캄캄한 밤에 범저는 상처 난 두더지처럼 기어서 정안평鄭安平의 집 앞에 이르러 정신을 잃고 말았다.

한편 정신을 차린 위제는 후회를 하면서 범저를 찾았으나 그땐 이미 시간이 흘러서 지키던 사람도 범저의 행방을 알 수가 없었다. 그 소문을 들은 정안평은 범저를 데리고 잽싸게 달아나 숨어버렸다. 범저는 성과 이름을 장록張祿으로 바꾸어 살며 낮에는 나다니질 않았다.

이로써 위나라는 귀한 한 사람을 잃게 되었다. 이 무렵 진나라의 알자謁者[1]로 있는 왕계王稽는 위나라에 사신으로 가게 되어 사람을 구했다. 정안평은 신분을 속이고 하인이 되어 왕계를 모시게 되었다. 이러한 인연으로 범저는 정안평에 의해서 왕계를 알게 되었는데 왕계 또한 범저의 능력을 한 눈에 알아보았다. 왕계는 소왕에게 사자로서 갔다 온 일들을 보고한 후 이렇게 말했다.

"위나라 사람 장록 선생이라는 인물은 천하의 유세가입니다. 그는 진나라를 가리켜, 달걀을 쌓아 놓은 것처럼 위태롭다(累卵之危)고 하면서 자기 말을 들으면 무사할 수 있다고 합니다. 그러나 자신의 의견을 글로는 전할 수 없다고 합니다."

소왕은 비웃음 섞인 얼굴로 말했다.

"무엄한 자 같으니…, 그래 그 자가 어디 있는가?"

"신이 그 자를 수레에 태워서 데리고 왔습니다."

진소왕은 범저를 만나보고 숙소를 내주기는 했지만 별로 기대를 갖지 않았기에 후하게 대접하라는 분부를 내리지는 않았다. 범저는 맛없는 음식으로 끼니를 때우면서 일 년을 기다렸다.

이때는 진소왕 36년으로서, 진나라는 남쪽으로 초나라의 언과 영을 빼앗았고, 동쪽으로는 제나라 민왕을 깨뜨린 후였다. 그리고 동생 양후穰侯는 진나라 장군이 되어 장차 한나라와 위나라를 넘고 제나라 강수를 쳐서 영토를 넓히려 하던 차였다.

범저는 소왕의 어머니인 선태후와 그의 소생들인 재상과 장군들의 세력이 지나치게 큰 점과, 그들의 정벌 계책이 잘못되었음을 염려하여 긴급히 소왕에게 글을 올렸다. 긴 이야기였지만 요지는 다음과 같았다.

"신이 들으니 '주나라에는 지액砥砨이 있고, 송나라에는 결록結綠이 있으며, 양나라에는 현려縣藜가 있고, 초나라에는 화박和朴이 있다. 이 네 가지 보옥은 흙 속에서 나온 것으로 처음에는 장인들도 그것을 바로 알아보지 못했지만 결국은 천하에서 이름난 보물이 되었다.'라고 합니다. 그렇다면 선왕께서 버린 사람이라고 해서 반드시 나라에 이익을 줄 힘이 부족하다고 할 수 있겠습니까?"

또 신은 '대부의 집을 번창시킬 인재는 나라 안에서 찾고, 제후의 나라를 번창시킬 인재는 천하에서 찾는다'고 들었습니다. 천하에 현명한 군주가 있으면 다른 제후들이 마음대로 인재를 얻을 수 없는 것은 무슨 까닭이겠습니까? 현명한 군주가 그런 인재를 제후들로부터 빼앗아 가기 때문입니다. 훌륭한 의사는 환자가 죽고 사는 것을 알고, 훌륭한 군주는 일의 성공과 실패에 밝습니다. 이로우면 행하고 해로우면 버리고 의심스러우면 좀 더 시험해 봅니다. 이러한 점은 순 임금이나 우 임금이 다시 태어나더라도 고칠 수 없는 일입니다. 이보다 더 긴요한 문제는 감히 글로 적을 수 없고, 하찮은 말은 들려 드릴 가치가 없습니다. 왕께서 지금까지 신을 내버려 둔 것은 신이 어리석어 왕의 마음에 들지 않았기 때문입니까? 아니면 신을 추천한 자의 지위가 낮아 신의 말을 들어볼 필요조차 없다고 생각하셨기 때문입니까? 만일 그렇지 않다면 구경하러 다니는 틈을 조금만 내어 왕을 뵐 수 있는 영광을 주시기 바랍니다. 그때 신이 드리는 말씀 중에서 한 마디라도 나라에 도움이 안 된다면 무거운 형벌도 달게 받겠습니다.”

이리하여 범저는 이궁離宮²에서 왕을 만나게 되었다. 범저는 길을 모르는 척하고 일부러 후궁들이 드나드는 영항永巷으로 들어갔다. 때마침 왕이 오자 환관은 화를 내고 범저를 내쫓으며 소리쳤다.

“왕께서 납신다.”

범저는 소왕을 노엽게 할 양으로 환관에게 이렇게 말했다.

“진나라에 무슨 왕이 있단 말이오? 진나라에는 태후와 양후가 있을 뿐이오.”

그러자 소왕이 다가와 범저를 궁중으로 맞아들여 사과하며 그동안 궁중에서 바빴던 이유를 둘러댔다. 그리고 이제 비로소 자신의 어리석음을 깨닫고 있음을 밝혔다.

“그러므로 이제 삼가 주인과 손님의 관계로 예우하여 가르침을 받겠소.”

범저는 황송했다. 이날 이 광경을 본 신하들은 모두 숙연하게 낯

빛을 바꾸고 자세를 바로 했다. 소왕은 좌우를 물리친 후 무릎 꿇어 가르침을 청했고 범저는 꺼려하며 말을 회피했다. 소왕이 세 번째 가르침을 청했을 때 비로소 범저는 입을 열어 말했는데 요약하자면 다음과 같다.

"문왕은 여상의 힘으로 천하의 왕이 되었는데 만일 문왕이 여상을 멀리 해서 깊은 대화를 나누지 않았더라면 주나라는 천자로서 덕을 펼 수가 없었을 것이고, 문왕과 무왕은 그 왕업을 이룰 수가 없었을 것입니다. 신은 지금 다른 나라에서 온 사람으로 왕과 사이가 가깝지 않습니다. 그러나 왕께 말씀드리고자 하는 것은 모두 군주의 잘못을 바로잡으려는 것뿐이며, 또 왕의 혈육에 관계된 이야기이기도 합니다. 어리석은 신은 충성을 다하고 싶지만 아직 왕의 마음을 잘 모르겠습니다. 이것이 왕께서 물으셔도 신이 선뜻 대답하지 못한 까닭입니다."

소왕은 무릎을 꿇은 채 숙연히 듣고 있다가 친근하게 말했다.

"선생은 무슨 말을 그렇게 하십니까? 생각해 보면 진나라는 멀리 구석진 곳에 있고 과인은 어리석고 현명하지 못합니다. 그런데 다행히 선생께서 오셨습니다. 이는 하늘이 과인에게 선생의 도움을 받아 종묘를 보존케 하려는 것입니다. 오늘부터 일의 대소를 가리지 말고 위로는 태후와 아래로는 대신에 이르기까지 빠짐없이 가르쳐 주시고 과인을 의심하지 말아 주십시오."

이에 범저가 왕께 절을 하자 왕 또한 맞절로 응대했다. 범저가 말한 것을 요약하면 다음과 같다.

"지형지세로 보아 이곳은 왕의 대업을 이루기가 아주 좋은 곳입니다. 왕의 백성은 사사로운 싸움에는 겁을 내나 나라를 위한 싸움에는 용감합니다. 또 용감한 병사와 많은 전차를 이용하면 제후들을 평정할 수 있습니다. 이것은 마치 한로韓盧[3] 같은 명견을 몰아 절름발이 토끼를 잡는 것처럼 쉬운 일입니다. 그런데 왕의 신하들은 자신들이 맡은 일을 하지 못하고, 지금까지 십오 년 동안이나 군대를 내보내 산동을 엿보지를 못하고 있습니다. 이것은 양후가 진나라를 위하여 충실하게 계획하지 못하고 왕의 계책에 잘못된 점이 있기 때문입니다."

소왕은 여전히 무릎을 꿇은 채로 계속하여 범저의 가르침을 듣고자 하였다.

"과인의 잘못된 계책을 듣고 싶소."

이때 범저는 소왕에게 많은 시간 동안 많은 말을 하였지만 그 말 중 허술한 곳은 한 군데도 없었다. 또한 소왕이 보기에 범저는 오직 천하를 널리 보는 관점을 가진 자로서의 손색없는 식견과, 무르익은 명쾌한 계책들을 넘치도록 갖고 있었다. 그대로만 하면 천하제패는 문제가 없을 것 같았다. 범저가 한 말은 '나라를 잘 다스리는 자는 안으로는 그 권위를 굳히고 밖으로는 그 권력을 무겁게 한다.'라는 말로 요약할 수 있으니, 요지는 이러했다.

"왕께서 천하의 우두머리가 되기를 원하신다면 반드시 중원지역의 나라들과 가깝게 지내서 천하의 중심이 되어 초나라와 조나라를 누르셔야 합니다. 초나라가 강하면 조나라를 내 편으로 끌어들이고, 조나라가 강하면 초나라를 내 편으로 만드십시오. 초나라와 위나라가 모두 내 편이 되면 제나라가 반드시 두려워할 것입니다. 그러면 제나라는 반드시 말을 겸손하게 하고 많은 예물로 진나라를 섬길 것입니다. 제나라가 우리 편이 되면 한나라와 위나라도 손에 넣을 수 있습니다."

범저는 작은 소리로 모의하듯 수근 대던 허리를 그때 비로소 바로 펴서 숨을 한 번 고른 후 다시 겸허한 자세로 돌아갔고 눈빛은 한층 더 총명하게 빛났다. 소왕은 위나라와 오래 전부터 친하고 싶었으나 왕이 변덕스러워서 가까이 할 수 없었던 고민을 털어 놓았다.

"위나라와 친하려면 어떻게 해야 되겠소?"

범저가 친근하나 명쾌하게 말했다.

"왕께서는 말을 겸손하게 하고 많은 예물로 위나라를 섬기십시오. 이렇게 해서 안 되면 뇌물로 땅을 떼어 주십시오. 그렇게 해서도 안 되면 병사를 일으켜 치십시오."

왕은 삼가 그 가르침에 따르겠다고 감사한 후, 범저를 객경에 임명하고 군사에 관한 일을 상의하였다. 드디어 범저의 계책에 따라 오대부 관에게 위나라를 치게 하여 회懷를 빼앗고, 이년 뒤에 형구刑丘를 함락시켰다. 이때 범저가 비로소 소왕이 그토록 골칫거리로 생각했던 한나라를 위한 계책을 내놓았다.

"한나라가 어찌 말을 듣지 않겠습니까? 왕께서 병사를 내려 보내 형양滎陽을 치면 공읍鞏邑과 성고成皐로 가는 길이 막히고, 북쪽으로 태행산太行山으로 가는 길을 끊어 버리면 상당上黨의 군사는 내려오지 못할 것입니다. 왕께서 한 번 군사를 일으켜 형양을 치면 한나라는 세 쪽이 됩니다. 그러면 한나라는 결국 망하게 될 텐데 어찌 진나라의 말을 듣지 않을 수가 있겠습니까? 만일 한나라가 말을 들으면 패업을 이루기 위한 계책을 세워볼 만합니다.”

소왕은 몹시 기뻐하며 한나라에 바로 사신을 보내려고 하였다. 범저는 날이 갈수록 소왕과 더욱 가까워졌고, 소왕에게 자신의 생각을 말하면서 몇 해가 지나갔다. 당시 진나라 내부의 문제는 왕실에 있었다. 태후는 왕을 돌아보지 않고 나랏일을 마음대로 처리하고, 양후는 다른 나라에 사신을 보내면서도 왕에게 보고하지 않으며, 화양군華陽君과 경양군涇陽君은 멋대로 사람을 죽이고도 왕을 꺼리지 않고, 고릉군高陵君은 사람을 마음대로 나아가고 물러가게 하면서도 왕의 허락을 청하지 않았다. 이밖에도 상상도 못할 일들이 그들에 의해 자행되고 있었으므로 범저는 그 상황을 심히 우려하고 있었다. 범저는 수년을 우려하는 채로 신중하게 행동했으나 더 방치해서는 안 될 시점까지 오자 소왕에게 현 정국이 어떤 식으로 전개되고 있으며, 그렇게 될 수밖에 없는 이유와, 더 이상 방치해서는 안 될 이유들을 구체적으로 설명하면서 다음 말로 끝을 맺었다.

“지금 왕은 조정에서 완전히 고립되어 있습니다. 신이 왕을 위해 염려하는 바는 만대 뒤에 진나라를 다스릴 사람이 왕의 자손이 아닐 것 같다는 점입니다.”

소왕은 이 말을 듣자 매우 두려워하며 말했다.

“옳은 말이오.”

소왕은 태후를 폐하고 양후, 고릉군, 화양군, 경양군을 함곡관 밖으로 내쫓았다. 그리고 범저를 재상으로 삼고, 양후의 인수를 거두어 도읍으로 돌아가게 했다. 이때 현의 관리에게 짐을 실을 수레와 소를 내주도록 했는데 수레는 천 대가 넘었다. 함곡관에 이르자 관문을 지키는 관리가 그 귀중품을 조사했는데 보물과 진기한 물품이 왕실보다 많았다. 진나라는 범저를 응읍應邑에 봉하여 응후應侯라고 불렀다. 이때가 진나라 소왕 41년이었다.

한편 위나라는 진나라가 곧 동쪽으로 한나라와 위나라를 치려 한다는 말을 듣고 수고를 진나라에 사신으로 보냈다. 범저는 이 소식을 듣고 자기 신분을 숨긴 채 다 떨어진 옷을 입고 남몰래 숙소로 가서 수고를 만났다. 수고는 범저를 보자 놀라며 그간의 소식을 묻고 가여워했다.

"범숙이 이렇게 딱한 신세가 되었단 말이오?"

그리고는 자기의 두꺼운 명주 솜옷 한 벌을 내주고 이렇게 물었다.

"진나라의 재상은 장선생이라고 하던데 당신도 알고 있소? 나는 장선생이 왕의 총애를 받고 있어서 천하의 모든 일이 그의 손에서 결정된다고 들었소. 혹시 재상과 친한 사람을 모르오?"

범숙은 자기의 주인이 잘 알아 한 번 뵌 적이 있다고 말하고 장선생을 만나도록 주선해주겠다며 직접 수레를 몰아 수고를 재상 관저로 데리고 갔다. 그 사이 다른 시종들을 통하여 범저의 신분을 알게 된 수고는 매우 놀라 웃옷을 벗어 몸을 드러내고 무릎으로 걸어서 문지기를 통해 죄를 빌었다. 이때 범저가 아주 많은 시종을 거느리고 나와 수고를 만났다. 수고는 머리를 조아리고 한없는 반성을 하며 죽을 죄를 빌었다. 범저는 수고가 범저에게 행한 세 가지의 죄목을 들어서 지엄하게 꾸짖고 말했다.

"그러나 네가 오늘 죽음을 당하지 않은 이유는 두터운 명주 솜옷을 주면서 옛정을 그리워하는 마음이 있었기 때문이다. 그래서 너를 용서한다. 허나 너는 돌아가 위나라 왕에게 '당장 위제의 목을 가져오라. 그렇지 않으면 나는 곧 위나라의 수도 대량을 치겠다.'라고 전하라."하였다. 그리고 이 일을 소왕에게 고했다. 소왕은 어떻게 해서라도 범저를 위하여 원수를 갚아주려 했던 차에 위제가 평원군의 집에 숨어있다는 말을 들었다. 그래서 평원군에게 거짓 편지를 보냈다.

"과인은 당신이 지고한 의리를 지녔다고 들었소. 그래서 당신과 신분을 뛰어넘어 사귀고 싶으니 부디 당신이 과인에게 들러주기 바라오. 당신과 함께 시간을 내서 한 열흘 동안 술을 마시려 하오."

평원군은 진나라가 두렵기도 하고, 또 왕의 말이 그럴듯하게 생각되기도 하여 진나라로 들어가 소왕을 만났다. 소왕은 평원군과 며칠 간 술을 마신 후 사람을 시켜 위제의 머리를 가져오게 하지 않으면 평원군을 함곡관 밖으로 내보내지 않겠다고 말했다.

평원군은 정중하면서도 단호하게 말했다.

"위제는 제 벗입니다. 제 집에 있다 하더라도 내놓을 수는 없습니다만 지금은 제 집에 없습니다."

그러자 소왕은 조나라에 편지를 보내 다음과 같이 말했다.

"왕의 아우 평원군이 지금 진나라에 있소. 범 선생의 원수 위제가 평원군의 집에 있으니 왕께서는 빨리 사신 편에 그의 목을 진나라로 가져오게 하시오. 그러지 않으면 군사를 일으켜 조나라를 치고 왕의 아우도 함곡관 밖으로 내보내지 않겠소."

조나라 효성왕은 난데없이 벌어진 이 일에 대해 두렵기도 하고 분통이 터지기도 하여 얼른 병사를 보내 평원군의 집을 에워쌌다. 위제는 밤을 틈타 조나라 재상 우경虞卿을 찾아갔다. 우경은 조나라왕을 도저히 설득할 수가 없다고 생각하고 재상의 인수를 풀어놓고 위제와 함께 몰래 도망쳤다. 그리고 의지할 만한 제후를 생각해 보았지만 당장 갈만한 곳이 없어 우선 대량으로 가서 신릉군을 통해 초나라로 달아나려고 했다. 신릉군은 두 사람이 왔다는 소식을 들었지만 진나라가 두려워서 주저하며 만나려 하지 않고 마침 옆에 있던 후영에게 이렇게 물었다.

"우경은 어떤 인물이오?"

후영이 대답하였다.

"그는 남의 곤궁함을 긴급하게 여겨 공자를 의지하러 온 것입니다. 공자께서는 '어떤 인물인가?'라고 물으셨습니다. 사람이란 본래 알기가 힘들지만 남의 됨됨이를 아는 것도 쉬운 일은 아닙니다."

신릉군은 몹시 부끄러워하며 마차를 몰아 성 밖으로 나아가 두 사람을 맞이했다. 그러나 위제는 신릉군이 처음에 만나기를 주저하자 그새 목숨을 끊었다. 조나라 왕은 이 소식을 듣고 그 목을 얻어 진나라에 주었다.

주

＊1 왕의 공문이나 명령을 전하던 관리.
＊2 왕이 임시로 머무는 궁실.
＊3 전국시대에 한나라에서 생산되던 털이 검은 개.

왕자교나 적송자 같이 오래 사는 법

범저의 계책은 멀리 있는 나라와는 우호관계를 유지하고 가까이 있는 나라는 먼저 공격하여 세력을 확장해 가라는 원교근공遠交近攻의 계책이었다. 이후 소양왕(소왕)은 범저의 계책에 따라 가장 강력한 장애물이었던 조나라를 장평長平 싸움에서 크게 무너뜨리고, 주변의 한나라와 위나라와 초나라를 멸망시키고 나서 북쪽의 연나라와 진晉나라를 공략하여 천하통일의 대업에 한발 더 가까워지게 되었다. 무릎 꿇고 범저의 가르침을 청하고 범저를 등용해서 대업을 이룩한 소왕은 현명한 사람이었다.

소양왕 43년 범저가 추천한 정안평이 조나라의 군대에게 포위당해 사태가 급박해지자 병사 2만 명을 이끌고 조나라에 항복했다. 그 당시의 진나라 법에 따르면 정안평을 천거한 범저는 삼족을 멸하는 죄에 해당되었다. 하지만 소왕은 범저의 기분을 상하게 할까 두려워 온 나라에 영을 내렸다.

"감히 정안평 사건을 입 밖에 내는 자가 있으면 정안평과 같은 처벌을 받을 것이다."

그리고는 범저에게 평소보다 더 많은 음식을 내리면서 그의 마음을 달래주었다. 이로부터 2년 뒤에 왕계가 하동 태수로 있으면서 제후와 내통하다가 법에 저촉되어 사형을 받는 일이 터졌다. 이 사람도 범저가 추천한 사람이었다. 범저는 날이 갈수록 더욱 불안해졌다. 어느 날 소왕이 조정에 나와 한숨을 쉬자 범저가 앞으로 나와서 말했다.

"신이 듣건대 '군주가 근심하면 신하는 욕을 보고, 군주가 욕을 보면 신하는 죽는다.'라고 합니다. 지금 대왕께서는 조정에 나와 근심하고 계십니다. 이것은 신에게 잘못이 있기 때문이니 신에게 벌을 내려주십시오."

소왕이 말했다.

"내가 듣기로 초나라의 철검은 예리하지만 광대들은 시원찮다고 하는데, 철검이 예리하면 군사들이 용감할 것이고 광대가 시원찮으면 생각이 깊을 것이오. 깊은 사고력으로 용감한 군사들을 이끌어 초나라가 진나라를 칠까 두렵소. 대체로 모든 일은 평소에 준비하지 않으면 급박한 경우에 대처할 수가 없소. 지금 무안군武安君(백기 장군)은 이미 죽었고 정안평의 무리들은 등을 돌렸소. 그래서 나라 안에는 훌륭한 장수가 없고 나라 밖에는 적국이 많소. 나는 이를 걱정하고 있소."

소왕은 이렇게 해서 범저를 격려하려고 했지만 범저는 도리어 송구스러워 어찌할 바를 몰랐다. 이 소문이 여러 제후국으로 퍼져나갔다. 그 무렵 연나라의 유세객인 채택蔡澤이 진나라로 들어왔다. 그는 그때까지 어떤 제후국에서도 벼슬자리를 얻지 못했다. 그가 진나라에 오기 전에 관상을 잘 본다는 당거唐擧를 찾아간 적이 있었다. 당거는 채택을 보더니 웃으며 이렇게 말했다.

"선생은 코가 납작하고 콧마루는 내려앉았는데 이마는 튀어나오고, 어깨는 넓고 높이 솟은 데다 다리는 활처럼 휘었습니다. 성인의 관상은 보아도 모른다고 하던데 이는 선생 같은 이를 두고 하는 말인가 봅니다."

채택은 당거가 자기를 놀린다고 생각하고 이렇게 말했다.

"부귀란 본시 내가 갖고 있는 것이니 수명이 어찌 될지를 말해주십시오."

당거는 채택에게 앞으로 한 사십삼 년은 더 살 거라고 말했다. 채택은 만족한 듯 인사를 하고 떠나면서 마부에게 이렇게 말했다.

"내가 만약 진수성찬을 먹고 살며 준마를 타고 품속에 황금인장을 지니고 자줏빛 인수를 허리에 차고 군주 앞에서 인사를 하며 부귀하게 살 수 있다면 사십삼 년으로 족하리라."

허나 그는 조나라에 가서는 쫓겨났고, 곧이어 한나라와 위나라에 들어갔지만 갖고 있던 물건들을 도둑맞았다. 그때 응후 범저가 진나라 왕에게 추천한 사람들 때문에 부끄러워한다는 말을 듣고 진나라로 들어갔다. 그리고 소왕을 만나려고 사람을 시켜 자신을 선전하며 응후의 화를 돋우었다.

"연나라 유세객 채택은 천하의 호걸로서 변론에 능한데 지혜롭기도 합니다. 그가 진나라 왕을 한 번 만나기만 하면 진나라 왕은 당신을 궁지에 몰아넣고 지위를 빼앗을 것입니다."

응후는 당장 채택을 불러오게 했다. 범저는 그에게 "당신이 내 대신 진나라의 재상이 된다고 했다는데 어찌 그런 말을 하고 다닐 수가 있소?"라고 물었다. 그러자 채택은 이렇게 말했다.

"어떻게 아직도 그 이치를 모른단 말씀입니까? 대체로 사계절은 차례로 할 일을 다 하면 물러갑니다. 사람이 세상에 태어나 신체가 건강하고 사지가 성하고 눈과 귀가 밝고 마음이 지혜로운 것이 선비의 바람이 아닙니까?"

"그렇지요."

"인을 바탕으로 하여 의를 지키며 도를 시행하여 덕을 베푼다면 천하에 자기 뜻을 이루는 것이고, 천하 사람들이 존경하고 흠모하여 군주로 받들고자 한다면 이것이야말로 변설이 뛰어나고 지혜로운 선비가 기대하는 바가 아니겠습니까?"

채택이 다시 말했다.

"부귀와 명예를 다 누리며 세상의 모든 일을 능숙하게 처리하여 모든 것이 제자리를 찾아가게 하고, 단명하지 않고 오래 살아 하늘이 준 수명을 전부 누리고, 천하 사람들에게 그 가 만든 전통이 영원토록 전해지게 하고, 그 명성과 참 모습이 다르지 않아서 온 누리에 은덕이 미치며, 대대로 그의 모든 것을 칭송해서 천지와 함께 끝을 같이 한다면 그야말로 도덕이 이루어지는 것이니 성인이 말하듯 상서롭고 좋은 일이 아니겠습니까?"

"그렇지요."

"그렇다면 진나라의 상군商君, 초나라의 오기吳起, 월나라의 대부 문종文種 같은 사람들이 결국 선비들이 바라고 원하는 인물이라고 할 수 있겠습니까?"

응후는 채택이 자기를 궁지로 몰아넣으려 하는 것을 깨달았다. 채택이 열거한 상군, 오기, 문종은 모두 군주에게 충성을 바쳤으나 상군은 거열형을 당했고, 오기는 화살에 맞아 죽었고, 문종은 군주가 칼을 내려 자결하게 만들었다.

이들의 대화는 길고 길었지만 모두가 응후를 궁지에 몰고 가는 이야기일 뿐이었다. 사실상 응후가 제아무리 수많은 지식과 변설로 응수했다 해도, 실로 그 영화가 너무 컸고 그 기간이 너무 길었다. 그래서 응후는 대화의 절정에서 상당히 난감한 상태에 빠지고 말았다.

길고 긴 이야기의 끝은 이러했다.

"앞에서 말한 사람들은 모두 공을 이루고 물러나지 않았기에 재앙을 입었습니다. 그들은 펼 줄만 알고 굽힐 줄은 모르며, 나아갈 줄만 알고 돌아올 줄 모르는 사람이었습니다. 범려는 이러한 이치를 알아 초연하게 세상을 떠나 도주공陶朱公이 되었습니다. 제가 듣건대 물을 거울로 삼는 사람은 자신의 얼굴을 볼 수 있고, 사람을 거울로 삼는 사람은 자신의 길흉을 알 수 있다고 합니다. 또 옛 글에, 성공했으면 그 자리에 오래 있지 말라고 했습니다. 앞서 말한 사람들이 화를 입었는데 어째서 당신은 그것을 이어받으려고 하십니까? 어째서 당신은 이 기회에 재상의 인수를 되돌려 어진 사람에게 물려주게 하고 바위 밑에서 냇가의 경치를 구경하며 살려고 하질 않습니까? 만일 그렇게 한다면 반드시 백이伯夷처럼 청렴하다는 이름을 얻고 길이 응후라 불리며 대대로 제후의 지위를 누릴 것입니다. 허유許由나 연릉延陵의 계자季子[1]처럼 겸양한 마음이 있다고 칭찬 받으며, 왕자교王子喬[2]나 적송자赤松子[3]처럼 오래 살 것입니다. 재앙을 입고 삶을 마치는 것과 비교하여 어느 편이 낫겠습니까? 당신은 어느 편에 몸을 두겠습니까? 지금 지위를 버리는 것이 아까워서 결단을 내리지 못한다면 반드시 앞서 말한 사람들과 같이 될 것입니다.

『역경』에 '높이 올라 간 용에게는 반드시 뉘우칠 날이 있다'고 했습니다. 당신은 이 점을 잘 헤아리시기 바랍니다.

응후가 말했다.

"좋은 말씀이오. 나 또한 '욕심이 그칠 줄 모르면 하고자 하는 바를 잃고, 만족할 줄 모르면 가지고 있던 것마저 잃는다.'고 들었소. 선생께서 다행히 나에게 가르침을 주셨으니 감사하며 따르겠소."

범저는 저택 안으로 채택을 맞아들여 상객으로 대우했다.

며칠 뒤 응후는 조정에 나가 소왕에게 말했다.

"산동에서 온 빈객이 있는데 채택이라고 합니다. 그는 변론에 뛰어난 사람으로 삼왕의 사적과 오패의 공적 및 세속의 변화에 밝아서 진나라의 정치를 맡기기에 충분한 인물입니다. 신은 이제까지 수없는 사람을 만나보았지만 그만한 사람을 본 적이 없었습니다. 신도 그만 못하므로 감히 말씀드립니다."

소왕은 채택을 불러 이야기를 나누어 본 후 매우 만족하여 그를 객경으로 삼았다. 응후는 병을 핑계로 재상의 인수를 내놓고 싶다는 뜻을 밝혔다. 소왕은 억지로라도 그를 머물게 하려 했으나 응후는 병을 핑계로 끝내 재상 자리에서 물러났다. 소왕은 채택의 계획을 듣고 기뻐하여 마침내 그를 진나라 재상으로 삼고 동쪽으로 주나라 땅을 손에 넣었다.

*1 오나라 왕 수몽壽夢의 넷째 아들 계찰季札. 수몽은 계찰이 어진 것을 알아 왕위를 그에게 물려주려 했지만 그는 왕위를 형에게 양보하고 농사를 지었다.
*2 주나라 영왕靈王의 태자이다. 도사 부구공浮丘公과 함께 숭산嵩山에 올라가 삼십 년 동안 있으면서 신선이 되어 구지산으로 들어갔다고 한다.
*3 신농씨 때의 우사雨師로서 곤륜산으로 들어가 신선이 되었다고 한다.

조나라 효성왕의 우경 등용

우경은 유세하는 선비였다. 그는 짚신을 신고 어깨까지 내려오는 챙이 긴 삿갓을 쓰고 와서 조나라 효성왕(기원전 265년 즉위)을 설득했다. 효성왕은 그를 처음 만났을 때 황금 이천 냥과 백옥 한 쌍을 내렸고, 두 번째 만났을 때 조나라 상경으로 삼았다.

그는 형세에 따라 이리저리 신념을 바꾸는 일부 빈객들과는 달리 끝까지 합종을 주장했다. 그가 진나라에 대항하며 조나라에 충성을 다한 것은 진나라의 부도덕과 탐욕에 저항한 것이었다.

진秦나라와 조나라는 장평長平에서 힘을 겨루었는데, 조나라는 성과도 없이 도위都尉 한 명만 잃고 말았다. 효성왕은 장군 누창樓昌과 우경虞卿을 불러서 진나라를 쳐들어가는 문제에 대해서 의견을 물었다. 누창은 비중 있는 사신을 진나라에 보내서 화친할 것을 주장했으나 우경은 화친 문제는 진나라 뜻에 달린 것이니 먼저 초나라와 위나라를 우리 편으로 끌어들여서 천하의 제후들이 합종하는 것으로 진나라가 오인誤認하게 하라고 말했다.

"그렇게 해야만 진나라와 쉽게 화친할 수 있습니다."

그러나 조왕은 우경의 말을 받아들이지 않고 누창의 말대로 정주 鄭朱를 진나라에 사신으로 보냈다. 그리고 다시 우경을 불러 의견을 물었다.

"그렇게 해서는 화친할 수가 없으니, 우리 군대는 반드시 깨질 것입니다. 또한 지금 진나라에는 진나라의 승리를 축하하는 천하 제후의 사절들이 모여 있을 것이므로 그들은 조나라와 진나라가 화친한다고 생각하여 앞으론 왕을 돕지 않을 것입니다."

실로 진나라와는 끝내 화친을 하지 못했다. 그리고 우경의 말대로 장평에서 크게 패했을 뿐 아니라 마침내 수도 한단까지 포위당하고 말았다. 조나라 왕은 현 여섯 군데를 떼어주고 진나라와 화친을 맺으려고 했다.

우경이 조나라 왕에게 물었다.

"이번에 진나라가 돌아간 게 싸움에 지쳤기 때문이라고 보십니까? 아니면 왕을 아꼈기 때문이라고 보십니까?"

그들이 지쳐서 돌아갔을 거라고 조나라 왕이 말하자 우경은,

"진나라는 그들의 힘에 부치는 곳을 공격했기에 지쳐서 돌아갔는데 어째서 왕께서는 그들이 힘으로 얻을 수 없었던 현 여섯 군데를 바치려 하십니까? 이것은 적을 돕고 나를 공격하는 것입니다. 이후 내년이라도 진에서 또 쳐들어온다면 왕께선 구원 받을 방법이 없을 것입니다."

이번에 왕은 우경의 말에 대해 조석의 의견을 물었다.

조석이 답했다.

"진나라의 힘이 어디까지인지 우경이 어찌 알겠습니까? 진정 진

나라가 힘에 부쳐 돌아간 게 사실이라면 한 치의 땅도 주어서는 안 되지요. 그러나 만일 내년에 진나라가 다시 쳐들어오게 된다면 왕께서는 땅을 떼어 주지·않을 수 있겠습니까? 화친하지 않을 수 있겠습니까?"

왕은 조석에게 말하길,

"그럼 그대 의견을 받아들여 현 여섯 개를 떼어준다면, 그대는 내년에 진나라가 우리나라로 쳐들어오지 않게 할 수 있겠소?"라고 하였다.

조석이 대답하였다.

"그것은 신이 책임질 수 없는 부분입니다. 지금 진나라가 왕을 친 까닭은 왕께서 진나라를 섬기는 것이 한나라나 위나라만 못하기 때문입니다. 내년에도 진나라에게 공격을 당한다면 이 사실이 더욱 입증되는 것입니다. 그러므로 이것은 신이 책임질 수 있는 일이 아닙니다."

왕이 이 말을 우경에게 하였다.

우경이 말했다.

"조석의 말은 '화친하지 않으면 내년에 진나라가 다시 왕을 칠 테고 그렇게 되면 다시 또 땅을 떼 주면서 화친하지 않을 수 없다'라는 말입니다. 또 지금 화친한다 해도 내년에 진나라가 다시 쳐들어오지 않으리라고 장담할 수 없다고 보았습니다. 그렇다면 지금 진나라에 현 여섯 군데를 떼어 줄 이유가 뭐가 있겠습니까? 조석의 말대로라면, 내년에 진나라가 쳐들어오면 또 그들의 힘으로 얻을 수 없는 땅을 떼어 주고 화친을 해야 할 것이라는 것입니다. 이것은 스스로 멸망하는 길입니다. 그러므로 화친하지 말아야만 합니다. 진나라가 아무리 공격을 잘 한다고 해도 여섯 현을 빼앗아 갈 수는 없습니다. 또 조나라가 잘 지킬 수 없다고 해도 현 여섯 군데를 다 잃지는 않을 것입니다. 진나라 병사들은 반드시 지쳤을 것입니다. 그렇다면 여섯 현으로 천하 제후들의 마음을 모으는 것이 낫습니다. 그래서 힘을 합해 지쳐 있는 진나라를 치면, 천하 제후들에게 현 여섯 군데를 주고 진나라에게서 그 대가를 받게 되니 우리나라는 오히려 유리하게 됩니다. 가만히 앉아서 땅을 떼어 주어 자신을 약하게 만들고 진나라를 강하게 만드는 것과 비교하면 어느 편이 낫겠습니까? 조석은 왕께서 진나라를 섬기는 것이 한나라와 위나라보다 못하기 때문이라고 말하였는데 이런 생각은 왕에게 해마다 현 여섯 군데를 떼어주어 진나라를 섬기라는 것입니다. 그러게 하면 앉아서 조나라 성을 다 잃게 됩니다. 내년에 진나라가 또 땅을 떼어달라고 요구하면 왕께서는 어찌 하시겠습니까? 주시지 않는다면 지금까지 땅을 떼어준 효과는 모두 없어지고 진나라는 화를 내며 또 쳐들어올 것입니다. 만일 계속 땅을 주면서 진나라를 진정시킨다면 나중에는 줄 땅이 없어질 것입니다. 한정된 땅을 가지고 진나라의 끝없는 요구에 응하면 그 결과는 조나라의 멸망뿐입니다"

조나라 왕이 어떻게 하면 좋을지 계책을 정하지 못하고 있는데 누완樓緩이 진나라에서 돌아왔다. 왕은 누완과 땅을 주는 게 나은지 주지 않는 게 나은지 상의했다.

누완이 사양하여 말했다.

"이것은 신이 알 수 있는 일이 아닙니다."

왕이 말했다.

"그래도 생각을 말해 보시오."

누완은 다음과 같이 대답했다.

"왕께서는 공보문백公甫文佰 어머니의 이야기를 들어 보셨습니까? 공보문백이 노나라에서 벼슬을 하다가 병이 들어 죽었는데 그 때문에 스스로 목숨을 끊은 여자가 둘이나 됩니다. 그러나 문백의 어머니는 그 소식을 듣고도 소리 지르며 울지를 않았습니다. 그러자 문백의 유모가 아들이 죽었는데도 소리 내서 울지 않는 사람이 어디 있느냐고 하니까 '공자가 노나라에서 쫓겨났을 때도 내 아들은 쫓아가지 않았는데, 이제 내 아들이 죽어 그를 쫓아 죽은 여자가 둘이나 되니, 이것은 내 아들이 생전에 덕 있는 사람을 따르지 않고 오직 여자에게만 다정했던 까닭이오. 그래서 소리를 내서 울 수가 없소.'라고 했습니다. 이 말을 어머니가 했으니 망정이지 만일 아내가 했다면 반드시 질투심 많은 여자라는 평을 들었을 것입니다. 같은 말일지라도 듣는 각도에 따라 의미가 달라집니다. 지금 신은 진나라에서 돌아온 지 얼마 안 되었으니 주지 말라고 한다면 그것은 좋은 계책이 아니고, 주라고 한다면 진나라를 위하는 것으로 들릴 것입니다. 그래서 감히 대답을 못했습니다. 그러나 왕을 위하여 말씀드린다면 주는 편이 낫습니다."

왕은 알았다고 말했다.

우경이 이 말을 듣고 왕을 만나기를 청했다.

"누완의 말은 단지 그럴듯하게 꾸며져 있을 뿐입니다. 왕께서는 진나라에 절대로 땅을 주시지 마십시오."

누완이 이 말을 듣고 다시 왕을 만나서 다음과 같이 말했다.

"우경은 하나만 알고 둘은 모릅니다. 진나라와 조나라가 싸우면 천하제후들이 모두 기뻐하는데 왜 그러겠습니까? 제후들은 한결같이 강한 자에게 기대어 약한 자를 누르려 합니다. 이 때문에 빨리 땅을 떼어 주고 화친을 맺어 제후들을 당황하게 만들면서 진나라의 마음을 달래는 편이 낫습니다. 그러지 않으면 제후들은 진나라의 노여움을 이용하여 전쟁에 지친 조나라를 쪼개서 나누어 먹으려 할 것입니다. 그렇게 되면 조나라는 바로 망할 텐데 어떻게 진나라를 친다는 것입니까? 원컨대 왕께서는 더 이상 논의하지 마십시오."

우경은 이 말을 듣고 왕을 만나 이렇게 말했다.

"실로 위험한 일입니다. 신이 진나라에 땅을 주지 말라고 한 것은 그저 주지 말라고 한 것이 아닙니다. 진나라가 여섯 현을 요구하면 제나라가 진나라에 깊은 원한을 가지고 있으니 왕께서는 차라리 여섯 현을 제나라에 뇌물로 주십시오. 제나라가 왕의 여섯 현을 얻는다면 우리와 힘을 합쳐 진나라를 칠 것입니다. 제나라는 사신의 말이 끝나기도 전에 왕의 제안을 따를 것입니다. 그러면 왕은 여섯 현을 제나라에 주고 그 대가는 진나라에서 받는 일이 되고, 제나라와 조나라는 진나라에 대한 깊은 원한을 갚게 되는 것이며, 조나라의 능력을 천하에 드러내는 것입니다. 왕께서 이러한 방침을 선언하면 제나라와 조나라의 군사들이 진나라의 국경을 넘기도 전에 진나라는 많은 뇌물을 가지고 조나라에 올 것입니다. 그리고 거꾸로 진나라에서 화친을 청해올 것입니다. 그렇게 되면 한나라와 위나라는 반드시 왕을 우러러보게 될 것입니다. 또한 틀림없이 귀중한 보물을 가지고 앞을 다투어 왕께 찾아올 것입니다. 결과적으로 왕께서는 한꺼번에 제, 한, 위 삼국과 화친을 맺게 되니 진나라와 자리를 바꾸게 될 것입니다."

조나라 왕이 말했다.

"좋소."

조나라 왕은 우경을 동쪽으로 보내서 제나라 왕을 만나 함께 진나라를 칠 일을 꾀하게 했다. 우경이 제나라에서 돌아오기도 전에 진나라 사자가 이미 조나라에 왔다. 누완은 이 소식을 듣고 도망치고 말았다. 조나라는 우경에게 성 하나를 주어 봉封했다.

탐욕이 부른 실패 경영

　기원전 264년, 진소왕 43년에 무안군武安君 백기白起가 한韓나라 형성을 쳐서 다섯 성을 점령하고, 44년에는 남양을 쳐서 태행산太行山의 길을 끊었다. 그리고 다시 이듬해 야왕野王이라는 곳을 치자 상당上黨으로 가는 길이 끊어지게 되었다. 한나라 왕은 상당을 진나라에 주고자 했으나 상당 태수 풍정馮亭이 이에 불복하고 백성들과 이렇게 모의를 했다.

　"수도 신정新鄭으로 가는 길이 이미 끊겼으니, 한나라는 이곳을 보호할 수 없을 것이다. 만일 조나라가 우리를 받아들이면 진나라는 반드시 조나라를 칠 것이다. 그리고 조나라가 진의 공격을 받으면 반드시 한나라와 가까워질 것이다. 그때 한나라와 조나라가 하나로 뭉치면 진나라에 대항할 수가 있다."

　이에 풍정은 조나라에 사람을 보내 이 뜻을 알렸다.

　조나라는 평원군의 말을 받아들여 상당을 인수하고 풍정을 화양군華陽君에 봉했다. 풍정은 눈물을 흘리며 말했다.

　"저는 세 가지 의롭지 않은 일을 하였습니다. 그러므로 공의 뜻을 받아들일 수 없습니다. 그 첫 번째는 주군을 위하여 땅을 지키는데 죽음으로 고수하지 못했고, 두 번째는 진나라에 귀속시키라고 했는데 주군의 말을 듣지 않았고, 세 번째로는 주군의 땅을 팔아서 봉록을 받으니 이 세 가지가 의롭지 않은 일입니다."

그러나 풍정은 사양하다가 평원군의 간청을 못 이겨 대리로서 상당의 태수로 있게 되었다.

이에 진노한 건 진나라 소왕이었다. 그래서 진나라는 한나라의 구지와 인繭을 쳐서 점령하고 이듬해 상당으로 쳐들어갔다. 그러나 풍정에게는 상당의 백성들을 보호할 힘이 없었다. 그래서 버티던 끝에 백성들을 이끌고 조나라로 달아나다가 장평에서 염파廉頗의 군대를 만나게 되어 염파가 이들을 보호하게 되었다. 이때 효성왕은 성읍을 거저 얻은 것만 기뻐하고 있다가 현지의 긴급한 상황을 알게 되어 염파를 파견했던 것이다. 그러나 상당은 이미 진나라의 왕흘에게 점령당한 뒤였다.

조나라가 상당의 백성을 보호한다는 것을 알게 된 진소왕은 왕흘에게 조나라를 치게 하였다. 그러나 염파는 노련한 장수였고 시간 싸움이 승패를 좌우한다고 생각했다. 염파가 수비에 총력을 기울이자 4월에 시작한 싸움이 7월이 되었는데도 양쪽 진영에 이렇다 할 성과가 없었다. 그래도 염파는 오직 보루만을 튼튼히 쌓을 뿐이었다. 가끔씩 진나라 병사가 도발을 해왔지만 병사들에게 엄히 말하여 싸움에 응하지 않도록 했다. 염파는 시간이 갈수록 진나라 병사들이 지치고 지루하게 만들었다. 그리고 그들의 군량미가 동나길 기다리며, 결국 언젠가는 저들이 지쳐서 돌아갈 것이고, 그때 용맹스럽게 추격하여 진나라 대열의 옆구리와 후미를 공략하면 손쉽게 격퇴할 수 있으리라고 자신했다. 실전의 오랜 경험에서 터득한 전술이었다. 그러자 조나라 왕은 나가서 싸우지 않는다고 염파를 꾸짖었다. 하지만 그럴 때도 염파는 더욱 튼튼히 보루만 쌓게 하였다.

한편 진나라는 진나라대로 답답하기 짝이 없었다. 응후의 마음은 더했다. 기원전 270년 소왕이 범저의 제안으로 원교근공의 정책을 채택한 이래, 가까이 있는 한나라의 허리를 동강 낸 건 정책의 첫번째 공적이었다. 소왕과 범저는 상당 땅을 얻음으로써 한나라를 무력하게 만들고 조나라를 견제하게 될 줄 알았다. 그런데 한나라의 풍정이 군왕의 말을 거역하고 조나라에 의탁하는 자구책을 썼으니, 이러다가 싸움에 지게 되면 오히려 조나라의 힘만 키워주는 꼴이 될 일이었다. 게다가 노련한 염파가 꿈쩍도 하지 않고 시간만 끌고 있으니 결국 염파는 승리하게 될 것이었다. 그래서 응후 범저는 효성왕이 염파를 해임하도록 돈과 뇌물을 조나라에 풀어서 이간책을 쓰기 시작했다.

"진나라가 두려워하는 것은 오직 마복군馬服君[1]의 아들 조괄 뿐이다. 염파는 상대하기 쉽다. 그는 머지않아 진나라에 항복할 것이다."

조나라 왕은 진나라 첩자들이 뿌리고 다닌 이 말에 크게 자극되었다. 그래서 장군을 염파에서 조괄로 바꾸려 했다. 이때 재상 인상여가 병이 위독한 상태였지만 왕에게 간언했다.

"왕께서는 명성만 믿고 조괄을 쓰시려는데 조괄은 그저 자기 아버지가 남긴 병법 책을 읽었을 뿐 사태변화에 대처할 줄을 모릅니다."

조나라 왕은 듣지 않고 마침내 조괄을 장군으로 삼았다. 그의 아버지 조사趙奢[3]는 생전에 부인에게 이렇게 말한 적이 있었다.

"전쟁이란 목숨을 거는 일이오. 조나라가 괄을 장군으로 삼는다면 조나라 군대는 반드시 파멸을 면치 못할 것이오."

이에 조괄의 어머니가 두려워하며, 왕에게 편지를 올려 아들을 장군으로 삼으면 안 되는 까닭을 말했다. 그래도 조나라 왕이 조괄로 장군을 삼자 다음과 같이 말했다.

"왕께서 굳이 그 아이를 보내시려거든 그 아이가 책임을 다하지 못하더라도 저를 그 아이의 죄에 연루시켜 벌을 받지 않게 해 주십시오."

그러자 왕은 그러겠다고 약속했다. 조괄은 임지에 도착하자 바로 군령을 바꾸고, 군대의 벼슬아치들을 모조리 바꿔버렸다. 진나라는 이 소식을 듣고 이제는 됐다 싶어서 좀 더 강도를 높여 속전속결을 하려 했다. 그래서 백기를 상장군上將軍으로 삼고 왕흘을 부장副將으로 삼았다. 그리고 군중에 엄한 명령을 내렸다.

"감히 무안군이 장군이 되었다는 말을 입 밖에 내는 자가 있으면 목을 베겠다."

백기는 기병을 보내 조괄의 군대를 자극시킨 후 거짓으로 달아나는 체하게 했다. 이러기를 몇 차례 하자 조괄은 더욱 사기가 충천했다. 조괄이 서두르는 것을 본 노련한 장수들은 조괄에게 싸움에 응하지 말고 보루를 지킬 것을 권유했다. 그러나 조괄은 기세를 죽이지 않고 더욱 교만해졌다. 다음날 백기의 병사들이 또다시 쳐들어오자 조괄은 직접 정예병을 이끌고 추격했다. 곧 승세를 타고 진나라의 보루까지 쳐들어갔으나 워낙 경계가 삼엄하여 뚫고 들어갈 틈이 없었다. 이때 매복해 있던 진나라 복병 2만 5천 명이 조나라 군대와 보루

사이를 끊어버렸다. 그러자 조나라 군대는 둘로 나누어지면서 식량 보급로가 끊기게 되었다. 그때 조나라 병사가 하나씩 달려와서 각기 "서쪽이 막혔습니다.", "남쪽에 진나라 병사가 새까맣게 덮여 있습니다.", "오직 동쪽만 빼놓고 삼면이 막혔습니다."하였다. 조괄은 당황하여 어떻게 대처할지 막막하였다. 그래서 병사들을 이끌고 동쪽의 장평長平을 향해서 철수하기 시작했다. 얼마쯤 달려가는데 갑자기 진나라 군사가 들이닥쳤다.

"조괄! 너는 무안군의 계책에 걸려들었다."

조괄은 무안군이라는 말을 듣자 오금이 저려서 더는 움직일 여력이 없었다. 그래서 그 자리에 주저앉아 보루를 쌓기 시작했다. 풍장 등 노련한 장수들이 간곡히 말렸다.

"아직은 아군의 세력이 강하니 목숨을 걸고 포위를 돌파하면 본영에 다다를 수 있을 겁니다. 여기에 군사를 주둔시키면 다시는 뚫고 나가지 못할 정도로 겹겹이 포위당하게 됩니다."

백기는 조괄의 군대가 주둔하는 걸 보자 즉시 포위망을 한층 더 두텁게 하여 물샐 틈이 없도록 하였다. 진나라 왕은 조나라 군대의 식량 보급로가 끊어졌다는 소식을 듣고 직접 하내河內로 들어가서 열다섯 살 이상의 사람들을 모두 뽑아 장평으로 보냈다. 조나라의 구원병과 식량을 차단하기 위한 것이었다. 9월이 되자 조나라 군대는 식량을 보급 받지 못한 지 사십육 일이 되었다. 그들은 서로 죽여서 살을 먹는 지경에 이르렀다. 조나라 군대는 포위망 속에서도 탈출을 위해 안간힘을 썼다. 그러나 빗발처럼 쏟아 붓는 진나라의 병사들의 화살에 매번 희생자만 늘어나고 실패를 했다. 조괄은 정예병 5천 명을 이끌고 직접 포위망 탈출을 시도하였다. 조괄은 홀로 앞서서 말을 타고 달리다가 진나라의 장수 왕전을 맞닥뜨렸다. 소스라치게 놀란 조괄은 방향을 돌려 급히 달아나려다가 말 위에서 떨어져 함정에 빠졌고, 즉시 날아온 병사들의 화살에 맞아서 죽었다. 조괄이 죽자 사십만 병졸들은 갈팡질팡하다가 모두 백기에게 투항했다. 그러나 백기는 상당의 백성들이 진나라에 귀속되기를 싫어하여 조나라로 넘어간 것에 대해서 앙심을 품고 있었기에 이들이 진심으로 진나라 백성이 되지는 않을 것이라고 판단했다. 때문에 백기는 투항한 사십만 명이 자는 틈에 결박을 하여 미리 파놓은 구덩이에 산 채로 매장을 했다. 그리고 어린아이 이백사십 명만을 조나라로 돌려보내 진나라의 위풍을 전하게 했다. 조나라 사람들은 통곡을 하였고 한편으론 두려워서 벌벌 떨었다. 이 싸움은 진나라가 원교근공 정책을 실시한 이래 처음으로 얻은 큰 성과였다. 이후 조나라는 재기불능 상태로 빠지게 되었다.

주

*1 조나라 명장인 조사趙奢.

담력과 지혜의 경영인 모수

기원전 257년 조나라 효성왕은 입안의 침이 바싹 마를 지경으로 걱정이 되었다. 즉위 원년에는 성을 세 군데나 잃었고, 수년 전에는 진나라에게 장평싸움에서 패하여 40여만의 병사가 생매장 당했는데, 이제는 수도 한단마저 포위된 것이었다. 왕은 조정 대신들과 논의를 거듭하여 초나라에 도움을 청하고 합종을 맺기로 결론을 내렸다. 이에 평원군을 불러들여 이 점을 말하고 명을 내렸다. 평원군이 말했다.

"평화롭게 담판을 지어 맹약을 할 수 있다면 좋은 일입니다. 그러나 평화적인 방법으로 해서 통하지 않는다면 초나라 궁전 밑에서 피를 마시면서 합종을 맺고 돌아오겠습니다. 같이 갈 선비들은 다른 데서 뽑을 필요가 없습니다. 저의 문하에서 뽑아도 충분합니다."

평원군平原君은 조나라 공자인데 성품이 어질어서 그를 찾는 선비들이 줄을 이었다. 그러다 보니 문하에는 삼천이 넘는 빈객이 있게 되었으므로 평원군이 그들 모두를 자세히 알 리가 만무했다. 모수毛遂 또한 스스로 나서기까지는 평원군이 모르던 사람이었다.

"당신이 합종 맹약을 하기 위해서 초나나에 갈 때 사람을 밖에서 찾지 않기로 했다고 들었습니다. 빈객 및 문하 스무 명을 채우는데 아직 한 사람이 모자란다 들었으니 저를 그 일행에 끼워주십시오."

평원군이 말했다.

"선생은 내 빈객으로 있은 지 얼마나 되었소?"

모수가 말했다.

"3년 됐습니다."

평원군이 말했다.

"세상에 있는 현명한 선비는 주머니 속의 송곳에 비유할 수 있어서 그 끝이 금세 드러나 보이는 법이오. 지금 선생은 내 빈객으로 3년이나 있었지만 내 주위 사람들은 선생을 칭찬한 적이 한 번도 없었소. 그리고 나 또한 선생에 관해서는 들은 적이 없소. 이것은 선생에게 이렇다 할 재능이 없다는 뜻이오. 선생은 같이 갈 수 없으니 남아 있으시오."

모수가 말했다.

"저는 오늘에서야 당신의 주머니 속에 넣어 달라고 부탁드리는 것입니다. 만일 저를 좀 더 일찍 주머니 속에 있게 했더라면 그 끝만 드러나 보이는 게 아니라 송곳 자루까지 밖으로 나왔을 것입니다."

평원군은 결국 모수와 함께 가기로 했다. 열아홉 명은 모수를 업신여겨 서로 눈짓하며 비웃었다. 그러나 모수가 초나라에 가는 동안 열아홉 명과 논쟁을 벌였는데 그들 모두가 탄복했다.

초나라에 도착하여 평원군이 초나라 왕에게 합종에 대한 이로운 점과 해로운 점을 이야기 하는데, 해가 뜰 무렵부터 중천에 이르기까지 아무런 결정도 내리지를 못했다. 그러자 평원군과 같이 간 선비 열아홉 명 모두가 모수에게 이렇게 말했다.

"선생이 당壇 위로 올라가시오."

모수는 칼자루를 잡은 채 계단으로 뛰어올라 이렇게 말했다.

"합종의 이로운 점과 해로운 점은 두 마디면 결정이 되는데, 해 뜰 무렵부터 이야기를 시작하여 한낮이 되도록 결정을 내리지 못하는 까닭이 무엇입니까?"

초나라 왕이 평원군에게 물었다.

"저 사람은 누구입니까?

평원군이 말했다.

"저 사람은 제 사인舍人입니다."

초나라 왕은 큰 소리로 모수를 꾸짖으며 말했다.

"썩 내려가시오. 나는 그대 주인과 말하는 중인데 이게 무슨 짓이오?"

모수는 칼을 어루만지며 앞으로 다가서서 말했다.

"왕께서 저를 꾸짖을 수 있는 것은 초나라 병사가 많다고 생각하기 때문입니다. 그러나 왕께서는 지금 열 걸음 안에 초나라 병사가 아무리 많다 해도 전혀 소용이 없음을 깨닫게 될 것입니다. 왕의 목숨은 지금 제 손에 달려 있을 뿐입니다. 그리고 제 주인 앞에서 저를 꾸짖는 까닭은 무엇입니까? 은나라 탕왕은 땅 칠십 리를 가지고 천하의 왕이 되었고, 주나라 문왕은 땅 백 리를 가지고 제후를 신하로 삼았다고 들었습니다. 이것이 어찌 병사가 많았기 때문이겠습니까? 정녕 세력에 의지하여 그 위엄을 떨쳤기 때문입니다. 지금 초나라 땅은 사방 오천 리이고 병사가 백만입니다. 이것은 천하의 우두머리로서 왕이 될 수 있는 바탕입니다. 천하에 초나라의 강대함에 맞설 만한 나라는 없습니다. 그런데 진나라 장군 백기처럼 형편없는 자가 병사 수만 명의 군대를 일으켜 초나라와의 싸움 한 번에 언과 영을 빼앗고, 두 번 싸워서 이릉夷陵을 불사르고 왕의 조상을 욕보였습니다. 이것은 초나라에게 백 대가 지나도 잊을 수 없는 원통한 일이며, 조나라도 부끄럽게 여기는 일입니다. 그런데 왕께서는 이것을 부끄러워할 줄을 모르고 계십니다. 합종은 초나라를 위한 일이지 조나라를 위한 일이 아닙니다. 그런데도 불구하고 제 주인 앞에서 저를 꾸짖는 까닭이 무엇입니까?"

초나라 왕이 말했다.

"옳은 일이오. 삼가 나라를 받들어 합종하겠소."

모수가 물었다.

"합종이 결정된 것입니까?"

초나라 왕이 말했다.

"결정됐소."

그러자 모수가 초나라 왕의 좌우 신하들에게 이렇게 말했다.

"닭과 개와 말의 피를 가져오시오."

모수가 구리 쟁반을 받쳐 들고 무릎을 꿇은 채 초나라 왕에게 올리면서 말했다.

"왕께서 먼저 피'를 마셔서 합종을 약속하셔야 합니다. 다음 차례는 제 주인이고, 그 다음 차례는 접니다."

이렇게 해서 어전에서 합종 약속을 맺었다. 그러자 모수는 왼손으로는 피가 든 구리 쟁반을 들고 오른손으로는 열아홉 명을 불러 이렇게 말했다.

"그대들은 당 아래에서 서로 이 피를 마시시오. 그대들은 무능하여 남의 힘으로 일을 이루는 자들에 불과합니다."

평원군은 합종을 결정짓고 조나라로 돌아와 이렇게 말했다.

"나는 다시는 감히 선비를 고르지 않겠다. 내가 지금까지 선비를 고른 수는 1,000명이 되고 적어도 백여 명은 될 것이다. 나는 스스로 천하의 선비를 잃은 적이 없다고 생각해 왔다. 그런데 이번 모 선생의 경우에는 실수를 하였다. 모 선생은 한 번 초나라에 가서 조나라를 구정九鼎이나 대려大呂²보다도 무겁게 만들었다. 모 선생의 세치 혀는 군사 백만 명보다도 강했다. 나는 다시는 감히 인물을 평가하지 않겠다."

그러고는 모수를 상객으로 삼았다.

주

*1 고대 사람들은 피를 입술에 묻히거나 마셔서 맹세를 했는데, 제왕들은 소나 말의 피를 썼고, 제후들은 돼지와 개의 피를 사용했으며, 대부 이하는 닭의 피를 이용했다. 여기서는 맹약을 맺는 자들의 신분을 따지기에 앞서 서둘러 맹약을 하자는 뜻으로 보면 된다.

*2 구정은 우 임금이 만든 것으로 삼대三代 때 나라의 보물로 전해졌고, 대려는 주나라 왕실 종묘에 있던 큰 종을 말한다. 구정과 대려는 모두 고대에 나라의 권력을 상징하던 가장 귀중한 물건으로, 여기서는 모수가 비중이 큰 인물임을 비유한 것이다.

논리적 경영인 공손룡

조나라의 수도 한단이 포위된 후 평원군은 초나라로 가서 합종을 약속 받고 조나라로 돌아왔다. 초나라는 춘신군에게 병사를 이끌고 가서 조나라를 도와주도록 했다. 위나라의 신릉군도 진비의 군대를 속여 빼앗아 조나라를 도우러 갔다. 그러나 구원군이 도착하기 전에 진나라가 재빨리 한단을 에워싸 한단은 항복을 눈앞에 둔 위급한 상황이었다. 평원군의 걱정은 이만저만이 아니었다.

한단의 전사傳舍[1]를 관리하는 자의 아들 이동李同이 평원군에게 말했다.

"당신은 조나라가 망할까봐 걱정하고 있지 않습니까?"

평원군이 대답했다.

"조나라가 망하면 나는 포로가 될 텐데 어찌 걱정이 안 되겠소?"

이동이 말했다.

"한단의 백성은 땔감이 없어서 죽은 사람의 뼈를 때고, 먹을 것이 없어서 서로 자식을 바꾸어 먹고 있으니 위급하다고 할 수 있습니다. 그런데 당신의 후궁은 백여 명을 헤아리고, 노비들까지 무늬 있는 비단옷을 입으며 쌀밥과 고기가 남아돕니다. 백성은 굵은 베옷조차 제대로 입지 못하고 쌀겨나 술지게미조차 배불리 먹지 못합니다. 백성은 가난한데다가 무기까지 바닥나서 나무를 깎아 창과 화살을 만듭니다. 그런데 당신의 기물과 종·경磬 같은 악기는 그대로입니다. 진나라가 조나라를 무너뜨린다면 당신이 어떻게 이런 것들을 가질 수 있겠습니까? 조나라가 안전할 수만 있다면 어찌 당신이 이런 것이 없다고 걱정할 필요가 있겠습니까? 지금 당신이 부인과 아랫사람들을 사졸 사이에서 같이 일하게 하고 가진 것을 다 풀어 사졸들을 먹이면, 위태롭고 고통스런 처지에 놓인 사졸들은 군주의 은혜에 쉽게 감격할 것입니다."

평원군은 이동의 말대로 하여 죽음을 각오한 용맹스러운 병사 3,000명을 얻었다. 이동이 드디어 3,000명과 함께 진나라 군대를 향해 내달리니 진나라 군대는 삼십 리를 물러났다. 때마침 초나라와 위나라의 구원병이 도착하여 진나라 군대는 물러가고 한단은 다시 보존되었다. 이동은 싸우다 죽었으므로 그 아버지를 이후李侯로 봉했다.

우경虞卿은 신릉군이 구원병을 이끌고 와 한단을 지킬 수 있었던 것은 평원군의 공이라며 평원군에게 식읍을 더 봉해 달라고 청하려고 했다. 공손룡公孫龍은 이 말을 듣고 밤중에 수레를 몰고 와서 평원군을 만나 이렇게 말했다.

"들리는 말에 신릉군이 한단을 보존할 수 있도록 한 공을 가지고 우경이 당신을 위해 식읍을 청하려고 한다는데 그런 일이 있습니까?"

평원군이 말했다.

"그렇소."

공손룡이 말했다.

"그것은 옳지 않은 일입니다. 왕이 당신을 조나라 재상으로 삼은 것은 당신만한 지혜와 재능을 가진 이가 조나라에 없어서가 아닙니다. 동무성을 떼어 내어 그곳에 당신을 봉한 것도 당신만 공이 있고 다른 사람들은 공이 없기 때문이 아닙니다. 당신이 조나라 왕의 친척이기 때문입니다. 당신이 재상의 인수를 받으면서 능력이 없다며 사양하지 않고, 땅을 봉해 받고도 공이 없다며 사양하지 않은 것도 당신 스스로 친척이라고 생각했기 때문입니다. 그런데 지금 신릉군의 힘을 빌려 한단을 보존했다 하여 봉읍을 청하는 것은 전에는 친척으로서 성을 받고 이번에는 조나라 사람으로서 공로를 헤아리는 것입니다. 그러므로 이것은 옳지 않습니다. 그리고 우경은 양다리를 걸치고 있는데, 일이 이루어지면 우권右券²을 쥐고서 보상을 요구할 테고, 일을 이루지 못하면 봉읍을 받도록 청했다는 헛된 이름으로 당신에게 생색낼 것입니다. 당신은 우경의 말을 절대로 듣지 마십시오."

그리하여 평원군은 끝내 우경의 말을 듣지 않았다.

주

* 1 고대 나그네들이 머물던 관청 소유의 여관.
* 2 고대에는 계약할 때 어음을 오른쪽이나 왼쪽 중 하나에 가지고 채무자에게 돈을 요구했다.

10
재앙을 타개한
노중련의 핵심 경영

　기원전 257년에 진나라는 조나라의 수도 한단을 포위했다. 이
때 조나라 효성왕은 두려움에 떨며 제후국들에 구원을 요청했지
만 모두 진나라가 두려워서 선뜻 나서지를 못했다. 당시 위나라
안희왕은 장수 진비를 시켜서 조나라를 구원하도록 했다. 그러나
진비 또한 탕음에서 주저앉은 채 더는 진군을 못했다. 그러자 위
나라 왕은 객장군[1] 신원연을 지름길로 가게 해서 한단에 들여보
내 평원군을 만나 조나라 왕에게 이렇게 말하게 했다.

　"전에 진나라 왕은 제나라 민왕과 힘을 겨루느라고 제帝라고
스스로를 높였다가 이내 제라는 칭호를 쓰지 않았습니다.[2] 지금
제나라는 그때에 비해 더욱 약해졌고, 진나라는 제후국 중 으뜸
이 되었습니다. 그러므로 진나라가 한단을 포위한 것은 한단을
욕심내서라기보다는 제가 되고 싶기 때문입니다. 그러니 조나라
에서 진나라에 사신을 보내서 진나라 소왕을 제라고 불러 공경해
준다면 진나라는 기뻐하며 군대를 거두어 돌아갈 것입니다." 그
러나 평원군은 망설이기만 할 뿐 결단을 내리지 못했다.

　　　노중련魯仲連은 제나라 사람으로 독특하고도 획기적인
계책을 잘 쓰는 인물이었다. 그는 벼슬은 마음에 없어 하지를 않고

고상한 절개를 지키며 살았다. 진秦나라 군대가 조나라의 수도 한단을 포위한 효성왕 9년, 때마침 노중련이 조나라에 있었다. 그는 진나라가 조나라의 수도 한단을 포위했고, 제帝라고 높이 공경 받고 싶어 한다는 말을 들었다. 그는 평원군을 찾아가서 이렇게 물었다.

"그래 이 일을 어떻게 하실 생각입니까?"

그러자 평원군은 다음과 같이 대답했다.

"이 일에 대해 감히 내가 뭐라고 할 수 있겠소? 얼마 전에는 장평에서 군사 40만을 잃었고, 또 지금은 수도 한단까지 포위되었어도 그들을 물리칠 길이 없는데, 위나라 왕은 객장군客將軍 신원연新垣衍을 보내와서 진나라 왕을 제라고 높여 부르라 하오. 그 사람이 지금 이곳에 있는데 내 어찌 이 일을 함부로 말할 수 있겠소?"

노중련이 이렇게 말했다.

"나는 예전부터 당신을 천하의 현명한 공자라고 생각해 왔습니다. 그러나 이제는 당신이 현명한 공자가 아니라는 것을 알게 되었습니다. 위나라의 객 신원연은 어디 있습니까? 내가 당신 대신 그를 꾸짖어 돌려보내겠습니다."

평원군은 신원연을 노중련과 만나도록 주선해 보겠다며 신원연을 찾아가서 이렇게 말했다.

"제나라의 노중련 선생께서 지금 이곳에 와 계십니다. 그분과 사귈 수 있도록 장군께 소개하고 싶습니다."

신원연은 이렇게 말했다.

"노중련 선생은 제나라의 지조 있는 선비라고 들었습니다. 그렇지만 저는 위나라 왕으로부터 명을 받아 사신의 임무를 띠고 있는 중이므로 그를 만나고 싶지 않습니다."

평원군은 이렇게 말했다.

"내가 벌써 장군이 이곳에 계신다고 말했습니다."

신원연이 어쩔 수 없이 허락하여 두 사람이 만나게 되었다. 그러나 노중련은 아무 말이 없었다. 그러자 신원연이 먼저 말을 꺼냈다.

"내가 살펴보니 이 성 안에는 평원군에게 무언가를 바라고 있는 이들뿐입니다. 그런데 선생은 평원군에게 바라는 게 아무것도 없어 보입니다. 무슨 까닭으로 포위된 이 성에서 오랫동안 머무시는 것입니까?"

노중련이 말했다.

"세상 사람들은 포초鮑焦[3]가 제 한 몸만을 위해서 죽었다고 아는데 그건 포초의 뜻을 모르는 잘못된 생각입니다. 저 진나라는 예의보다는 전쟁에서 얻은 수급을 큰 공적으로 떠받드는 나라입니다. 그러므로 군사들은 권모술수를 일삼고 왕은 백성을 노예처럼 다룹니다. 그 같은 진나라 왕이 제멋대로 제가 되어 천하에 잘못된 정치를 편다면 나는 차라리 동해에 빠져 죽지 그의 백성이 되지는 않겠습니다. 장군을 찾은 까닭은 조나라를 돕도록 하기 위해서입니다."

이 말을 듣고 신원연이 물었다.

"선생께선 어떤 생각을 하고 계시기에 그렇게 말씀하십니까?"

노중련이 대답했다.

"제나라와 초나라는 일찍부터 조나라를 도우려 하고 있으니, 나는 위나라와 연나라가 조나라를 돕도록 하겠습니다."

신원연이 말했다.

"연나라에 대해서는 선생의 말을 믿겠습니다만, 위나라를 말씀하시는데 제가 바로 위나라 사람입니다. 선생께서는 어떻게 위나라가 조나라를 돕게 한다는 것입니까?"

노중련이 대답했다.

"위나라에서는 진나라가 제라고 일컬어질 경우 그 해악이 어떨지를 아직 모르고 있습니다. 만일 그 해악이 어떨지를 위나라가 알게 된다면 반드시 조나라를 도울 것입니다."

신원연은 노중련에게 그 해악이 무엇인지를 물었다.

노중련은 다음과 같이 말했다.

"옛날 제나라 위왕威王은 일찍이 인의를 지켜 천하제후들을 거느리고 주나라에 입조하려고 했습니다. 그러나 주나라가 너무 가난하고 쇠약하여 제후들은 입조하지 않았고 제나라만 홀로 입조하였습니다. 그로부터 일 년쯤 지나 주나라 열왕烈王이 세상을 떠나자 제나라는 다른 제후국들보나 문상을 늦게 갔습니다. 그러자 주나라 왕은 화를 내면서 제나라 왕에게 '하늘이 무너지고 땅이 꺼지고 새 천자는 풀로 만든 자리에서 잠을 자고 있는데, 동쪽 제후인 제나라가 늦게 오다니 목을 베야 마땅하다.'라고 말했습니다. 제나라 위왕은 이 말을 듣고 발끈 화를 내며 '뭐라고? 이 종놈의 자식이!'라고 되받아쳐 결국 천하의 웃음거리가 되었습니다. 주나라 열왕이 살아있을 때는 주나라에 입조하였지만 그가 죽자 그 아들을 꾸짖은 것은 진실로 주나라의 요구를 견딜 수 없었기 때문입니다. 그렇다 해도 주나라 왕은 천자이므로 그런 일들이 이상할 것은 없었습니다."

신원연이 말했다.

"선생께서는 저 하인들을 보십시오. 하인 열 명이 한 사람의 밑에 있는 것은 힘이 부족하고 지혜가 모자라서가 아닙니다. 주인이 두렵기 때문입니다."

노중련이 물었다.

"허허! 그렇다면 위나라는 진나라에게 하인 같은 존재란 말씀입니까?"

신원연이 말했다.

"그렇습니다."

노중련이 말했다.

"그렇다면 내가 진나라 왕에게 위나라 왕을 삶아서 소금에 절이도록 해볼까요?"

신원연은 심히 불쾌해 하며 이렇게 말했다.

"아! 선생의 말씀은 너무 지나치시오. 선생이 어떻게 진나라 왕이 위나라 왕을 소금에 절이도록 할 수 있다는 말씀입니까?"

노중련이 말했다.

"물론 할 수 있습니다. 옛날 구후, 악후, 주나라 문왕은 은나라 주왕의 삼공三公이었습니다. 구후에게는 딸이 하나 있어 은나라 주왕에게 바쳤는데 주왕은 그녀가 못생겼다면서 구후를 소금에 절여 죽였습니다. 악후는 이때 강력하게 말리며 분개했습니다. 그러자 주왕은 악후를 포를 떠서 죽였습니다. 주나라 문왕이 이 소식을 듣고 탄식했습니다. 그러자 문왕을 그를 유리에 있는 감옥에 백일 동안 가두어 두었다가 죽이려고 하였습니다. 지금 위나라 왕은 진나라 왕과 같은 지위에 있습니다. 그런데 어찌해서 다른 사람들과 함께 그를 제라고 일컬어서 훗날 포를 떠 소금에 절여지는 신세가 되려고 하실까요?

제나라 민왕이 노나라로 들어가려 할 때, 말채찍을 들고 따르던 이유자吏維子가 노나라 사람에게 이렇게 물었습니다.

'당신들은 우리 군주를 어떻게 대접하겠소?'

그랬더니 노나라 사람은 이렇게 답했습니다.

'우리는 십 태뢰太牢⁴의 예절로 당신 군주를 대접하겠습니다.'

이유자가 이렇게 말했습니다.

'당신들은 어떤 예절에 근거하여 우리 군주를 그렇게 대접하려고 하오? 우리 군주는 천자시오. 천자가 순행을 하면 제후들은 자기 궁궐을 내주고, 성문과 창고 열쇠를 내놓고 옷깃을 여미어 대청 밑에서 천자의 식사를 준비해서 올리고, 천자께서 식사를 끝낸 뒤에야 물러나 정사를 듣는 것이오.'

그러자 노나라 사람들은 성문을 닫아걸고 제나라 민왕을 끝내 대접하지 않았습니다. 민왕은 하는 수 없어 설薛 땅으로 가려 했습니다. 그곳으로 가려면 추鄒나라를 지나가야 합니다. 그런데 마침 추나라 군주가 세상을 떠나 민왕이 조문을 하려고 했습니다. 이유자는 추나라의 새 왕에게 이렇게 말했습니다.

'천자께서 조문하러 오면 주인은 관을 뒤로 하여 북쪽을 향하고 있는 자리⁵를 남쪽으로 만들어 놓은 뒤에 천자께서 남쪽을 향하여 조문하도록 해야만 되오.'

그러자 추나라 신하들은 이렇게 말했습니다.

'반드시 그렇게 해야만 한다면 우리는 칼에 엎어져 죽겠습니다.'

그리고는 끝내 민왕을 들이지 않았습니다. 당시 추나라와 노나라의 신하들은 군주가 살아있을 때 마음껏 섬기며 봉양을 하지 못했고, 죽은 뒤에는 옷가지를 넉넉히 묻을 수 없었습니다. 그런데 제나라가 두 나라에서 천자의 예를 행하려고 하니 그것을 받아들일 수가 있었겠습니까?

지금 진나라는 만승萬乘[6]의 나라이고, 위나라도 만승의 나라입니다. 그런데 위나라는 진나라가 단 한 번 싸워서 이기는 것을 보고 진나라에 복종하여 진나라 왕을 제라 부르려 하고 있습니다. 이것은 삼진三晉의 대신들을 추나라와 노나라의 하인이나 첩만도 못하게 만드는 일입니다. 또한 만약 진나라의 욕망이 제라고 일컬어지는 데서 멈추지 않는다면 제후국의 대신들을 제멋대로 갈아치울 것입니다. 그들은 못마땅하거나 미워하는 사람들의 벼슬을 빼앗아 어질다고 생각되는 사람들이나 좋아하는 사람들에게 줄 것입니다. 또한 그들은 진나라 왕의 딸과 천한 계집들을 제후들의 부인이나 첩으로 만들어 위나라 궁궐에 살게 할 것입니다. 그렇게 되면 위나라 왕이 편안하겠습니까? 장군은 또 무엇으로 지금처럼 남다른 사랑과 신임을 받겠습니까?"

신원연은 그제야 일어나 두 번 절하고 사과하며 말했다.

"처음에는 선생을 평범한 사람인 줄로만 알았는데, 지금 비로소 선생이 천하에서 제일가는 선비임을 알게 되었습니다. 저는 지금 이 순간부터 다시는 진나라 왕을 제라고 일컫자는 말을 하지 않겠습니다."

진나라 장군은 이 말을 듣고 오십 리나 뒤로 물러났다. 때마침 위나라 공자 무기無료가 조나라를 도우려고 진비의 군사를 빼앗아 진나라 군대를 공격해 왔다. 이에 진나라 군대는 마침내 병사들을 이끌고 물러갔다.

조나라의 평원군은 노중련에게 봉지를 내리려 했다. 그러나 노중련은 여러 차례 사양하면서 끝내 받지 않았다. 평원군은 술자리를 마련하여 분위기가 고조되었을 때 앞으로 나가 천금을 내놓으며 노중련의 장수를 빌었다. 그러자 노중련이 웃으며 말했다.

"천하에서 선비가 귀히 여겨지는 까닭은 다른 사람의 걱정거리를 덜어 주고 재앙을 없애 주기 때문입니다. 또한 다툼을 풀어주고도 보상을 받지 않기 때문입니다. 만일 보상을 받는다면 그것은 장사꾼의 행위입니다. 저는 그런 짓은 절대로 할 수 없습니다."

그런 후, 평원군에게 인사하고 떠나서 평생 동안 다시는 나타나지 않았다.

주

*1 다른 사람이 위나라에서 장군이 되었을 때 이렇게 부른다.
*2 주나라 난왕 27년에 제나라 민왕과 진秦나라 소왕은 다투어 제帝라고 하여 제나라는 동제東帝, 진나라는 서제西齊라고 했다. 소대는 제나라 민왕에게 제라는 호칭을 쓰지 말도록 권했다. 그러자 진나라 소왕도 어쩔 수 없이 그 호칭을 쓰지 않았다.
*3 춘추시대에 세상을 떠나 살던 선비인데 현실에 불만이 있어 나무를 끌어안고 굶어 죽었다고 한다.
*4 소, 양, 돼지를 합쳐서 태뢰라고 부른다.
*5 고대에는 북쪽이 존중받는 자리였다. 상喪중에는 영구를 북쪽에 두고 문상객들이 북쪽을 향해 절하도록 했다.
*6 승乘은 말 네 마리가 끄는 수레이다. 그러므로 만승萬乘은 말 사만 마리를 말하는데, 고대의 천자들은 만승 이상을 보유하고 있었으므로 나중에는 천자의 상징으로 쓰이게 되었다.

편지 한 통으로 요성을 되찾은 지혜

조나라의 수도 한단이 진나라에 포위되었던 기원전 257년에 노중련은 평원군의 주선으로 신원영을 만나서 대화를 했다. 그후 평원군은 노중련을 다시 보지 못했다고 했는데, 그로부터 이십 년쯤 뒤 노중련은 편지 한 통으로 제나라의 요성을 되찾는 일이 생겼다. 이때 제나라에서는 노중련에게 벼슬을 내리려고 했으나 노중련은 바닷가 어느 곳으로 달아났다.

다음은 노중련의 뛰어난 지혜와 선비로서의 인의仁義가 담긴 일화이다.

연나라 장군이 제나라의 요성聊城을 쳐서 함락시키자 제나라는 전단을 보내서 공격하게 했다. 전단은 요성을 일 년 넘게 공격했어도 요성을 함락시키지 못했다. 이 싸움의 과정에서 성 안의 병사 한 명이 연나라에 그들의 장군을 참소했다. 연나라의 장군은 처형이 될까 두려워서 본국에 돌아가질 못하고 더욱 요성만 튼튼히 방비를 했다. 때문에 제나라의 병사들이 더 많이 희생되었다. 이 소식을 들은 노중련은 편지를 써서 화살 끝에 매달아 성 안으로 쏘았다. 편지 내용은 이렇다.

"제가 듣건대 지혜로운 사람은 때를 거슬러 유리한 기회를 놓치지 않고, 용감한 자는 죽음을 겁내어 명예를 훼손시키지 않으며, 충성스러운 신하는 자기 한 몸을 앞세워 군주를 뒤로 하지 않는다 합니다. 지금 장군은 참소를 받은 한때의 분노를 못 참아 연나라 왕에게 좋은 신하가 없음을 알면서도 돌아가지 않고 있으니 이는 충성이 아닙니다. 요성을 잃고 장군도 죽게 된다면 제나라에 장군의 위엄을 떨칠 수 없으니 이를 두고 용감하다고 말할 수는 없습니다. 또한 공이 허물어지고 명성을 잃어 후세 사람들이 장군을 칭송하지 않게 되면 이 또한 지혜로운 행동이라 할 수 없으니, 세상의 군주들은 이런 세 가지 행동을 한 사람을 신하로 쓰지 않고, 유세하는 선비들도 그러한 사람을 입에 올리지 않습니다. 그래서 지혜로운 사람은 과감하게 결단을 내리고, 용감한 사람은 죽음을 두려워하지 않습니다. 장군은 지금 죽느냐 사느냐, 영예냐 오욕이냐, 부귀냐 천함이냐의 갈림길에 서 있습니다. 기회는 두 번 다시 오지 않습니다. 부디 깊이 생각하여 속된 사람들처럼 처신하지 마십시오.

초나라는 제나라의 남양南陽을 치고 위나라는 평륙平陸을 공격하고 있으나, 제나라로서는 남쪽의 초나라를 칠 생각이 없습니다. 이는 남양을 잃는 데서 오는 손실은 작지만 제수濟水 북쪽의 땅을 손에 넣으면 이익이 크다고 생각하기 때문입니다. 그래서 꼼꼼하게 계책을 세워 대처하고 있는 것입니다. 지금 진나라가 병사를 일으켜 제나라를 도우면 위나라는 감히 동쪽의 제나라를 치지 못할 것이며, 제나라와 진나라가 뜻을 모으면 초나라의 형세는 위태로워집니다. 또한 제나라는 남양을 버리고 오른쪽 땅 평륙을 단념하고서라도 온 힘을 다해 제수 북쪽 땅을 평정하려 할 것입니다. 제나라는 기필코 요성을 다시 차지할 테니 장군은 주저하지 말고 결단을 내리십시오. 지금 초나라와 위나라 군사는 차례로 제나라에서 물러나고 있으며 연나라의 구원병은 오지 않고 있습니다. 제나라의 모든 군대가 천하의 아무런 제재도 받지 않고 온 힘을 다해 일 년 동안이나 시달린 요성의 군대와 부딪힌다면 저는 당신의 뜻을 이룰 수 없다고 봅니다.

더구나 연나라는 큰 혼란 중에 있어 임금과 신하가 계책을 세우지 못하고, 위아래가 모두 정신을 못 차리고 있습니다. 연나라 재상 율복은 군사 10만 명을 거느리고 멀리까지 싸우러 왔지만 다섯 번이나 졌으며, 그 결과 연나라는 만승의 나라이면서도 조나라에게 수도를 포위당하고 땅은 빼앗기고 군주는 욕을 당해서 천하의 웃음거리가 되었습니다. 나라는 황폐해지고 재난마저 잦아서 백성은 마음 붙일 곳이 없습니다. 그런데 지금 장군은 요성의 지친 백성을 이끌고 제나라의 전체 병력에 맞서고 있으니, 그것은 실로 묵적墨翟이 송나라를 위해 초나라를 막아 낸 것[1]에 비할 만합니다. 궁핍해서 사람의 살을 먹고 사람의 뼈를 땔감으로 쓰면서도 장군의 병사들이 반기를 들 생각을 품지 않고 있으니 참으로 손빈 밑에서 훈련받은 군대입니다. 이제 온 천하에 장군의 능력이 드러났습니다.

비록 이러할지라도 당신을 위해 생각해 보면 병력을 온전히 보존하여 돌아가 연나라 왕에게 보답하는 편이 낫습니다. 그렇게 한다면 연나라 왕은 반드시 기뻐할 것입니다. 당신이 몸이 성해서 나라로 돌아가면 백성은 부모를 만난 듯이 기뻐하며, 당신의 친구들은 팔을 걷어붙이고 반기며 천하 사람들에게 이야기하여 당신의 업적을 밝힐 것입니다. 위로는 고립된 군주를 도와 신하들을 통제하고, 아래로는 백성을 잘 살게 하여 유세가들에게 이야깃거리를 제공하고, 나라를 바로잡고 풍속을 고치면 공명을 이룰 수 있을 것입니다.

공께서 이렇게 할 마음이 없다면 연나라를 떠나 세상 여론을 등지고 동쪽의 제나라로 가십시오. 제나라는 반드시 땅을 떼어 당신의 봉지를 정해 줄 것입니다. 그러면 당신은 도주공이나 위공자 같은 부귀를 누릴 수 있고, 장군의 자손들은 대대로 고孤[2]라고 일컬으면서 제나라와 함께 길이 부귀를 누리게 될 테니 이것도 한 가지 방법입니다. 이 두 가지 계책은 모두 이름을 알리고 실리를 얻을 수 있는 방법입니다. 부디 당신은 깊이 생각하시어 그중 하나를 고르십시오.

또한 제가 듣건대 작은 예절에 얽매이는 사람은 영화로운 이름을 이룰 수 없다고 합니다. 옛날 관이오管夷吾가 제나라 환공을 활로 쏘아 그 허리띠의 쇠고리를 맞힌 것은 임금 자리를 빼앗으려는 반역 행위였고, 또 공자 규를 저버리고 그를 위해 죽지 않은 것은 비겁한 행동이었으며, 몸이 포승줄로 묶여 수갑과 차꼬를 차게 된 것은 부끄러운 일이었습니다. 세상의 군주는 이런 세 가지 행동을 저지른 사람을 신하로 쓰지 않으며, 마을 사람들도 그런 사람과는 사귀려 들지 않을 것입니다. 만일 관중이 옥에 갇힌 채 세상에 나오지 못하였거나 죽을 때까지 제나라로 돌아올 수 없었다면 그는 끝내 부끄러운 행동을 하였다는 욕을 피할 수 없었을 것입니다. 노비조차도 그와 비교되는 것을 부끄러워하였을 텐데, 하물며 보통 사람들이야 어떻겠습니까? 그러므로 관중은 감옥에 갇혀 있는 것을 부끄러워하지 않고 천하를 바로잡지 못한 것을 부끄러워했고, 공자 규를 위해 죽지 않은 것을 부끄러워하지 않고 제나라가 제후들 사이에서 위엄을 떨치지 못하는 것을 부끄러워하였습니다. 그리하여 세 가지 잘못을 범하고도 환공을 오패五覇의 우두머리로 만들어 그 명성을 천하에 드높이고 이웃 나라에까지 빛을 비추게 하였던 것입니다.

또한 조자曹子는 노나라 장군이 되어 세 번에 걸친 제나라와의 싸움에서 매번 패하여 노나라 땅 500리를 잃었습니다. 그때 조자가 뒷일을 생각하여 달아나지 않고 스스로 목숨을 끊었다면 '싸움에서 진 군대이며 포로가 된 장군'이라는 부끄러운 이름을 피하지 못했을 것입니다. 그러나 조자는 세 번 싸워 세 번 패한 부끄러움을 떨쳐 버리고 돌아와 노나라 왕과 계책을 상의했습니다. 제나라 환공이 천하 제후들을 모아 만나는 기회를 틈타 조자는 칼 한 자루의 힘만 믿고 단상으로 뛰어 올라 환공의 심장을 겨누었습니다. 그때 조자는 얼굴빛 하나 변하지 않고 목소리도 떨리지 않았습니다. 이렇게 하여 세 차례 싸움에서 잃었던 땅을 하루아침에 되찾았습니다. 이 일로 조자는 천하를 흔들어 놓고 제후들을 경악하게 하였으며, 노나라의 위엄은 멀리 오나라와 월나라에까지 퍼졌습니다.

이 두 사람은 작은 부끄러움과 작은 절개를 이룰 수 없었던 것이 아니라, 자신이 죽고 후손이 끊어져서 공과 이름을 세우지 못하는 것을 지혜로운 행동이 아니라고 여겼던 것입니다. 그러므로 잠시 개인적인 울분과 원한을 버리고 영원히 빛날 수 있는 이름을 세웠으며, 원망에 사로잡힌 절개를 버리고 대대로 전해질 수 있는 공을 세운 것입니다. 그들의 업적은 삼왕三王과 우열을 다툴 수 있고, 그 이름은 천지와 함께 영원히 남게 되었습니다. 부디 당신은 이 가운데 하나를 골라 행동하십시오."

연나라 장군은 노중련의 편지를 읽고 사흘 동안 흐느껴 울며 망설이다가 결정을 내리지 못했다. 그는 연나라로 돌아가자니 연나라 왕에게 죽임을 당할까 두렵고, 제나라에 항복하자니 제나라 사람들을 너무 많이 죽이고 사로잡았기 때문에 옥에 갇혀 치욕을 당할까 두려웠다. 그래서 그는 탄식하며 이렇게 말했다.

"다른 사람의 칼에 죽느니 차라리 내 목숨을 끊으리라!"

그리고는 스스로 목숨을 끊고 말았다. 요성이 혼란에 휩싸이자 전단은 마침내 요성을 무찌르고 돌아와 제나라 왕에게 노중련의 공적을 말하고 그에게 벼슬을 주도록 청하였다. 그러나 노중련은 달아나 어느 바닷가에 숨어 살며 이렇게 말했다.

"나는 부귀로우면서 남에게 얽매여 사느니 차라리 가난할망정 세상을 가볍게 내 맘대로 살리라!"

주

*1 공수반公輸般이 초나라를 위해 구름에 닿을 만큼 높은 사다리를 만들어 송나라를 치려 했다. 묵적은 이 소식을 듣고 제나라를 떠난 지 열흘 만에 초나라에 이르러 공수반을 만났다. 공수반이 찾아온 까닭을 묻자 묵적은 북방에 자신을 모욕하려는 자가 있어 당신의 힘을 빌려 죽이고 싶다고 하고 나서 공수반을 설득하여 다시 초나라 왕을 만났다. 그리고 공수반과 거짓으로 성을 만들어 전쟁을 하기로 했다. 묵적은 허리띠를 풀어 성 모양을 만들고 작은 목패木牌로 전망대를 만들어 놓았다. 공수반이 열 차례나 책략을 바꿔가며 공격을 했지만 묵적은 다 막아낼 뿐만 아니라 그의 방어 태세에는 아직도 여유가 있었다. 결국 공수반이 항복했다. 그래서 초나라가 송나라를 공격하지 않겠다는 다짐을 받아내게 되었다.
*2 제후의 자칭自稱.

11

인상여의 충절과 재치

진나라 소양왕은 기원전 306년 즉위하여 기원전 250년까지 56년간 나라를 통치했다. 이때 소양왕은 위나라 사람 범저를 등용하여 나라를 부강하게 만들면서 제도적 기틀을 확실하게 다져 후일 통일제국을 이루는 발판을 발판을 확립했다. 그러므로 전국시대 말기 동쪽의 여섯 나라는 나날이 국력이 쇠해감에 따라서 진나라와 연횡하기 위해 서로 다투었다. 이 시대의 전쟁은 한, 위, 조나라 삼국의 싸움이 대부분이다.

조나라 혜문왕은 기원전 298년에 즉위하여 기원전 266년까지 총 33년간 조나라를 통치하였다. 이때 염파, 인상여는 충절을 다해서 조나라의 안위를 걱정하고 수호했다. 만일 이들이 서로 으르렁거리며 사욕만을 일삼았더라면 호시탐탐 기회를 노리고 있던 진나라에 의해 조나라는 손쉽게 무너졌을지도 모른다. 하지만 염파와 인상여가 있는 한 호랑이나 이리와 같다는 진나라도 함부로 조나라를 넘볼 수는 없었다.

염파廉頗는 조나라의 뛰어난 장수이고 인상여藺相如는 환관의 우두머리인 무현繆賢의 사인舍人이었다.

조나라 혜문왕이 초나라의 화씨벽을 손에 넣었다는 소식을 진나라 소공昭公이 들었다. 소공은 사신을 통해서 진나라의 성 열다섯 개와 조나라의 화씨벽을 바꾸자고 제의했다. 조나라 왕은 참으로 난처했다. 진나라가 사람을 잘 속이는 것을 알고 있으므로 까딱 잘못하면 화씨벽만 빼앗길 입장인데, 그것도 문제지만 진나라의 요청에 응하지 않으면 군대를 동원할 빌미가 될 것이기 때문이었다. 또한 일 처리 여부에 따라 주변 국가들에게 조나라의 위상이 떨어질 우려도 있으므로 정말 걱정이었다. 조정 대신들과 의논을 해보아도 좋은 계책이 나오질 않았고 사신으로 갈만한 적당한 사람도 눈에 띄지 않았다. 이때 환관의 우두머리인 무현이 용기와 지혜를 겸비한 인물이라 하면서 자신의 사인 인상여를 사신으로 추천했다. 그러자 왕은 인상여를 불러서 진나라에게 화씨벽을 주는 게 좋을지 주지 않는 게 좋을지에 대해 물었다.

"진나라는 조나라보다 강한 나라이므로 응하지 않을 수 없습니다."

그러자 왕이 말하길,

"성은 받지도 못하고 화씨벽만 빼앗기면 어찌하오?"

상여가 대답했다.

"진나라의 제의에 거절을 하면 우리에게 결함이 있게 되지만 진나라에서 화씨벽을 받고 성을 내주지 않으면 그쪽에 결함이 있게 됩니다. 이 상황에선 응한다는 전제에서 생각할 수밖에 없기 때문에 결함을 그쪽에 전가하고, 그 다음은 상황에 따라 현명히 대처하는 길밖에 없습니다. 왕께 사신으로 보낼 만한 적당한 인물이 없다면 신을 사신으로 보내주십시오. 진나라에서 약속을 지키면 화씨벽을 두고 오겠지만 그렇지 않을 경우엔 화씨벽을 하자 없이 가지고 오겠습니다."

조나라 왕은 별다른 대안이 없었으므로 상여에게 기대할 수밖에 없었다.

진나라 왕은 누대에 앉아 상여를 맞이했다. 상여가 진나라 왕에게 화씨벽을 바치고 분위기를 살피니 왕은 몹시 기뻐하며 주변의 비빈과 신하들에게 차례로 보여주었는데, 그들은 감탄하고 환호하며 만세까지 불렀다. 그러나 정작 그것을 가져온 사람인 상여에겐 눈길 한 번 주질 않고, 준다 하던 성에 대해서는 한 마디도 없었다. 상여는 소왕에게는 약속을 지킬 마음이 없다는 것을 확연히 깨달았다. 그래서 꾀를 내어 말했다.

"사실은 이 화씨벽에 작은 흠이 하나 있으니 잠시 보여주시면 알려드리겠습니다."

진나라 왕은 의아했지만 화씨벽을 내주었다. 그러자 상여는 화씨벽을 받아들고 몇 걸음 뒤로 물러나서 기둥에 기대서서 진나라 왕을 추상같은 호령으로 지엄하게 꾸짖었다.

"대왕께서 이러한 제안을 해오셨을 때 우리 조나라에서는 여러 대신들과 정말 진지하게 논의를 했었습니다. 그러나 모아진 의견은 한결같이 우리가 대왕께 속게 될 것이므로 화씨벽을 보내서는 안 된다는 것이었습니다. 그러나 저는 '일개 백성들끼리도 약속을 중하게 알아 지키고 살아가는데 하물며 나라끼리의 사정에서 약속을 허술히 행한다는 건 말이 안 됩니다. 게다가 화씨벽 하나 때문에 진나라처럼 강한 나라의 비위를 거스른대서야 될 법이나 하겠습니까?'라고 말했습니다. 그래서 저희 혜문왕은 닷새 동안 재계齋戒한 뒤 신을 사신으로 삼아 진나라 조정에 편지를 보냈던 것입니다. 조나라가 그렇게 한 것은 큰 나라의 위엄을 존중하는 까닭이며 존경심을 표한다는 뜻이었습니다. 그런데 진나라에 당도하니 왕께서는 사신에 대한 적절한 예법도 갖추지 않으셨고, 화씨벽을 비빈들께 차례로 돌려보는 가운데 저를 깔보아 희롱까지 하였습니다. 그때 저는 왕께서 약속을 지킬 마음이 없으시다는 것을 분명히 깨달았고 그래서 화씨벽을 돌려받은 것입니다. 왕께서 만일 저를 위협하여 화씨벽을 빼앗을 요량이시라면 저의 머리는 화씨벽과 함께 기둥에 부딪혀 부서질 것입니다."

상여는 위협하듯이 기둥을 노려보며 화씨벽을 기둥에 내려치려고 했다. 진나라 왕은 황망 중에 예상치 않은 일을 당하자 어쩔 줄을 몰라 했으나 상여의 말이 그른 데가 없으므로 할 말이 없었다. 그런데다 귀중한 보물을 기둥에 내리치려고 하니 정신이 아찔했다. 진나라 왕은 서둘러 말리면서 상여가 노여움을 풀도록 간곡히 말하여 진정시켰다. 그리고 관리를 불러서 지도를 가져오게 하여 '여기부터 저기까지'라고 손가락으로 가리켜 성을 주게끔 명했다. 하지만 상여는 진나라 왕의 행위에서 진실을 발견하지 못했으므로 다음과 같이 말했다.

"화씨벽은 천하가 인정하는 보물로써 조나라도 이것을 소유하고 싶은 마음은 왕과 다름이 없으나 진나라가 두려워서 바치지 않을 수 없었습니다. 그리고 바치는 마음에 예를 다하기 위하여 저희 혜문왕은 닷새를 재계하여 조금도 예법에 허술함이 없게 하였습니다. 그러므로 왕께서도 마땅히 이를 받음에 예절을 다하십시오. 닷새 동안 재계하고 대궐 뜰에서 구빈九賓의 예를 다하여 행하시면 바로 화씨벽을 바치겠습니다."

진나라 왕은 작정한 속임수대로 일이 진행되지 않아 화가 났으나 달리 어쩔 도리가 없다는 것을 깨달아 상여가 원하는 대로 하기로 했다. 그리고 상여를 광성전廣成傳이라는 영빈관에 머물게 했다. 하지만 상여는 진나라 왕이 예를 갖추기로 약속은 했다 해도 끝내 성을 준다는 약속까지 지키지는 않으리라고 판단했다. 그래서 데리고 왔던 사람에게 허름한 옷을 입혀 화씨벽을 품속에 넣게 한 후 지름길로 달아나게 하였다.

진나라 왕은 닷새 동안 재계한 뒤 대궐 뜰에서 구빈의 예를 치르고 상여를 불렀다. 상여는 왕에게 들어가 이렇게 말했다.

"진나라는 목공繆公 이래 스무 명 남짓 되는 군주가 있었지만 지금까지 약속을 확실히 지켰던 분은 없습니다. 신은 대왕께서도 약속을 지키지 않으실까 하여 화씨벽을 조나라로 가져가게 하였습니다. 이는 제가 이 일로 조나라를 저버리게 될까봐 실로 두려웠기 때문이었습니다. 그러나 진정 왕께서 성 열다섯 개와 화씨벽을 바꾸고자 하신다면, 지금 바로 사신을 보내서 성 열다섯 개의 약속을 먼저 지키십시오. 진나라는 강하고 조나라는 약한 나라이므로 조나라는 화씨벽을 즉시 내놓을 것입니다. 신은 죽어 마땅한 죄를 지었으니 부디 가마솥에 삶기는 죽음을 내려 주십시오."

진나라 왕은 씁쓸하기 짝이 없었고 한편으론 노여웠다. 곁에 있던 신하들 중 어떤 이는 상여를 끌어내 형벌로 다스리려는 사람도 있었다. 그러나 진나라 왕은 마음을 눅이면서 신하들에게 일렀다. 상여를 죽여 보았자 얻는 것도 없으면서 공연히 주변국으로부터 오명만 뒤집어쓸 게 분명하기 때문이었다. 그래서 신하들에게 이렇게 말했다.

"지금 상여를 죽인다면 끝내 화씨벽은 얻을 수도 없고 조나라와 화친만 깨질 것이니, 차라리 상여를 극진히 대접하여 돌려보내는 편이 낫다. 조나라 왕이 나를 우롱하기 위해서 일을 이렇게 꾸민 것은 아닐 것이다."

마침내 진나라에서는 상여를 빈객으로 대우하여 대궐로 맞아들이고 예를 마친 뒤에 조나라로 돌려보냈다.

상여가 돌아오자 조나라 왕은 현명한 대부가 사신으로 갔기에 조나라가 화씨벽도 잃지 않고 위기도 모면했다고 치하하며 상여를 상대부上大夫로 삼았다. 진나라에서는 끝내 성을 주지 않았다. 그러므로 화씨벽 문제는 없던 일처럼 되어버렸다. 그러나 진나라는 얼마 뒤에 마치 보복이나 하는 듯이 조나라를 침공했는데 이 싸움에서 조나라는 석성石城을 빼앗겼고, 이듬해인 혜문왕 19년(기원전 280년)에는 또다시 쳐들어와 군사 이만 명을 잃었다. 그러더니 그 다음 해엔 사자를 보내와서 우호관계를 맺자고 했다. 사자가 들고 온 전갈은 이러했다.

"왕과 우호관계를 맺고자 하니 서하西河 남쪽 민지에서 만납시다."

조나라 왕은 진나라 왕이 행여 그를 인질로 삼으려는 건 아닐까 하여 두려워했다. 그러나 가지 않으면 조나라를 더욱 우습게 볼 것이라는 판단 아래 염파는 남고 상여만 데리고 가되 정예군 5천 명을 대장 이목李牧이 인솔하여 따르게 했다. 그리고 수십만의 대군이 배후에서 지키도록 평원군에게 책임을 맡겼다. 이때 염파는 마음을 놓을 수가 없어서 국경까지 따라와서 왕에게 조심스레 말했다.

"왕께서 가시는 거리와 일정을 헤아려 보면 삼십일은 넘기지 않을 듯합니다. 만일 왕께서 그 기간이 넘어도 돌아오시지 못하면 진나라가 조나라에 대해 다른 마음을 갖지 않도록 태자를 왕으로 삼게 해 주십시오."

왕은 그렇게 하라고 허락을 내리고 이윽고 민지에 도착하여 진나라 왕을 만났다. 진나라 왕에게 이렇다 할 음흉한 기색이 발견되진 않았다. 이윽고 두 왕이 술잔을 기울여 분위기가 흥건해지자 진나라 왕이 조나라 왕에게 음악을 청했다.

"과인은 조나라 왕께서 음악에 조예가 있으시다는 말을 들었습니다. 저를 위해서 거문고 연주를 부탁드려도 되는지요?"

조나라 왕이 거절할 수가 없어서 이에 응해 연주를 시작하자, 진나라 어사御使가 나와서 다음과 같이 적었다.

모년 모월 모일에 진나라 왕은 조나라 왕을 만나서 술을 마시고 조나라 왕이 거문고를 연주하도록 했다.

그러자 인상여가 앞으로 나와서 말했다.

"진나라 왕께서도 음악을 잘 하신다고 들었습니다. 분부[1]를 진나라 왕께 올려 서로 즐길 수 있게 해 주십시오."

진나라 왕은 화를 내며 받아들이지 않았다. 그러자 상여가 앞으로 더 나아가 분부를 바치며 무릎을 꿇고 다시 청했는데, 그래도 진나라 왕이 여전히 거부하자 상여는 이렇게 말했다.

"신과 왕 사이는 다섯 걸음도 못 됩니다. 신은 목의 피를 왕께 뿌려서라도 요청할 것입니다."

이 말을 듣고 왕의 주위에 있던 신하들이 덤벼들어 칼을 빼들고 상여에게 내려치려 하자 상여가 눈을 부릅뜨고 꾸짖었다. 그들은 상여의 호통에 뒤로 버쩍 물러섰다. 그러자 진나라 왕은 할 수 없이 분부를 받아들고 한 번 두드렸다. 그것도 안 하면 엉겁결에 상여의 손에 죽을 것만 같았다. 상여는 뒤를 돌아다보고 조나라 기록관을 불러 다음과 같이 적도록 하였다.

모년 모월 모일 진나라 왕이 조나라 왕을 위하여 분부를 두드렸다.

그렇게 진왕의 체면이 깎이자 진나라 대신들이 나와서 시비를 걸었다.

"조나라 왕께서는 성곽 열다섯 개를 바쳐서 진나라 왕의 장수를 축복해 주십시오."

인상여가 앞으로 나서서 또 말을 받았다.

"진나라 왕은 수도 함양咸陽을 바쳐서 조나라 왕의 장수를 축복해 주십시오."

진나라 왕은 아무리 해도 인상여를 이길 수가 없었고 실제로 이 회견에서는 아무런 실익도 얻을 수가 없었다. 그렇다고 해서 군사를 동원할 수도 없었다. 조나라 왕이 5천의 날랜 용사들과 함께 있고 먼 발치엔 평원군이 거느리는 십만의 대군이 있음을 알고 있기 때문이었다.

회견을 마치고 돌아온 후 조나라 왕은 죽음을 무릅쓴 상여의 재치를 크게 치하한 후, 공로를 인정하여 상경上卿으로 삼았다. 상여의 지위가 염파보다 높아지게 되자 염파가 시기하여 이렇게 말했다.

"나는 조나라 장군이 되어 실전에서 적과 맞붙어 싸운 공로가 크지만 인상여는 겨우 입만 놀렸을 뿐이다. 게다가 그는 본래 미천한 출신이니 나는 차마 부끄러워서 그의 밑에 있을 수가 없다. 내가 상여를 만나게 되면 반드시 크게 모욕을 주리라."

상여는 이 말을 전해 듣고 염파와 마주치지 않도록 조심하였다. 그리고 조회가 있을 때도 늘 병을 핑계 삼아 염파와 서열을 다투지 않으려고 애썼다. 행여 마주치게 될 경우에도 다른 길로 우회하여 마찰이 없도록 조심했다. 그러자 그의 사인들이 이렇게 말했다.

"저희가 집과 친척을 떠나 나리를 섬기는 것은 오직 나리의 높은 뜻을 사모하기 때문입니다. 지금 나리는 염파와 같은 서열에 계신데 어째서 염파를 두려워하십니까? 나리가 이토록 나약하고 용렬한 분인 줄 알았다면 나리를 섬기지 않았을 것입니다. 이제 나리에게 실망하여 더 이상 따르지 못하겠으니 우리를 집에 가도록 허락해주십시오."

인상여는 그들을 간곡히 말리며 이렇게 물었다.

"그대들은 염장군과 진나라 왕 중에 누가 더 무섭소?"

사인들이 대답했다.

"그야 두 말이 필요 없이 진나라 왕이 더 무섭지요."

상여가 말했다.

"진나라 왕의 위세에도 불구하고 나는 그를 궁정에서 꾸짖고 그 신하들을 부끄럽게 만들었소. 내가 아무리 어리석기로 염장군을 겁 내겠소? 내가 깊이 생각해보니 강한 진나라가 조나라를 치지 못하는 까닭은 나와 염파 두 사람이 있기 때문이오. 만일 우리 두 사람이 어 울려서 싸우기 시작하면 진나라는 그 기회를 절대로 놓치지 않을 것 이오. 이와 같이 나라의 위급함을 먼저 생각하고 사사로운 원망은 뒤 로 하기 때문에 염파를 피하는 것이오."

이 말을 들은 염파는 웃옷을 벗고 가시채찍을 둘러멘 채 인상여의 문 앞에 이르러 사죄하며 말했다.

"어리석고 비천한 저는 상경의 높고 관대한 뜻을 몰랐습니다."

상여는 염파의 두 손을 마주잡아 반가이 맞아들였다. 그 후, 두 사 람은 죽음까지 같이 하기로 약속한 벗(문경지교刎頸之交)이 되었다. 이 후로 십여 년간 진나라는 조나라를 감히 넘보지 못했다.

주

*1 옹기로 만든 악기.

한 번도 신념을 바꾸지 않았던 우경

이후 얼마 안 있어 위나라가 조나라에게 합종을 청했다. 조나라 효성왕孝成王은 우경에게 이 일을 상의하고 싶어 했다. 그때 우경은 궁궐로 가는 길에 평원군에게 들렀다. 평원군이 말했다.

"부디 왕께 위나라와 합종하는 것이 좋다고 말씀드려 주시오."

우경은 왕을 만나 이렇게 주고받았다.

"위나라가 합종을 청해 왔소."

"위나라는 잘못하고 있습니다."

"과인은 아직 허락하지 않았소."

"왕께서도 잘못하고 계십니다."

"위나라가 합종을 청해왔다 하니 그대는 위나라가 잘못했다 하고, 과인이 아직 허락하지 않았다는데 과인이 잘못했다 하니 그럼 합종하면 안 된다는 말이오?"

"신은 이런 말을 들었습니다. '작은 나라가 큰 나라와 함께 일을 해서 이로운 일이 생기면 큰 나라가 복을 받고, 일이 잘못되어 해로운 결과가 생기면 작은 나라에게 그 해로움이 닥친다.' 지금 위나라는 작은 나라인데 스스로 화를 불러들이고, 왕은 큰 나라인데도 복을 사양하고 있습니다. 그래서 신은 왕께서도 잘못하는 것이라고 말했고 위나라도 잘못하는 것이라고 말했습니다. 그러나 잘 생각해 보면 합종하는 편이 낫습니다."

"알겠소."

왕은 이렇게 말한 후 위나라와 합종했다.

우경이 왕에게서 물러나오자 위나라 재상 위제魏齊가 목숨에 위협을 받는 곤경에 처해서 찾아왔다. 우경은 위제를 구하려고 깊이 고민을 했으나 아무런 방법이 없었다. 게다가 남의 눈을 피해서 위제를 숨겨주려다 보니 만호후萬戶侯의 지위와 재상의 인수마저 버려야 했다. 그랬음에도 불구하고 막상 의지할 만한 제후가 떠오르질 않아 우선 대량으로 가서 신릉군을 통해 초나라로 가려고 했다. 신릉군은 두 사람이 왔다는 말을 듣고서도 진나라가 두려워서 선뜻 만나려 하지 않았고 마침 옆에 있던 후영에게 이렇게 물었다.

"우경은 어떤 인물이오?"

후영이 이렇게 말했다.

"본래 알기 힘든 게 사람의 됨됨이입니다. 저 우경이란 인물은 짚신을 신고 챙이 긴 관을 써 보잘 것 없어보여도 조나라 왕을 한 번 만나 백옥 한 쌍과 황금 이천 냥을 받았고, 두 번 만나 상경에 임명되었으며, 세 번 만나 재상의 인수를 받고 만호후에 봉해졌습니다. 그때는 천하 사람들이 다투어 그와 사귀려고 했습니다. 그런데 위제가 궁지에 빠져서 곤란해져 우경에게 매달리자, 우경은 높은 작위와 봉록도 버리고 재상의 인수를 풀어놓고 만호후의 봉록도 버린 채 몰래 이곳을 찾아왔습니다. 그는 남의 곤궁함을 긴급히 여겨 공자에게 의지하러 온 것입니다. 공자께서는 그가 어떤 인물인가를 물었습니다. 사람을 안다는 것은 본래 어려운 일로서 됨됨이를 아는 것도 쉬운 일은 아닙니다."

신릉군은 스스로 몹시 부끄럽게 생각하며 마차를 몰아 성 밖으로 나아가 그들을 맞이하려 하였다. 그러나 그 사이 위제는 신릉군이 처음에 만나기를 주저했다는 말을 듣고 화가 나서 목숨을 끊었다.

이렇듯, 우경은 합종을 주장한 이후 단 한 번도 신념을 바꾸지 않고 조나라 효성왕과 주나라의 수호를 위해 애를 썼다. 그러나 구하려던 위제는 결국 죽었고, 우경은 대량大梁에서 고달프게 살면서 이루지 못한 뜻을 책¹으로 엮었다.

사람이 신념을 한 번 세우기까지 얼마나 많은 공부를 필요로 하며, 한 번 세운 신념을 지키기까지 얼마나 많은 어려움을 참고 견뎌야 하는지 모른다. 시류에 따라 흔들리는 사람들은 종국엔 오명을 남겼고 고난을 참고 지조를 지킨 사람들은 융성한 일가를 이루거나 빛나는 이름을 남긴 것을 역사는 말한다.

주

*1 위로는 「춘추春秋」에서 따오고 아래로는 근세近世를 살핀 것으로 「절의節義」, 「칭호稱號」, 「췌마揣摩」, 「정모政謀」 등 여덟 편으로 『우씨춘추虞氏春秋』라고 한다.

2부

격동 속의
통일시대
군주들의
경영의 숲

군막 속에서 계책을 짜내 천리 밖에서 승리를 결판내는 것에는 내가 자방子房만 못하오. 나라를 어루만지고 백성들을 위로하며 양식을 공급하고 운송도로를 끊기지 않게 하는 것에는 내가 소하만 못하오. 백만 대군을 통솔해 싸우면 어김없이 이기고 공격하면 어김없이 빼앗는 것에는 내가 한신만 못하오. 이 세 사람은 빼어난 인재이지만 내가 그들을 임용하였으니 이것이 내가 천하를 얻은 까닭이오. 항우는 범증 한 사람만 곁에 있었을 뿐인데도 그를 중용하지 않았으니 이것이 그가 내게 패한 까닭이오.

마음을 제대로
경영하지 못했던 이사

초나라에 살던 범부 이사는 순자에게서 통치의 기술을 공부하고 진나라로 유세하러 온다. 학문과 재치와 능력을 겸비했던 이사는, 당시 태후의 신임을 받던 여불위의 눈에 들어 왕의 시위관이 되면서 왕에게 발탁된다. 그 후 이사가 자신이 공부한 법치의 이론으로 진나라의 발전에 기여하여, 기원전 221년 진나라는 마침내 중국 최초의 통일제국이 된다. 이사는 승상의 지위까지 오르면서 부귀하게 되는데, 탐욕을 조절하지 못하여 진시황의 조서를 날조하는 환관 조고의 음모에 가담하여 태자를 죽게 한다. 그리하여 진나라는 환관 조고의 손에 의해 좌우되면서, 진나라는 2세 황제에 의해 역사의 마지막을 향해 치닫는다. 2세 황제 밑에서 황제의 눈을 어둡게 만들면서 사욕을 추구하던 조고는, 일인지하 만인지상의 권세를 누리던 이사를 모함하여 죽게 한다. 이로써 이사는 자신이 만든 법에 의해 심판 받고 비참하게 죽는다.

이사는 전국시대 말기 초나라 상채上蔡에서 태어났다. 그가 젊어서 군의 하급관리로 있을 때였다. 하루는 청소를 하다가 변소에 드나드는 쥐가, 더럽기도 했지만, 사람이나 개를 피하느라고 겁에 질려 있는 꼴을 보았다. 그러다가 며칠 후 창고를 가게 되었다. 거기도 쥐가 있었는데 그 쥐는 쌓아놓은 곡식을 빼먹으면서 사람이나 개는 안중에도 없었다. 게다가 그 쥐는 윤기가 흘렀고 살도 포동포동 올라 있었다. 이사는 탄식하며 말했다.

"잘났다거나 못났다고 하는 것은, 사람도 쥐와 같아 처해있는 환경에 따르는 것일 뿐이다!"

이사는 그때까지의 삶에 종지부를 찍고 짐을 꾸려서 제나라로 떠났다. 그리고 유학의 대가인 순경荀卿의 문하로 들어가서 제왕학을 배웠다. 공부를 마치자 이사는 각국의 형세를 비교한 끝에 서쪽의 진나라로 가기로 결정을 내렸다. 다른 여섯 나라는 모두 약소하여 공을 세울 만한 환경이 못 된다고 보았기 때문이었다. 떠나기 전에 순경(순자)에게로 가서 작별인사를 하였다.

"선비에게 있어 가장 큰 치욕은 비천한 자리에 있는 것이며 가장 큰 슬픔은 경제적으로 곤궁한 것입니다. 때는 바야흐로 만승의 제후들이 서로 패권을 다투니 이제 비로소 유세가의 시대가 왔다고 봅니다. 무릇, 때를 얻으면 꾸물대지 말라 했으니 저는 부귀와 영화를 위해서 진나라 왕에게 유세를 하러 갑니다."

순자는 이사를 떠나보내며 다음과 같이 말했다.

"모든 것에는 때가 있는 법이다. 모쪼록 사물이 지나치게 강성하게 되었을 때 삼갈 줄 알아야 한다."

진나라는 마침 장양왕이 죽은 때였다. 이사는 승상 문신후 여불휘呂不韋를 찾아가서 그의 사인이 되었다. 여불위는 태후의 두터운 신임을 받고 있었는데, 이사를 현명하다 여겨서 왕의 시위관으로 임명했다. 이사는 곧 있으면 왕도 접하게 되리라 여기고 딴에는 만족했다. 그리고 머지않아 그런 기회가 주어졌다. 이사는 이렇게 말했다.

"옛날에 진나라 목공이 천하통일을 이루지 못한 것은 주나라 왕실의 세력이 여전했던 데다가 제후의 수가 너무 많았기 때문이었으나, 진나라 효공 이래 주 왕실이 쇠락하자 제후들이 뭉쳐서 관동의 6개국으로 줄어드니, 그 틈에 진나라는 막강한 나라로 변모되어 벌써 6대째에 이르게 되었습니다. 따라서 각각의 제후들이 마치 진나라의 군이나 현과도 같습니다. 이러한 강대함에 대왕의 현명함이라면 간단히 제후들을 멸망시키고 천하를 제패하여, 황제의 위업을 달성하기에 부족함이 없습니다. 지금은 만 년에 한 번 오기도 힘든 기회입니다. 무릇 위업을 달성하는 사람들은 상대방의 약점이나 허점을 지나치지 않으니, 더 이상 게으름을 피우게 된다면 제후들은 또 다시 힘을 모아 공략하기 힘든 사태가 일어날지도 모릅니다. 그렇게 되면 대왕이 아무리 현명할지라도 천하를 손에 넣기가 힘들 것입니다."

진나라 왕은 이사를 장사長史[1]로 삼았다. 또한 그의 계책을 들은 후 은밀히 모사들을 불렀다. 모사들은 각각의 제후들을 이간시키는 데 많은 양의 뇌물을 풀었다. 또한 여의치 않을 땐 예리한 칼로 찔러서 죽였다.

이때 한韓나라의 정국鄭國이라는 사람이 진나라에 들어왔다. 그는 논밭에 물을 대기 위한 운하를 파게끔 사람들을 계몽하고 선동했는데, 이는 한나라의 첩자로서 진나라의 인력과 관심이 운하에 소모되도록 유도하기 위해서 들어온 자였다. 헌데 이 일이 그만 들통이 나고 말아, 왕족과 조정대신들은 타국에서 들어온 유세객들을 추방시킬 것을 왕에게 강경하게 요구했다. 그 바람에 이사도 추방객 명단에 올라가게 되었다. 이사는 미적거리면서 진나라에 머물다가 생각에 생각을 거듭하여 장문의 상소[2]를 올렸다. 상소에는, 그간에 외지에서 들어온 사람들이 진나라에 끼친 공적과, 그들은 진나라에 정말 요긴한 재원이었다는 내용을 논리적으로 진지하게 적었다. 이를 보자 진나라 왕은 곧바로 축객령을 거두고 이사를 불러서 관직을 회복시켰고 그의 계책들을 다시 반영하게 되었다. 그리하여 이사의 벼슬은 정위廷尉에 이르게 되었다.

어느 날 한 사람이 한비의 책을 진나라로 가지고 와서 퍼뜨렸다. 한비韓非는 한韓나라의 공자였는데, 이사가 순자에게 공부할 때 동문수학한 사이였다. 한비는 순자의 법치사상에다 통치에 필요한 세勢와 법法과 술術을 합쳐서 발전시켜 온건한 전제군주론을 주장했는데, 진나라 왕은 그의 저술 중 「고분孤憤」, 「오두」 두 편의 문장을 보고서는 완전히 매료가 되어 다음과 같이 말했다.

"아! 과인이 이 책을 쓴 사람을 만나서 사귈 수만 있다면 죽어도 여한이 없겠다."

이사가 그것은 한비라는 사람이 지은 책이라고 말했다. 그러자 진나라 왕은 바로 군사를 회동시켜 한나라를 쳐들어가게 했다. 한나라 왕은 다급해지자 한비를 진나라에 사신으로 보냈다. 이때 진나라 왕이 한비를 중하게 대하는 것을 본 이사는 한비를 제거해야겠다는 생각을 굳혔다. 사실 진나라 왕이 한비를 중용할지의 여부는 불투명했어도, 장차 문제가 될 싹은 초기에 근절시켜야 한다는 것이 이사의 생존법이었기 때문이었다. 그래서 이사는 왕을 부추겨서 없는 죄를 만들어 한비를 옥에 가두게 하였다. 그리고 더 나아가 사약을 내리게 하고 관리를 시켜서 집행했다. 진나라 왕이 후회하여 그를 놓아주려고 했을 때 한비는 이미 이 세상 사람이 아니었다. 아쉽게도 한비는 「세난說難」을 지었어도 자신을 구하지는 못했다.

이사가 정위가 된 지 20여 년 뒤(기원전 221년), 마침내 진나라는 천하통일을 이루고 군호를 황제로 바꾸었다. 그리고 이사는 승상이 되었다. 이사는 군과 현의 성곽을 허물고 무기를 녹이게 했다. 이것은 통일이라는 과업이 완성되었으므로 더 이상은 전쟁이 필요 없거니와 이 제국은 멸망치 않고 영원히 존속되리라는 뜻에서 나온 조치였다. 그뿐 아니라 땅을 남에게 봉해주는 일도 없게 하였다. 왕도 제후도 사라지게 하여 내란의 가능성을 깨끗이 근절시키기 위한 것이었다.

이런 개혁들을 단행하고 있을 때, 제나라 출신 순우월淳于越이 상소를 올렸다.

"은나라와 주나라 왕조가 천여 년 동안 다스릴 수 있었던 것은 자제와 공신들에게 땅을 내려 왕실을 돕는 지주로 삼았기 때문이었습니다. 그러나 지금 폐하께서는 천하를 단독으로 취했어도 폐하의 자제들은 일개 백성에 지나지 않으니, 만일 제나라의 전상田常이나 진나라의 육경六卿 같은 환란이 생기면 과연 누가 폐하를 도울 것이며 어떻게 나라를 구하겠습니까?"

그러자 황제는 이 문서를 승상에게 내려 보내 검토케 하였다. 승상 이사는 순우월의 견해가 옳지 않다고 반박하며 상소를 올렸는데 이사의 주장은 다음과 같았다.

'천하가 통일된 이 마당에 또다시 봉건제를 실시하게 되면 제후들의 세력이 늘어난다. 그들의 힘겨루기는 나라를 다시 분열되게 만들 것이다. 이는 중앙집권 체제의 관리에도 도움이 안 되고, 군주의 위엄을 위협하는 것으로써 반드시 금해야 한다. 이것은 조칙과 법령이 세워질 때마다 학문하는 자들이 옛것에 견주어서 비난을 일삼는 까닭이다. 그러므로 모든 문학과 『시경』, 『서경』, 제자백가의 책들을 없애야 한다. 금지령을 내린 지 삼십일이 지나도 지키지 않는 자들은 이마에 묵형墨刑을 가하여 성단城旦[3]으로 삼으리라. 단, 의약, 점복, 농사, 원예에 관한 책은 없애지 않아도 된다.'

진시황은 이사의 제안이 옳다고 생각하였다. 이에 따라 의학, 역학과 농업 관련서적을 제외한 역사서와 『시경』, 『서경』, 제자백가의 책들이 불태워졌다. 그리고 여기에 대해 논하는 자는 사형에 처했고, 그 시체를 저잣거리에 달아 놓았다. 또 관리들이 위반사실을 알고도 모른 체하면 같은 형벌을 받았고, 삼십일이 지나도 지키지 않으면 묵형에 처했다. 그리고 법률과 제도를 밝히고 율령을 만들었으며, 문자를 통일하고 천하의 이곳저곳에 이궁離宮[4]과 별장을 지었다. 그 이듬해 진시황은 세상을 돌아보고 사방의 오랑캐를 국외로 추방했는데, 이사가 이 일을 도맡아 행했다. 이때 이사는 스승 순자의 말이 떠올라 막연히 불안해져서 이렇게 되뇌었다.

"나 같은 일개 평민을 주상께선 어리석은 줄도 모르고 높이 쓰셔서 부귀영화가 극에 달했다. 양이 극에 차면 음이 시작되는 게 섭리이거늘 앞의 생을 참으로 알 수 없구나!"

기원전 210년 10월에 시황제는 세상을 둘러보러 길을 나섰다. 이때 황제는 유달리 아끼는 막내아들 호해를 데리고 갔다. 승상 이사와 중거부령中車府令[5] 조고趙高가 부새령符璽令[6]의 일을 겸한 순행단은 함양을 떠나 운몽에 이르러 구의산九疑山에서 우임금과 순임금에게 제사를 지내고 장강을 타고 내려가다 해저海渚를 건너 단양丹陽을 지나 전당錢唐에 도착했다. 그리하여 절강浙江에 이르니 물살이 거세졌으므로 서쪽으로 백이십 리나 돌아서 강폭이 좁아지는 곳까지 가서야 겨우 강을 건너서 회계산에 도착했다. 황제는 우 임금에게 제사를 올렸다. 그리고 남해南海를 바라보다 비석을 세워 진나라의 공덕을 노래했다. 그리고 돌아오는 길에 사구沙丘에서 병이 중해졌다. 황제는 편지를 써서 맏아들 부소에게 보내게 하였다.

"군대는 몽염에게 맡기고 함양으로 와서 내 유해를 맞이해 장례를 지내라."

지난날, 맏아들 부소는 성격이 강직하여 유생 460여 명을 함양 땅에 생매장할 때 이를 간하다가 몽염蒙恬이 장군으로 있는 외방 군대의 감독관으로 쫓겨났었다. 그러나 황제는 편지가 사자에게 전해지기도 전에 죽고 말았다. 이사는 이 죽음을 비밀에 부쳤다. 황궁 밖에서 죽은데다 그때까지 정식으로 태자가 세워지지 않았기 때문이었다. 황제의 죽음을 아는 사람은 막내아들 호해와 이사 그리고 조고 및 황제가 아끼던 환관 대여섯 명뿐이었다. 황제의 유해는 온량거[7] 안에 안치되어 있는 채로 전과 다름없이 정무를 보고 식사를 하는 양 꾸몄다. 실제 업무는 온량거 안에서 환관이 보았다. 환관 조고는 바로 음모를 꾸며 호해를 조종한 후 이사를 불렀고, 두 사람은 장시간 대화를 했는데, 음모를 꾀하려는 조고와 겁먹은 이사 사이에서 나올 수 있는 모든 말을 나누었다. 선악과 도리 및 죄와 벌 그리고 입장과 처지 및 판세의 변화에 따르는 자신들의 미래, 더 나아가서는 자손의 장래까지가 논의의 범위였다. 논의의 끝에 이사는 눈물을 흘리며 탄식했다. 그러나 이는 동조의 뜻이었다.

"아! 이 어지러운 세상에 나 홀로 죽을 수도 없으니 어디에 이 목숨을 맡기랴?"

조고는 바로 호해에게 말했다.

"조고는 태자의 밝은 뜻을 이사에게 알렸는데 승상 이사는 감히 불복할 수 없었습니다."

이들의 공모에 의해 시황제의 조서가 날조되었고, 이사는 호해를 태자로 세웠다. 맏아들 부소에게는 황제가 직접 편지를 쓴 듯이 그들이 직접 편지를 작성해 보냈다. 편지에다 그들은 부소에게는 불효를 몽염에게는 불충을 들어 각각 자결을 명했다. 그리하여 어진 부소는 울면서 즉시 자결하고, 몽염은 불복하여 옥에 갇혔다.(그러나 그도 종국에는 독약을 마시고 죽게 된다.) 사자가 부소의 죽음을 알리자 이사와 조고는 뛸 듯이 기뻐했다.

이렇게 해서 호해가 즉위하여 2세 황제가 되었다. 조고의 세뇌로 인해 어리석은 2세 황제는 주어진 권세를 맘껏 누리는 것이 종묘와 사직을 보전하는 길이며, 백성들을 기쁘게 하는 길이라고 생각하게 되었다. 조고는 2세 황제를 더욱 바보로 만들어 가면서 가끔씩 위기감을 조성하여 자신의 정적들을 제거하기 시작했다. 2세 황제는 이렇게 묻곤 했다.

"그럼 어떻게 해야 하오?"

조고는 이렇게 답하곤 했다.

"법을 준엄하게 하고 형벌을 가혹하게 해야 합니다, 죄를 지으면 그 일족을 멸하고, 선제 때의 대신들을 새로운 대신들로 교체하고, 폐하의 형제들은 멀리 하십시오. 그리고 가난한 사람을 부자로 만들고, 천한 사람을 높이 대우해야 합니다. 또한 선제의 옛 신하들을 모두 없애야만 합니다. 그런 후에 믿을 수 있는 사람만 가까이 하신다면 감추어져 있던 덕들마저 폐하께로 모일 것입니다. 그렇게 해야 간사한 음모가 자라나질 못하고, 신하들과 만백성에게 폐하의 은덕이 고루 미치게 됩니다. 그러면 폐하께서는 오직 근심 없이 삶을 즐길 수 있게 됩니다. 이보다 더 좋은 계책은 없습니다."

2세 황제는 조고의 말이 옳다고 생각했다. 이에 따라 법률을 다시 제정하고 대부분의 일은 조고가 전권을 가지고 행했다. 이에 따라 대신 몽의蒙毅 등을 다른 이로 교체하고 공자 열두 명을 함양의 시장에서 죽였다. 또 공주 열두 명을 기둥에 묶어놓고 창으로 찔러 죽인 후 그들의 재산을 몰수했고, 여기에 연루된 수많은 사람들을 모두 해쳤다. 그러자 온 가족이 몰살될까 두려워 스스로 자결하는 공자도 생겼다.

또한 황제를 위한 아방궁阿房宮과 도로건설도 진행했다. 이로 인해 세금이 무거워지고, 변방 부역에 징발이 그치지 않자, 초나라 수비병 진승陳勝과 오광吳廣 등이 반란을 일으켜 스스로 제후와 왕이 되었는데, 그 반란군은 홍문鴻門까지 쳐들어왔다가 쫓겨 갈 정도로 거셌다. 그들은 삼천군 서쪽을 침략하기도 했는데, 삼천군 태수로 있는 이사의 아들 유由는 이를 막지 못했다. 사태가 수습되자 조사관이 잇달아 오가면서 이사를 문책했다. 이사는 벼슬과 봉록을 소중히 여겨서 몹시 두려워하다가 결국 황제에게 상소를 올렸다. 상소는 장문이었고 필치는 능했으며 내용은 조고가 황제를 부추기는 것보다 한 술 더 뜬 내용이었다. 조금만 인용하자면 다음과 같다.

"군주가 존엄해지면 반드시 처벌이 실행됩니다. 처벌이 실행되면 구하는 바를 얻을 수가 있고, 구하는 바를 얻을 수 있으면 나라가 부유해지고, 나라가 부유해지면 즐거움도 넉넉해질 것입니다. 따라서 꾸짖고 처벌하는 법술이 이루어지면 어떠한 욕망도 얻지 못할 것이 없으며, 신하들과 백성은 죄와 허물을 벗어나기에 겨를이 없을 테니 어떻게 감히 모반을 꾀할 수 있겠습니까? 이와 같이 하면 제왕의 길이 갖추어지고, 군주와 신하의 도를 밝혔다고 할 수 있을 것입니다. 신불해申不害와 한비자가 다시 태어난다고 해도 이보다 더 할 수는 없을 것입니다."

이 글을 올리자 2세 황제는 기뻐했다. 그 후 길에 다니는 사람들 중 절반은 형벌을 받은 자이고, 형벌을 받아 죽은 자가 날마다 시장 바닥에 쌓여 갔다. 또한 사람을 많이 죽인 관리를 충신이라고 했다. 조고는 한 술 더 떠서 2세 황제를 궁중 깊숙한 곳에 머물게 하고 사치와 향락만을 일삼게 하였다. 이는 자신의 행적이 밝혀질지도 모르는 두려움 때문에 황제와 대신들을 떼어놓기 위해서였다. 이때부터 모든 일은 조고의 손에서 결정되었다. 그래도 자신의 자리가 반석처럼 탄탄하기 위해서는 이사를 제거해야 했다. 이때 조고는 이사가 황제에게 현재 벌어지고 있는 모든 상황에 대해 간언하려는 것을 알게 되었다. 그래서 조고는 함곡관 동쪽에 출몰하고 있는 도적떼를 빌미로 삼아 오히려 이사에게 간언을 부추겼다. 이사가 말했다.

"물론 그렇습니다. 나는 그것을 간하려 한 지 오래되었으나 황제가 궁궐 깊숙한 곳에 계시므로 기회가 없었습니다."

조고가 말했다.

"만일 승상께서 진정 말씀드릴 요량이라면 황제께서 한가한 틈을 보아 기별을 하겠습니다."

마침내 조고로부터 이사에게 들어오라는 전갈이 왔다. 이사가 들어가 보니 황제는 미녀들과 함께 연회를 벌여 즐기고 있었다. 조고는 황제께 이사가 할 말이 있다고 전했다. 하지만 황제는 눈살을 찌푸리며 다음에 오라고 했다. 이런 일이 세 번이나 벌어지자 드디어 황제가 화를 내며 말했다.

"나는 언제나 한가한데 승상은 그런 때는 버려두고 내가 연회를 열어 즐기고 있으면 와서 안건을 말하니 나를 어리다고 얕잡아 보는 것이오? 아니면 어리석다고 깔보는 것이오?"

조고는 이때를 놓치지 않았다. 조고는 황제에게 이사가 존재하는 한, 저 사구에서의 비밀이 유지되기도 어렵거니와, 승상의 지위가 더는 높아지지 않은 것에 불만을 품고 있다는 거짓말에서부터, 초나라의 도둑 진승 등이 승상의 고향마을에 가까이 사는 사람들이고, 아직 확실한 증거는 없지만 그들은 편지로 서로 왕래하는 사이이며, 궁중 밖에서는 승상의 권세가 황제보다 더 높다는 등의 모략을 그럴 듯하게 조합하여 황제를 흥분시켰다. 그러자 황제는 승상의 아들인 삼천군 태수가 도둑과 내통한 사실을 조사케 하였다. 이 사실을 안 이사는 황제에게 상소를 올려 조고의 사악함과 위험함에 대해 말했다. 그러자 황제는 조고가 충성으로 승진하고 신의로 제자리를 지킨 현명한 신하이며, 청렴하고 부지런하여 아버지를 어린 나이에 잃은 자신에게는 스승과 같은 존재이니 다시는 그를 의심하지 말라고 단언하며 경고했다. 그러자 이사가 어리석게도 또 글을 올려 말했다.

"그렇지 않습니다. 조고는 원래 미천한 출신으로 도리를 알지 못하며, 이익을 추구함에 그침이 없고, 위세는 군주에 버금가는데 탐욕이 끝이 없으니, 그래서 위험한 인물이라고 말씀드리는 것입니다."

황제는 이사가 조고를 죽이지나 않을까 하여 이 문제를 조고에게 조용히 말하였다. 그러자 조고는 이렇게 말했다.

"승상의 두통거리는 오로지 이 조고뿐입니다. 신만 죽으면 승상은 곧 전상과 같이 행동할 것입니다."

이에 황제가 말했다.

"이사를 낭중령 조고에게 넘겨 조사케 하도록 하라."

조고가 이사를 심문했다. 이사는 붙잡혀 묶인 채 하늘을 우러러보며 탄식했다.

"아, 슬프구나! 도리를 모르는 군주를 위하여 무슨 계책을 세울 수 있겠는가? 장차 2세 황제의 다스림이 어찌 어지럽지 않으랴!"

황제는 조고를 시켜 승상 이사의 죄상을 밝혀 벌을 내리도록 하였다. 조고는 이사가 아들 이유와 함께 모반을 꾀한 죄상을 추궁하며 그 일족과 빈객을 모두 체포했다. 조고가 이사를 고문할 때 천 번이나 넘도록 채찍질을 하므로 이사는 고통에 못 이겨 없는 죄를 자백했다. 이때 이사는 자신이 변설에 능하고, 공로도 컸으며, 실제로 모반도 안 했거니와 그럴 의사도 없었으므로, 이를 글로써 진정하면 용서될지도 모른다는 마음에 자살을 하고 싶어도 참았다. 그리고 글을 올렸다. 거기에는 진나라가 통일제국이 되기까지의 산 역사가 그려져 있었고, 통일제국을 이룩한 후 나라의 기틀이 잡히기까지 승상으로서 단 일각도 불충함이 없었다는 내용이 심금을 울릴 정도로 적혀 있었다. 하지만 글이 올라오자 조고는 관리에게 버리게 해서 흔적이 없도록 조치하게 했다. 나아가 조고는 열 명 남짓 되는 어사를 거짓으로 만들어 번갈아 가며 심문을 강행했다. 그리고 그들은 이사가 사실을 말할 때마다 더욱 매질을 가했다. 나중에 황제의 앞에서 다시 심문을 하게 되었을 때, 이사는 아무리 사실을 말해도 그럴 때마다 심한 매질이 가해지니 이번에도 그러리라고 생각하여 결국에는 죄를 시인했다. 바로 그때 조고가 이보라는 듯 황제를 쳐다보았다. 판결이 아뢰어지자 황제는 조고를 치하하여 말했다.

"승상이 아니었다면 속을 뻔 했소."

2세 황제 2년 7월에 이사는 함양의 시장 바닥에서 허리가 잘리게 되었다. 이사가 함께 잡힌 둘째 아들에게 말했다.

"나는 황구를 끌고 너와 더불어 상채 동편에서 다시 한 번 토끼 사냥을 하려고 했는데 이제는 그렇게 할 수가 없겠구나."

그리하여 이사는 자신이 만든 법에 따라 형벌을 받았는데, 얼굴에는 묵형이 가해졌고, 코가 베어졌으며, 좌우 발이 잘려나간 후 머리가 베어졌다. 그리고 마지막에는 허리가 잘려나갔다. 그 후 삼족이 모두 죽음을 당했다.

주

*1 궁궐의 모든 일을 총괄하는 관리의 우두머리.
*2 유명한 이사의 간축객서「諫逐客書」이다.
*3 4년 동안 새벽부터 일어나서 성 쌓는 일을 하는 죄수.
*4 황제가 각 지역을 순시할 때 머무는 곳.
*5 황제의 수레를 관리하는 직책.
*6 임금의 옥새를 관리하는 직책.
*7 사람이 누울 만큼 규모가 큰 수레로서 양쪽에 창문을 내서 온도를 조절하였다.

이 서늘한 경계감

　　기원전 246년에 즉위한 진나라 왕 정政은 어렸기 때문에 모태후母太后가 섭정했고, 장성해서 친정親政을 시작하자 재상 여불위呂不韋 등을 제거하고 이사와 같은 인재를 등용했다. 그런데 음모와 암투가 횡행하는 권력계라는 데는 정말로 그 생리가 괴이해서, 평범한 사람들에게는 그저 소설 속의 얘기로만 들리는데, 조고의 정치적 야욕 속에서 2세 황제가 만들어진 것처럼, 즉위한 지 3년 만에 죽은 장양왕도 여불위의 상업적 가치관 속에서 만들어진 왕이었다.

　기원전 267년, 진나라 소양왕 40년에 태자가 죽자 2년 뒤에 둘째 아들인 안국군安國君이 태자가 되었다. 안국군은 특별히 사랑하던 여인을 화양부인華陽夫人이라고 불렀고 그 사이에서 자식을 보진 못했다. 그리고 후궁들에게서 이십여 명의 아들을 보았는데, 그 중 자초子楚라는 아들을 조나라에 볼모로 보냈다. 제후국에 볼모로 간 태자의 서자가 만족한 생활을 할 리가 없었다. 그래서 다소 실의에 빠져있던 차에 타고난 장사꾼인 여불위의 눈에 띄게 되었다. 순간 여불위의 머리에 장래의 부귀영화가 감동의 파노라마처럼 펼쳐졌다.(사실

진시황이 죽었을 때 환관 조고도 마찬가지였을 것이다.) 여불위는 자초의 집을 찾아가서 이렇게 말했다.

"나는 당신의 가문을 크게 만들어 줄 수 있습니다."

자초는 웃었다.

"먼저 당신 가문을 크게 만든 뒤에 나의 가문을 크게 만들어 주시오."

그러자 여불위는,

"먼저 당신의 가문을 크게 만들면 제 가문은 당신의 가문에 기대어 커질 것입니다."

이 얼마나 의미심장한 제안인가!

여불위가 꾀한 건 다음과 같다.

진나라 왕은 늙었고 태자 안국군은 화양부인을 총애하는데 거기엔 후사가 없으니, 자초가 화양부인의 눈에 들게 만들어서 차후 안국군이 보위에 오르면 자초를 태자로 만든다. 그런데 진나라 국내에는 이십여 명의 서자들이 있으니 그들이 태자 다툼을 벌이겠고, 자초는 타국 만 리 나와 있으니 열외자나 다름이 없지만, 자신이 화양부인에게 모사를 부려서 자초를 후사로 삼게 하겠다. 이런 얘기였다. 요즘 말로 쉽게 말하면,

"자초, 난 당신에게 크게 배팅하겠소!" 이런 말이 된다. 그래서 여불위는 작업을 시작했고, 드디어 어느 날 화양부인은 안국군에게 다음과 같은 말을 하게 되었다.

"소첩은 다행히 정부인 자리에 있지만, 불행하게도 아들이 없습니다. 부디 자초를 후사로 세워서 소첩의 몸을 맡길 수 있도록 해주십

시오."

그러자 안국군은 그것을 허락하고 부인에게 옥부玉符를 새겨 주면서 자초를 후사로 삼겠다고 약속을 했다. 참고로 자초의 생모는 하희夏姬이고, 그녀는 안국군에게 별로 총애를 받지 못했다.

일이 이렇게 되어 안국군과 화양부인은 그동안 잊고 있었던 조나라의 자초에게 많은 물품을 보냈고, 여불위에게 그를 잘 보살피도록 부탁했다. 이로써 자초는 조나라에서 재인식되기에 이르렀고 대우가 달라졌다. 헌데 여기서부터 왕실의 혈통이 꼬이는 일이 발생하게 되는데, 그 일의 전말을 요약하면 이렇다.

어느 날 자초가 여불위의 집에서 술을 마시다가 여불위의 첩들 중한 명이 시중을 들자 그녀에게 반해서 여불위에게 그녀를 달라고 졸랐다. 화는 났지만 여불위는 그 마당에 싫다고 할 수도 없고 해서 울며 겨자 먹기 식으로 오케이를 했다. 하지만 자초는 그녀가 여불위의아이를 임신한 줄은 꿈에도 몰랐다. 때가 이르자 그녀는 아들을 낳았다. 자초는 아기를 정政이라고 이름 짓고 그녀를 정식으로 부인으로세웠다. 그 후 진나라 군대가 한단을 포위하자 조나라에서는 자초를죽이려고 했다. 그래서 여불위는 뇌물을 써서 자초를 진나라 군대로도주시켜 본국으로 돌아가게 했다.

진소왕이 죽자 안국군이 보위에 올라 자초를 태자로 삼았다. 그때비로소 조나라에 숨어있던 자초의 부인과 아들이 진나라로 가게 되었다. 안국군은 즉위한 지 1년 만에 죽었는데 이 사람이 효문왕이고, 자초가 왕이 되니 장양왕이었다. 그리고 장양왕 원년에 여불위는 득의양양하게 진나라 조정에 승상으로 등장하며 문신후文信侯로 봉해졌다. 바야흐로 여불위의 자초에 대한 감은 적중했으며 배팅은 유효했는데, 장양왕마저 즉위한 지 3년 만에 죽었다. 따라서 어린 태자 정이 보위에 올라 여불위를 상국으로 삼고 중부라고 부르니, 사실은 정과 여불위는 아비와 자식 간이고, 정의 어머니인 태후는 여불위의 과거의 첩이었다.

태후는 정이 어렸으므로 섭정을 하게 되었고 간간이 여불위와 정을 통했다. 이때 여불위의 집에는 하인이 만 명이나 되었고, 빈객이 3천 명이나 되었는데, 여불위는 빈객들에게 각각의 견문을 쓰게 하여 「팔람八覽」, 「육론六論」, 「십이기十二紀」 등을 책으로 엮었다. 사람들은 이것이야 말로 천지 고금의 일이 다 들어있다고 『여씨춘추呂氏春秋』라 불렀으니 여불위가 후대에 공적을 끼친 부분이 있기는 했다.

한편 왕이 장년이 되어가도 태후의 음란한 행동이 그치질 않자, 여불위는 재앙이 자신에게 미칠까 두려워 음경이 크다고 소문이 난 노애라는 사람을 몰래 찾아서 사인으로 삼았다. 그리고 갖은 짓을 다 하여 태후로 하여금 노애에 관한 소문을 듣게 해서 마음이 흔들리게 만들었다. 그리고 태후와 은밀히 모의를 했는데 이른바 요샛말로 성매매라고 할 수 있겠다.

"거짓으로 부형을 받게 하여 부릴 수 있게 되면 급사중給事中[1]으로 삼으십시오."

여불위의 간계에 따라 태후는 부형을 맡은 관리에게 많은 뇌물을 주어 판결을 위조하게 했고, 그의 눈썹과 수염을 뽑아 환관으로 만들어 마침내 자신의 시중을 들게 하였다.

이렇게 여불위 자신은 혐의에서 빠져나오면서, 골칫거리였던 태후와의 내연관계를 정리했고, 또한 태후에게 많은 상을 받았으니 이 경우를 바둑용어로 하자면 '둘잡이'라고나 할까? 그렇지만 결국 자기 아들인 진시황에게 내쫓기고 말았는데, 진시황의 아들인 2세 황제는 공적이 큰 이사를 요참에 처해 시장판에서 처참하게 죽였지만 진시황은 여불위가 선왕을 섬긴 공로를 생각해서 죽이지는 않았다. 하지만 여불위가 관직에서 쫓겨난 뒤에 일 년이 지나도록 제후국의 빈객과 사신들이 여불위를 방문하므로 혹시 변란이라도 일으킬까 하여 촉 땅으로 내쫓자 여불위는 스스로 못 견뎌서 자살을 했다. 시황제는 그때 여불위에게 다음과 같은 편지를 보냈었다.

"그대가 진나라에 무슨 공로가 있기에 진나라는 그대를 하남에 봉하고 10만 호의 식읍을 내렸소? 그대가 진나라와 무슨 친족 관계가 있기에 중부라고 불리오? 그대는 가족과 함께 촉 땅으로 옮겨 살도록 하시오."

바로 이러한 여불위가 한참 잘 나갈 때 등장한 사람이 이사였다. 여불위는 이사를 왕에게 추천하여 왕의 시위관이 되게 했다. 이사는 법가法家의 학자로서 왕을 감동시킨 번뜩이는 인재였다. 따라서 이후부터 진나라의 정치가 이사의 의견에 따라 시행되었는데, 대외적으로는 여전히 '원교근공' 정책을 써서 진나라의 장수들은 매번 승기를 잡았고, 기원전 230년에는 6국 중 한韓나라를 맨 먼저 멸망시키고, 조趙, · 연燕, · 초楚, · 위魏, · 제齊나라의 순으로 6국을 쳐 천하를 통일했던 것이었다. 한나라의 멸망에서 제나라의 멸망까지는 불과 10년밖에 걸리지 않았다. 그리하여 중국 역사상 최초의 통일국가가

된 진나라는 군현제郡縣制를 실시하여 전국을 36개 군으로 하고 각
종 통제정치를 단행하여 획일적인 문화를 창조하였다. 이른바 중앙
집권적 전제군주가 탄생된 것이었다.

시황제는 장군 몽염을 시켜 다시 북쪽의 흉노를 쫓아내고 만리장
성을 쌓아 남쪽은 광동성廣東省, 광시성廣西省에서 베트남 북부까지
정복했는데, 이러한 대외전쟁은 결국 국민에게 부담이 되어 만년晩
年에 민심이 동요하자 극단적인 탄압정책을 시행하였다. 이 모든 과
정에 이사가 있었던 것이다. 이렇게 말하면 이사는 아까운 사람인데
환관 조고에게 음해를 당해서 억울하게 죽었구나 하고 생각할 수 있
지만, 저 분서갱유焚書坑儒 사건을 한 번 생각해볼 필요가 있다.

중앙집권제를 강화하기 위하여 갑작스럽게 봉건제를 군현제로 뜸
도 안 들이고 확 뜯어 고치려고 하니 여기저기서 불만이 생기게 되었
다. 어느 날 연회에서 순우월은 봉건제의 필요성을 대두시키며 주청
신朱靑臣 등의 아부를 들어 충신이 아니라고 꼬집는 글을 올렸다. 황
제는 이것을 검토할 안건으로 삼아 이사에게 내려 보냈다. 그러자 이
사는 자신의 주장을 더욱 구체적으로 강화해서 황제로 하여금 이를
반포케 했다. 그리하여 중국 정신을 형성하는 거대한 산맥인 모든 역
사서와 『시경』, 『서경』, 제자백가의 책들을 불에 태우는 분서의 사건
이 일어났고, 분서 다음해인 기원전 212년에는 수도 함양에 있던 유
생 460여 명을 산 채로 매장을 해버리는 갱유사건이 일어났던 것이
다. 게다가 이사는 위대한 학자였던 한비를 무참히 죽게 했는데, 이
는 모든 면에서 이사를 능가했던 한비를 싹부터 근절하기 위한 모함
이었다.

이런 사건들은 정말 통탄할 언론탄압이요 문화적 박해였다. 그러므로 이사가 참형을 받게 된 것은 사필귀정이라고 볼 수밖에 없다. '누렁이를 이끌고 아들과 함께 상채 동편에서 토끼사냥'을 하지 못하게 됐다는 말이, 이사의 삶에서 마지막 탄식이었는데, 수많은 생명을 무고하게 죽게 한 자신의 삶을 돌아보건대 그것은 진실로 해서는 안 될 탄식이었다. 그러나 거리의 반 이상이 형벌을 받은 사람들로 북새가 되고 사람을 많이 죽인 관리가 충신이었던 진나라의 통치가 그 나름의 의미를 크게 갖는 까닭은, 그러한 질곡을 견디며 지나오는 과정들 속에서 바르고 평편한 제도를 살펴 오늘에까지 이르게 되었다는 점 때문이다. 그러므로 악덕 또한 역사의 한 과정으로 받아들이지 않을 수 없으니, 이 서늘한 경계감 또한 역사가 우리에게 주는 산 교훈으로 새겨볼 필요가 있다.

주

＊1 궁궐에서 급사 일을 하는 관리.

반듯한 참모,
탁월한 경영인 소하

한고조 유방을 논할 때 필히 따라붙는 몇 명의 이름이 있다. 그 중 소하는 한고조 유방의 오랜 친구이자, 한나라 건국에 더없는 공을 세운 개국공신이며 명재상이었다. 그는 전쟁 중에는 물자와 인력을 하자 없이 꼭 필요한 때에 공급했으며, 유방이 전장에 있는 동안에는 관중의 백성을 보호하고 보살펴, 유방으로 하여금 후방의 안위에 걱정이 없도록 최선의 능력을 다했다. 일찍이 한국 문학계의 김동인 선생은 '아내'를 표기할 때 '안해'로 표기를 했는데, 한고조 유방이 '밖을 비추던 해'였다면, 소하는 '안에 있는 해'라고 해도 손색이 없을 정도였다.

소하는 패현沛縣 풍읍豐邑의 하급 벼슬아치였는데, 법률에 통달해서 일처리 능력이 뛰어났다. 유방도 풍읍 사람인데 성격이 활달하고 술과 여색을 좋아해서 자주 술에 취해 거리에 누워 있곤 했다. 소하는 비록 주리主吏에 불과했어도 유방이 부역을 나갈 때 남보다 이백 전은 더 얹어주었고, 어떤 문제를 벌였을 때도 직권의 한도 내에서 넉넉히 살펴주고는 했다. 그러다 유방이 시험을 쳐서 사수泗水의 정장亭長이 되었다. 정장은 요역이나 세금 및 민간의 분쟁을 처리하는 책임자였다. 그때도 소하는 유방 가까이에서 가능한 한 그를 보살피려고 애를 썼다. 소하가 유방을 가까이에서 보살피고자 했다는 사실은, 진泰의 어사가 소하를 조정에 등용코자 했을 때도 한사코 사양하여 유방 곁에 남은 걸 보면 잘 알 수가 있다. 그러던 중 유방이 죄수들을 호송하는 임무를 띠고 출장을 가게 되었는데 도중에서 탈주자가 생겨 임무를 온전히 마칠 수가 없게 되었다. 그러자 함양에 부역 나갔을 때 시황제의 행차를 보았던 기억이 떠올랐다. 그때 유방은 '대장부의 삶이란 마땅히 시황제 같아야 한다.'고 생각했으며, 도망간 탈주자 때문에 곤궁한 처지에 놓일 일이 사소하게 여겨졌다. 그래서 아예 남아있던 죄수들을 모두 놓아주면서 자신을 따를 자들은 따르라고 말했다. 그리고 자신을 따르는 무리들과 함께 망탕산으로 들어가서 산적이 되었다.

얼마 후 진승의 무리가 진현에 이르러 왕 노릇을 하는 일이 벌어졌다. 패현 현령은 잔뜩 겁을 집어먹고 백성들과 함께 진승에게 귀순할까를 고민했다. 그때 소하와 조참曹參은 유방을 불러와 진승의 무리에게 대항하는 게 옳다고 현령을 설득했다. 현령은 그 말에 동의하여 번쾌에게 일을 시키고는 이내 변덕이 들었다. 유방을 따르는 무리가 이미 수천 명을 넘긴 것을 알게 되어 그 또한 다른 하나의 반란세력이 되지나 않을까 해서였다. 허나 이미 벌어진 일이고 방법은 없었으므로 약이 오른 현령은 성문을 닫아걸고 소하와 조참을 죽이려고 했다. 그러자 소하와 조참은 성벽을 넘어서 유방에게 달아났다. 소하에게 모든 사실을 전해 들은 유방은 곧바로 비단에 글을 써서 화살에 매달아 성 위로 쏘아 보냈다. 그 글은 줏대 없고 간사한 현령을 처단하고 시류에 맞는 젊은이를 내세워 앞으로 닥칠 제후들 간의 싸움에 대비해야 한다는 내용이었다. 성안 사람들은 당장에 현령을 죽이고 성문을 열어 유방을 맞이했다. 또한 길게 논의할 것도 없이 유방을 현령으로 추대했다. 유방은 여러 차례나 사양했지만 현의 노인들도 완강했다. 그렇게 해서 유방의 무리들은 군대가 되고 유방은 패공이 되었다. 유방이 패공沛公이 되자 소하는 현승縣丞이 되어 각종 일들을 감독했다. 마침내 기원전 206년 10월 유방의 군대 앞에 겁먹은 진秦나라의 황제 자영은 항복의 예를 갖추어 나왔다. 이로써 진나라는 유방에 의해 막을 내렸다. 유방은 항복한 진황 자영을 또 죽일 순 없다하며 관리에게 맡기고 함양에 들어갔다. 그러자 장수들은 모두 앞 다투어 창고로 가서 금과 비단과 보화를 나누어 갖기에 바빴다. 이때 소하는 재빠르게 궁으로 들어가서 진나라 승상부丞相府와 어사부御使府의 법령과 도서들을 찾아 감추었다. 한왕이 천하의 험준한 요새와 호적과 인구수 및 물자의 종류와 보유 정도 그리고 백성들의 고통을 훤히 알고 있었던 것은 소하가 진나라의 그림과 도서 및 문서들을 미리 입수해 놓은 덕택이었다. 그러므로 패공이 먼 훗날 한왕漢王이 되자 소하를 승상으로 삼은 건 너무도 당연한 처사였다.

한편 한신은 칼 한 자루에 의지해 항량¹ 밑에 있었는데 항량이 싸움에 지자 항우 밑으로 들어가 낭중이 되었다가 항우에게 발탁되지 않자 한나라에 귀순했다. 한신을 알아본 사람은 하후영과 소하였다. 하후영은 한신을 한왕에게 추천하였으나 한왕은 그를 그저 치속도위治粟都尉²로 삼았을 뿐이었다. 그래서 소하는 한신과 마음을 통하며 가까운 사이로 관계하면서 그가 한왕을 위한 인재로 쓰일 그날을 기다리고 있었다.

한편 군대에서는 이런 저런 사유로 이탈자나 도망자가 생기곤 했는데, 한왕이 한중 땅을 받게 되어 수도인 남정南鄭으로 들어갈 때였다. 이때도 도망자가 수십 명이나 되었는데, 한신도 자신이 발탁되질 않자 이들 틈에 끼어서 도망을 하였다. 이를 알게 된 승상 소하는 왕에게 보고할 겨를도 없이 냅다 그의 뒤를 쫓았다. 이를 본 어떤 사람이 영문을 따져보지도 않고 승상이 도망을 했다고 왕에게 보고했다. 왕은 섭섭하고 분노하여 어쩔 줄을 몰랐다. 그러나 며칠 뒤에 소하가 돌아오자, 기쁨 반 노여움 반으로 그를 꾸짖으며 말했다.

"그대는 어찌하여 도망을 간 것이오?"

"신은 도망친 게 아니라 도망친 자를 뒤쫓은 거였습니다."

"그대가 뒤쫓은 자가 누구요?"

"한신입니다."

"거짓말이오. 군중에 도망친 자들이 수십이거늘 어째서 한신의 뒤만 쫓았단 말이오?"

"다른 장수들은 쉽게 얻을 수 있으나 이 나라에 한신에 견줄 만한 인물은 없습니다. 왕께서 천하를 놓고 다투려 하신다면 함께 일을 꾀할 사람으로 한신을 잡으십시오. 특히 왕께서 반드시 동쪽으로 나아가실 요량이시라면 한신은 꼭 필요한 인재입니다. 왕께 등용되지 않는다면 그는 결국 떠나갈 것입니다."

"그대를 보아 장수로 삼겠소."

"그는 머물지 않을 것입니다."

"그럼 대장으로 삼겠소."

"그렇다면 다행입니다."

한왕이 한신을 불러 대장으로 삼으려 했다. 그러자 소하가 말했다.

"왕께서 예를 갖추지 않으시니 그래서 한신이 떠났던 것입니다. 그를 대장으로 삼으시려면 길일을 택하여 재계하고 단을 설치해 예를 갖추시는 게 마땅합니다."

이렇게 해서 소하는 왕으로 하여금 한신을 등용케 하였다. 또 소하는 한왕이 삼진을 평정할 때, 파촉巴蜀을 지키며 지역을 안정시켰고 왕의 명령 또한 빠르고 쉽게 백성에게 전달하면서 군대에 양식을 공급했다. 그리고 초나라와 격전 중에도 관중을 지키며 태자[3]를 모셨거니와, 왕이 없는 중에도 역양을 잘 다스렸다.

한편 그는 법령과 규약을 만들고, 종묘, 사직, 궁실과 현읍을 세웠는데, 때마다 왕에게 아뢰어 허락 아래 일을 처리했다. 그뿐 아니라 관중의 호적과 인구도 관리했다. 식량을 징수해서 수로를 통해 군대에 조달하는 일도 쉬운 일이 아니었으나 소하는 성심으로 이 모든 일들을 능히 해냈는데, 항상 상황에 맞추어 일의 고락을 가리지 않고 필요한 때마다 적절히 처리했다. 그중 병사를 조달하는 일은 정말로 흥망과 사활이 걸린 일이었다. 하지만 한왕이 여러 차례나 군대를 저버리고 달아나는 위기상황에서도 소하는 마치 전장을 눈으로 본 듯이 꼭 필요한 일을 함으로써 군대가 마침 필요로 하는 구원의 손길을 건넸다. 한왕은 이러한 소하가 있어서 관중의 일은 걱정하지 않아도 되었다. 그러나 가끔 한왕도 소하에게 사신을 보내 고무시키며 소하의 근황을 묻기도 했다.

한왕 3년, 한왕이 항우와 대치하고 있을 때였다. 이때도 한왕은 여러 차례 사신을 보내서 소하를 위로했다. 그러나 포생鮑生은 이것을 위로라기보다는 의심으로 보고 있었다. 그래서 소하는 포생의 조언대로 자신의 자손과 형제들 중 싸울 수 있는 사람을 모두 동원하여 마치 볼모처럼 한왕의 군영으로 떠나보내 싸우게 하였다. 그러자 왕의 신임이 한층 더 깊어졌다.

한나라 5년, 항우가 한왕에게 패하여 천하가 평정되자 공을 논하게 되었는데, 한왕은 소하의 공을 가장 크게 꼽았다. 그래서 그를 찬후로 봉하고 식읍도 가장 많이 주었다. 그러자 소하에게 무슨 공이 있는가라고 말하며 불평하는 사람도 많았다.

"그저 글과 붓을 잡고 의론하였을 뿐인 소하에게 무슨 공이 있는가? 나는 전장에서 칼을 들고 황제를 위해서 목숨을 걸었었다."

이 말을 들은 관내후關內侯 악군鄂君은 진정으로 소하의 공을 치하하며 변론을 하였다. 왕은 이를 흐뭇하게 생각하여 악군에게 원래 봉했던 관내후의 작위에 안평후安平侯의 식읍을 더하여 봉했다. 이렇듯 왕의 마음은 항상 소하를 첫 번째에 두고 있었다.

한나라 11년에는 회음후 한신이 모반을 꾀한 일이 있었다. 그러나 한신 같은 명장을 사로잡거나 주살한다는 것은 말처럼 쉽질 않아서 자칫 잘못하면 이런 일은 진압하기 힘든 불길처럼 크게 번질지도 모르는 일이었다. 소하는 한신에 대한 애착에 깊이 고민했다. 그러나 길이 보전되어야 할 한나라 왕조의 무사와 태평을 생각해서 계책을 내어 왕께 고했다. 그 계책으로 말미암아 한신은 주살당하고 말았다. 이 소식을 들은 왕은 소하를 상국으로 제수하고 식읍 오천 호를 더해 주었다. 그리고 거기에다 군사 오백 명과 도위都尉 한 명을 보내서 호위병으로 삼게 했다. 이때 소평召푸이라는 사람이 소하에게 조문을 표하며 충고를 했다.

"화는 시작되었습니다. 누가 뭐라 해도 당신은 누구보다도 높이 대우받아 왔습니다. 그런데다 이제는 봉지까지 더해지고 호위부대까지 생겼습니다. 황상이 당신에게 호위부대를 두는 게 진정 당신에게 내리는 은총이라고 보십니까? 이것은 지금 막 회음후의 반란으로 황상의 마음이 어두워졌으므로 믿을 자와 못 믿을 자를 구분하는데 혼란이 왔기 때문입니다. 그러니 당신은 봉읍을 사양하고 반납하십시오. 만일 당신이 재산을 내놓아 그로써 군비에 보태진다면 어찌 황상이 당신을 의심할 수 있겠습니까?"

소하는 가슴이 철렁 내려앉았다. 오해를 당해서도 안 되겠고, 자신의 수명을 단축시켜도 안 될 일이며, 나아가 왕의 마음을 어지럽혀도 안 될 일이었다. 소하는 미련 없이 봉읍을 도로 바치고 사재까지 털어서 왕 앞에 바쳤다. 그러자 왕은 크게 기뻐하며 비로소 안심을 하였다.

이듬해 가을 또 모반사건이 생겼다. 이번엔 경포였다. 황제는 스스로 장수가 되어 그를 공격했다. 그때는 도중에 사신을 여러 차례나 보내왔다. 또 소하의 근황을 확인하려는 것이었다. 물론 소하는 온 힘을 다해서 백성을 안정시키고 있었다. 그러자 이번에는 어떤 객이 소하에게 말했다.

"당신은 종족을 멸하게 될 날이 멀지 않았습니다. 당신의 지위는 더는 오를 수 없는 상국입니다. 그리고 공로도 제일 크니 여기에 더 무엇이 보태져 돌아오겠습니까? 게다가 백성이 의지하는 바가 마치 어머니에게 향해 있는 것과도 같으니 황제께서 당신의 근황을 파악하려 하는 까닭이 무엇이겠습니까? 이런 때 당신은 어째서 탐욕이나 부덕함으로 자신의 명성을 더럽히려 하지를 않는 겁니까? 황제의 마음을 편히 해주십시오."

소하는 듣고 보니 사실이 그러했다. 이에 그의 계책을 따라 백성들의 논밭을 강제로 싸게 사들였다. 고조는 과연 크게 기뻐했다. 그러나 이 문제를 가지고 백성들은 황제에게 상소문을 올렸다.

"상국이 억지로 백성들의 밭과 집을 수만 전어치나 싸게 샀습니다."

황제는 상소문을 소하에게 모두 내놓으며 이런 식으로 백성을 이롭게 했느냐고 웃으며 말했다. 소하는 이때를 틈타 평소에 백성을 위해 생각하던 청 한 가지를 말했다.

"장안 땅은 좁고 상림원上林苑에는 빈 터가 많아 놀려지고 있으니, 감히 청컨대 백성들로 하여금 그곳에 들어가 농사를 짓게 해주십시오. 그리고 볏짚은 짐승들에게 먹이로 주게 해주십시오."

왕은 매우 격노해서 말했다.

"상국이 상인들에게 뇌물을 적지 않게 받은 모양이오. 그들을 위해서 감히 나의 상림원을 논하다니!"

상국은 정위廷尉에게 보내져 족쇄와 수갑을 찬 신세가 되었다. 며칠 후 위위衛尉[4]로 있던 왕씨가 상국이 무슨 죄를 저질렀기에 그리심하게 묶었는지를 물었다.

그러자 왕은 이렇게 말했다.

"내가 듣기로 이사李斯가 진秦나라 황제를 보좌할 때, 업적은 주상에게 돌리고 과실은 자신에게 오게 하였다는데, 상국은 지금 간사한 상인에게 뇌물을 받고, 저 스스로 백성에게 잘 보이기 위하여 내게 상림원을 달라고 하니, 그를 어찌 묶어서 다스리지 않을 수가 있겠소?"

왕의 이 말을 듣고 왕씨가 죽음을 무릅쓰고 길게 간하여 소하의 어진 성품과 그간의 공적에 대해서 말하며 맨 마지막에는 이렇게 말했다.

"이사가 허물을 자신에게 돌린 것이 무슨 본받을 만한 것이 됩니까? 폐하께서는 어찌하여 재상을 이다지도 의심을 하시는 것입니까?"

왕은 기분이 언짢았지만 그날로 소하를 풀어주었다. 이때 소하는 연로하였지만 궁궐로 들어가 황제를 뵙고 맨발로 사죄하였다. 그랬더니 왕이 이렇게 말했다.

"상국은 이러지 마시오. 상림원을 요구하는 상국의 청을 들어주지 않았으니 나는 걸桀과 주紂 같은 군주에 지나지 않고 상국은 어진 재상이오. 내가 상국을 구금한 까닭은 백성들로 하여금 나의 잘못을 듣고자 함이었소."

소하는 건국도 힘들거니와 수성은 더욱 힘든 일임을 몸소 깨달으며 왕을 이해했다. 그러는 사이 세월이 흘러 한나라는 2대로 접어들었고 소하도 병환으로 늙게 되었다. 효혜제孝惠帝는 한고조 유방이 전쟁터에서 싸울 때 소하가 모시던 태자 유영劉盈이었다.

효혜제는 소하에게 이렇게 물었다.

"만일 그대가 죽게 된다면 누구를 세워서 그대를 대신해야 하오?"

"신하를 아는 사람으로 군주만한 사람이 있겠습니까?"

"조참은 어떻소?"

"폐하께서는 적당한 사람을 골랐습니다. 이제 신은 죽어도 여한이 없습니다."

사실 소하와 조참은 서로 용납하지 못하는 사이였다. 그러나 대의는 사사로움을 앞서는 것이었기에 소하는 왕의 판단에 오히려 마음을 놓았다. 그는 스스로 이렇게 말했다.

"후세의 자손이 현명하다면 나의 검소함을 본받을 것이고, 그렇지 못하더라도 권세 있는 사람에게 빼앗기지는 않을 것이다."

효혜제 2년, 기원전 193년에 상국 소하가 죽자 시호를 문종후文終侯라 하였다. 소하의 봉호는 계속 이어지다가 사대에 이르러 죄를 짓는 까닭에 끊어지게 되었다. 천자는 어떻게 해서든지 소하의 후손을 찾아 찬후로 봉했는데, 거기에 견줄만한 다른 공신은 없었다.

인적 없는 자리에 향기만 전해지고

　　반식재상伴食宰相이라는 말이 있다. 이는 곁에 모시고 밥을 먹는 재상이라는 뜻으로, 무위도식無爲徒食으로 자리만 차지하고 있는 무능한 대신을 비꼬아 이르는 말이다.

　　당唐나라 현종玄宗은 양귀비楊貴妃를 총애하다가 나라를 망친 황제로 유명하지만, 즉위 초에는 현인賢人을 등용하고 문예를 장려하여 「개원開元의 치治」라고 불릴 만큼 문물의 전성기를 이루었는데 현상賢相 요숭姚崇의 공로가 지대했다. 그런데 요숭이 병으로 정사를 돌볼 수 없게 되자 노회신盧懷愼이 국정을 살폈으나 역부족이어서 중요한 국사 결정에는 요숭을 찾아가 상의했다. 그때부터 노회신을 가리켜 상반대신相伴大臣이라는 뜻으로 반식재상伴食宰相이라 불렀다. 무능한 대신이라는 조롱의 뜻이다. 그래서 노회신을 생각하면 '아는 것이 힘이다.'라는 말이 생각난다.

　　'아는 것이 힘이다.'라는 말은 베이컨이 남긴 명언이다. 베이컨은 모든 지식의 가치를 경험을 통해서만 인정한다. 그리고 그 힘의 논리가 권력으로까지 확대된다. 쉽게 표현해서 '아는 것이 힘이다.'라는 말 속에는 단순히 지식을 많이 쌓는다는 뜻보다는 더 많이 아는 사람이 사회적인 권력을 잡게 된다는 뜻이 더 강하다. 그리고 우리 사회를 보더라도 결국 힘 있는 사람이 지도층이나 지배층을 점유하고 있는 걸 보면 17세기에 베이컨이 인식했던 힘의 논리는 현대에 와서도 틀린 점이 없다.

그런데 베이컨보다 2천년쯤 전인 한고조의 전한 시대, 그때 한나라의 개국공신 소하가 갖고 있었던 힘, 그 또한 베이컨이 말한 경험론적인 힘이었다. 진나라 때 소하는 도필리刀筆吏로서 관청의 문서나 기록하는 일을 보고 있었는데, 그때는 그저 평범하게 일상을 살았겠지만 본인도 모르는 사이 문서의 중요성과 필요성이 그 정신에 깊숙이 배었을 것이다. 또 그 문서를 효율적으로 관리하고 활용하는 방법에도 능통하게 되었을 것이다. 게다가 소하는 법률에 정통한 사람이었다. 이러한 선험적 지식과 경험에서 터득한 지혜들은 한漢나라를 이룩하고 기틀을 만들고 제도를 정비하는데 정말 유효하게 쓰였을 것이다.

그렇기 때문에 유방이 패상覇上에 들어가 진秦나라의 마지막 황제인 자영에게 항복을 받아낸 후, 장수들이 앞 다투어 금과 재화를 차지하려 아우성일 때도, 소하는 재빠르게 궁으로 뛰어 들어가 진나라 승상부와 어사부의 법령과 도서들을 찾아 감출 수 있었던 것이다. 유방이 알게 된 천하의 험준한 요새와 호적과 인구수 및 물자의 종류와 보유 정도 그리고 백성들의 고통은 전쟁에도 요긴하게 쓰였을 것이며, 건국 후 나라를 통치하는 데에도 얼마나 큰 참고가 되었을지 미루어 짐작할 수가 있다.

사기의 기록에선 드러나지 않는 부분이고 나의 지식이 일천하여 정확히는 모르겠지만, 유방의 약법삼장約法三章도 아마 소하가 제안했거나 아니면 함께 토론하던 중에 입안이 된 것이라고 여겨진다. 약법삼장은 유방이 자영의 항복을 받은 후 서쪽의 함양으로 들어갔다가 다시 패상으로 회군하여 여러 현의 나이 든 어른들과 호걸들을 불러 놓고 웅변으로 공표한 약속으로서 새로운 법령이라고 봐야 한다. 참고로 약법삼장은 다음의 밑줄 그은 부분이다.

召諸縣父老豪桀曰：「父老苦秦苛法久矣，誹謗者族，偶語者棄市。
吾與諸侯約，先入關者王之，吾當王關中。
與父老約，法三章耳：殺人者死，傷人及盜抵罪。餘悉除去秦法。諸吏人皆案堵如故。凡吾所以來，爲父老除害，非有所侵暴，無恐! 且吾所以還軍霸上，待諸侯至而定約束耳。」

여러 현의 나이 든 어른들과 호걸들을 불러 말했다: 「나이든 어른들께서는 진나라의 가혹한 법령에 시달린 지 오래되었습니다. 비방한 사람들은 멸족을 당했고, 짝지어 논의한 사람들은 저잣거리에서 사형을 당했습니다. 먼저 관중에 들어선 자가 왕이 되기로 제후들과 약속했으니, 제가 당연히 관중의 왕이 될 것입니다.

저는 어른들께 법령 세 가지만 약조하겠습니다. 사람을 죽인 경우에는 사형에 처하고, 사람에게 상해를 입힌 경우나 물건을 훔친 경우는 그 죄에 따라 판결할 것입니다. 그 나머지 진나라 법령은 전부 없앨 것입니다. 모든 관리들과 백성들은 전처럼 편안하게 살 수 있을 것입니다. 제가 온 것은 어른들을 위해 해로움을 없애기 위한 것이지, 침략하고 포악스럽게 하려 온 것이 아니니 두려워 마십시오. 더구나 제가 패상으로 돌아와 있는 것은 제후들을 기다려 조약을 정하기 위해서입니다.」

참으로 얼마나 감동스러운 장면인지 모른다. '길거리에 다니는 사람 중 절반이 형벌을 받은 자였다'는 천인공노할 진나라의 법령을 철폐하고 도덕적 질서를 잡기 위한 기본법만을 시행하여 정말 예전처럼 편히 살 수 있는 나라가 세워지는 그 현장에서 필시 군중은 눈물과 환호로 답했을 텐데, 그때에도 유방의 뒤에 소하가 마치 스승이나 큰 형님처럼 있었던 것이라고 믿고 싶다. 그런 소하의 공적 중 탁월한 헌책獻策이 있었으니 그것은 바로 한신을 유방에게 강권했다는 점이다. 한왕이 한신을 만나는 대목도 볼만하니 「회음후 열전」을 뒤적여 요약하여 조금만 실어본다.

한신이 임명식을 마치고 자리에 오르자, 한왕이 물었다.

"그대는 어떠한 계책으로 과인을 가르치겠소?"

"이제 동쪽으로 나아가 천하의 대권을 다툴 사람은 항우가 아니겠습니까?"

"그렇소."

"왕께서는 용맹스럽고 현명하며 강인한 점에서 항왕과 비교할 때 누가 더 낫다고 생각하십니까?"

"내가 항왕만 못하오."

한신은 두 번 절하고 한나라 왕이 자신을 정확히 알고 있음을 칭송한 후 이렇게 말했다.

"신도 그렇게 생각합니다. 그러나 신이 일찍이 그를 섬긴 적이 있으므로 항왕의 사람됨을 말씀드리겠습니다. 항왕이 화를 내며 큰 소리를 지르면 1,000명이 모두 엎드리지만 어진 장수를 믿고 일을 맡기지 못하니 그저 보통 남자의 용기에 지나지 않습니다. 항왕이 사람을 대하는 태도는 공손하고 자애로우며 말씨가 부드럽습니다. 누가 병에 걸리면 눈물을 흘리며 음식을 나누어 줍니다. 그러나 부리는 사람이 공을 세워 벼슬을 내릴 경우가 되면, 인장이 닳아 깨질 때까지 만지작거리며 선뜻 내주지 못합니다. 이것은 이른바 아녀자의 인仁입니다."

이후로도 한신은 길게 얘기하며 항우의 품성과 습관에 대해서 적나라하게 말하는데, 한신은 이미 항우나 한왕에 대해서 인물 탐색을 정확히 끝낸 상태였고, 그 판독은 뛰어나게 명철했으니, 그런 요소들도 명장이 갖추어야 할 기초적인 덕목이었을 것이다. 어쨌든 한신은 아쉽게도 모반을 꾀하다 자신을 천거한 소하의 계책으로 죽었으니, 소하는 거기서 인생무상을 느꼈을 것이다.

헌데 사실상 한신은 모반을 꾀하지는 않았다. 한왕이 전장에서도 소하에게 자꾸만 사신을 보내 근황을 알리려 했던 것처럼, 세력이 커져가는 신하를 견제하는 마음이 몹시 지나쳐서 벌어진 일이었다. 사실 한신은 한왕이 직접 죽인 게 아니라 소하의 계책에 따라 한왕의 부인인 여후가 한신을 꾀어내어 무사를 시켜 목을 베게 하였다. 다음은 한신의 죽음 이후 상황이다.

한왕이 반란군 진희를 토벌하고 돌아와 한신이 죽은 걸 알자 한편으론 기뻐하고 한편으론 가엾게 여기면서 여후에게 한신이 죽을 때 무슨 말을 했는지 물었다.

　"한신이 괴통의 계책을 쓰지 못한 게 후회된다고 했습니다."

　"그는 제나라의 변사이다."

　한왕은 제나라에 조서를 내려 괴통을 잡아들였다. 한왕이 물었다.

　"네가 회음후에게 모반을 하도록 사주했는가?"

　"그렇습니다. 그런데 그 바보가 신의 계책을 쓰지 않아 자멸해버렸습니다. 만일 그가 신의 말대로 했더라면 폐하께서 어떻게 그를 이길 수 있었겠습니까?"

　"저놈을 삶아 죽여라."

　"삶겨 죽는 것은 억울합니다."

　"네가 지은 죄가 있는데 무엇이 억울하다는 것이냐?"

　"진나라의 기강이 해이해지자 도처에서 사람이 일어나 영웅호걸들이 까마귀 떼처럼 모여들었습니다. 진나라가 그 사슴(제왕의 지위)을 잃자 천하는 다 같이 그것을 쫓았습니다. 그리하여 키가 크고 발이 빠른 자(유방)가 먼저 그것을 얻었습니다. 도척이 기르는 개가 요임금을 보고 짖은 건 요 임금이 어질지 못해서가 아닙니다. 개는 본래 자기 주인이 아닌 사람을 보면 짖게 마련입니다. 당시 신은 한신만 알았지 폐하는 몰랐습니다. 또 천하에는 칼날을 날카롭게 갈아서 폐하처럼 천하를 차지하려던 사람들이 많았습니다. 그러나 생각해보면 그들은 능력이 모자랐을 뿐입니다. 그런데 폐하께서는 그들을 모두 삶아죽이겠습니까?"

"풀어주어라."

그리고 한왕은 괴통의 죄를 용서해 주었다.

중원축록中原逐鹿이란 여기서 유래되는 고사성어로서 '중원에서 제위를 두고 서로 다투는 것'을 비유하는데, 오늘날 정권이나 지위를 얻기 위해서 서로 경쟁한다는 의미로 확대되어 쓰인다.

사실 괴통은 진섭이 제일 먼저 봉기했을 때 항우의 숙부인 무신군 武臣君을 위해서 계책을 내어 입만 가지고 조나라의 성 서른 개도 넘게 항복을 받아낸 비상한 변사였다. 괴통은 한신에게 '항우에게 가면 항우가 이길 것이요, 유방에게 가면 유방이 이길 것이다.'라고 하면서 꾀었는데, 한신이 차마 한나라를 배반하지 못하자 거짓으로 미친 척하고 무당이 되었던 사람이었다.

한신의 얘기가 길어졌지만 그를 추천해서 유방이 패업을 이루게한 장본인이 소하인 까닭에 명장군 한신의 이야기에 소하가 연관이되지 않을 순 없다. 게다가 소하의 계책으로 한신이 죽었다는 부분에서는 기묘한 배신감마저 들 정도이다. 하지만 그 또한 국가적 대의가작용되었을 것이리라 짐작하면서 인적은 없으나 향기만 전해지는소하의 인품에 젖어본다.

어지러운 세상을 다스린 유방

기원전 202년, 한고조 유방을 신하들은 이렇게 말했다.

"고조는 미천한 평민으로 일어나 어지러운 세상을 다스려 정도 正道로 돌이키고, 천하를 평정해 한나라의 태조太祖가 되었으니 공로가 제일 높다."

그러나 이 바탕에는 훌륭한 인재들이 보필했기에 대업을 이룰 수 있었다고 고조 자신이 회고했으니 그들은 소하, 장량, 한신 등 이었다. 반면에 항우가 실패한 요인도 신하들에게 물었는데, 한 신하가 여러 가지 말을 하였지만 고조는 이렇게 말했다.

"항우의 패인은 범증 한 사람조차도 중용하지 못했기 때문이었 다."

장량의 조부와 아버지는 韓한나라 왕 5대에 이르기까지 상국을 지냈다. 아버지 장평이 죽고 20년 후에 진秦에 의해 한나라 가 멸망되자, 장량은 가산을 털어서 백이십 근 무게의 철퇴를 만들었 다. 그런 후 대역사力士와 함께 시황의 암살을 기도했으나 실패했다. 이때 도발한 사람들이 잡히면서 장량의 이름이 드러나게 되자 장량 은 이름을 바꾸고 하비로 숨어 들어갔다. 장량은 하비에서 한 노인을 만나 『태공병법太公兵法』이라는 책을 얻는데, 장량의 군사전문가로 서의 지략은 여기서 기인한다. 이때 항우의 숙부인 항백項伯이 살인 죄를 피해서 장량에게 의탁하여 숨어 지냈다.

십년이 지나 진섭 등이 진나라에 모반을 꾀했을 때 장량도 장정 백여 명을 모았다. 이때 장량은 초나라의 대리왕代理王 경구景駒를 따라갈까 하는데 유방의 무리를 보게 되었다. 그때 유방은 휘하에 수천 명의 장정을 두고 있었다. 그는 장량의 지략을 알아보고 구장廐將으로 삼았다. 장량은 유방에게 태공병법을 자주 설했고 유방은 항상 그 계책을 취하곤 했다. 그러나 다른 이들은 아무도 장량의 병법을 이해하지 못했다. 때문에 장량은 유방을 하늘에서 부여받은 능력의 소유자로 믿었다.

유방이 서쪽 무관武關으로 들어가서 병사 이만 명으로 진나라의 요관嶢關을 지키는 군대를 치려고 하자 장량이 말렸다.

"진나라 군대는 가볍게 볼 대상이 아닙니다. 그러나 그들의 장수는 백정의 자식이라고 하니 돈이나 재물로 움직여질 것으로 보입니다. 그러니 군왕께서는 잠시 성벽에 머물러 계시면서 사람을 보내 오만 명의 식량을 준비하십시오. 그리고 산 위에는 아주 많은 깃발을 세워서 병사처럼 보이게 하시고, 역이기[1]에게 보물을 듬뿍 주어 진나라 장수를 매수하십시오."

유방이 그대로 했더니 진나라 장수가 과연 손쉽게 매수되어 유방의 편에 서서 함양을 습격하려고 했다. 유방은 그만 덜커덕 그를 믿어 그의 의견을 따르려고 했다. 그러자 장량이 유방을 말리면서 말했다.

"진나라를 배반한 사람은 장수일 뿐입니다. 병졸들의 마음까진 아직 파악이 안 됐으므로 까딱하면 크게 위험할 수 있으니 그들이 느슨해진 틈을 타서 공격해야 합니다."

유방은 장량의 뜻에 따라 진나라의 군대를 공격하여 크게 쳐부수고 그들을 추격하여 북쪽 남전에서 다시 싸워 이긴 후, 함양에 들어가 진나라 황제 자영을 항복시켰다.

▶ 초한시대 할거도

항우는 스스로를 서초 패왕으로 세운 후 양과 초 땅의 아홉 군에서 왕 노릇을 하며 팽성彭城에 도읍했다. 항우와 범증은 유방이 천하를 차지할까 의심스러웠다. 범증이 항우에게 파와 촉은 길이 험하고 진나라의 유배자들이 옮겨가 살고 있다고 넌지시 말하자, 항우는 파와 촉 역시 관중 땅이라고 하면서 유방을 한왕으로 세우고 남정에 도읍하게 했다. 그리고 관중을 셋으로 나누어 진나라의 항복한 장수들을 왕으로 세워서 한왕을 막게 했다. 기원전 205년, 한나라 2년에 유방은 동쪽으로 진출하여 관중을 평정하고 함곡관 밖에 하남군을 신설하여 한韓나라의 태위太尉 신信을 한왕韓王으로 세웠다. 이때부터 한나라 유방과 초나라 항우는 본격적인 전쟁에 돌입했다.

이때 유방은 화려하고 사치스러운 진나라 궁궐에 머무르고 싶어 했다. 이때 번쾌가 걱정하며 유방에게 궁 밖으로 나가자고 말했으나 유방은 듣지 않았다. 하지만 장량이 설득하자 유방은 패상霸上으로 군대를 돌렸다. 이때 유방의 좌사마左司馬 조무상曹無傷이 사람을 시켜 항우에게 진언하게 했다.

"유방이 관중에서 왕 노릇하며 귀한 보물을 독차지하려고 합니다."

항우는 격노하여 다음 날 유방을 치기로 작정했다. 이때 항우의 병사는 사십만 명으로 신풍新豊의 홍문鴻門에 있었고, 유방의 군대는 십만 명으로 패상에 있었다. 항우의 숙부인 초나라 좌윤 항백이 전에 장량에게 신세진 바도 있고 또 장량을 유달리 따르고 있었으므로 이를 걱정하여 야밤에 달려와서 장량에게 말했다.

"여기에 있다간 내일 아침 항우에게 죽습니다. 여기 있다 유방과 함께 죽지 말고 어서 나하고 도망칩시다."

장량은 항백에게 '그건 정의롭지 못한 일'이라고 말하며, 유방에게는 항백을 만나달라고 했다. 그러자 유방이 당황스러워하며 항백을 알게 된 연유와 누가 더 위인가를 장량에게 묻고는 항백을 만나서 애써 술잔을 기울였다. 그런 후 항백과 사돈을 맺기로 약조하여 자기 편을 만든 후, 추호도 항우를 배반할 뜻이 없음을 간곡히 말하고 돌려보냈다. 항백은 다시 그날 밤 항우에게 달려와서 유방의 말을 전하며 이렇게 말했다.

"유방이 먼저 관중을 치지 않았다면 공께서 어찌 감히 여기까지 들어올 수 있었겠습니까? 그와 같이 유방에게 큰 공이 있는데 그를 치신다면 의롭지 않은 일입니다. 차라리 그를 잘 대우하는 게 낫습니다."

다음 날 아침 유방은 기병 백여 명을 이끌고 홍문에 이르러 항우에게 백배사죄를 했다. 그리고 술을 함께 마셨다. 항우의 책사 범증范增은 그 자리에서 단칼에 유방을 절단 내지 않는 것을 못마땅하게 생각했다. 그래서 항우에게 자꾸만 신호를 보냈으나 항우는 범증의 주장을 아예 무시했다. 전날 밤 범증은 항우에게 이렇게 말했었다.

"유방은 본시 여색과 재물을 좋아하여 탐욕스러운데 궁궐의 보화를 건드리지 않은 걸 보면 그의 뜻이 작지 않은 걸 알 수 있으니 지금 그를 제거하지 않으면 나중에 후회를 하게 될 것입니다."

하지만 항우는 유방을 우습게 생각하여 범증의 주장을 안중에 두지 않았다. 몸이 달아오른 범증은 항장項莊[2]에게 칼춤을 추다가 유방을 죽이도록 사주했다. 그러자 항백도 일어나서 칼춤으로 맞서며 유방을 보호했다. 위기가 지속되자 장량은 슬그머니 진영 문밖으로 나가서 참승參乘 번쾌를 만났다. 번쾌는 장량에게 현 상황이 어떤지를 걱정스럽게 물었다. 장량은 번쾌에게 이렇게 말했다.

"매우 급한 상황이오. 지금 항장이 칼을 뽑아들고 춤을 추는데 그 생각이 온통 주군께 가 있소."

번쾌가 말했다.

"급박한 상황이니 청컨대 신이 들어가 주군과 목숨을 같이하겠습니다."

번쾌는 즉시 칼을 차고 방패를 들고 진영 문으로 들어갔다. 번쾌는 문 앞의 좌우 호위병들을 방패로 제쳐 넘어뜨리고 장막을 들추고 서서 눈을 부릅뜨고 항우를 노려보았다. 이때 머리카락은 하늘로 치솟고 눈초리는 찢어질 대로 찢어져 있었다. 항우가 칼을 만지며 무릎을 세우고는 다음과 같이 말했다.

"그대는 무엇을 하는 자인가"

장량이 말했다.

"패공의 참승參乘 번쾌라는 자입니다."

항우가 말했다.

"장사이니 그에게 술을 내리겠다."

항우는 한 말이나 되는 술을 주었다. 번쾌는 고맙다고 인사하고는 선 채로 다 마셔 버렸다.

항우가 말했다.

"그에게 돼지 어깻죽지를 주어라."

번쾌는 방패를 땅에 엎어놓고 그 위에 돼지 어깻죽지를 올려놓고는 칼을 뽑아 썰어서 먹었다. 항우가 말했다.

"장사여, 더 마실 수 있는가?"

번쾌가 말했다.

"신은 죽음 또한 피하지 않는데 잔술을 어찌 사양하겠습니까? 지금 저희 주군께서는 먼저 진나라를 쳐부수고 함양에 들어갔지만 궁실을 밀봉하고 돌아와 패상에 주둔하며 장군께서 오시기를 기다렸습니다. 또한 일부러 장수를 보내 관을 지키도록 한 것은 도적들과 예기치 않은 일을 대비한 것입니다. 애써 고생한 공로가 이처럼 높은데, 제후로 봉하는 상은 내리지 않으면서 하찮은 사람의 말을 듣고 공 있는 사람을 죽이려 하십니까? 그렇다면 멸망한 진나라를 이어가는 것일 뿐이니, 장군께서 그렇게 하셔서는 안 된다고 여겨집니다."

항우는 미처 답변도 못하고 말했다.

"앉게."

번쾌는 장량을 따라 앉았다. 앉은 지 얼마 후 유방이 화장실을 가는 틈에 장량을 불러냈다. 유방이 말했다.

"방금 나오느라 간다는 인사도 하지 않았으니 어떻게 하면 되겠소?"

장량이 말했다.

"큰일을 할 때는 사소한 예의는 돌보지 않으며, 큰 예의를 행할 때에는 사소한 허물을 개의치 않는 법입니다. 지금 저들은 칼과 도마이고 우리는 물고기 신세인데 무슨 인사를 하신다고 다시 들어가려고 하십니까?"

이 말을 듣고 유방이 떠나면서 장량에게 남아서 사죄하게 했다. 장량이 물었다.

"주군께서는 무엇을 가져오셨습니까?"

유방이 말했다.

"흰 옥 한 쌍을 가져와서 항우에게 바치고, 옥두玉斗[3]는 범증에게 주려했는데, 마침 그들이 화가 나 있어서 감히 바치지 못했소. 그대가 나를 위해 바치시오."

장량이 말했다.

"삼가 그리하겠습니다."

장량은 자리로 돌아가서 흰 옥 한 쌍과 옥두 한 쌍을 항우에게 바치면서 사태를 마무리했다. 범증은 옥두를 받고는 그것을 땅에 던지고 칼을 뽑아 그것을 쳐서 부숴 버리고는 말했다.

"아! 소인배와는 함께 일을 도모하지 못하겠다. 항우의 천하를 빼앗을 자는 분명 유방일 테니 우리는 그의 포로가 될 것이다."

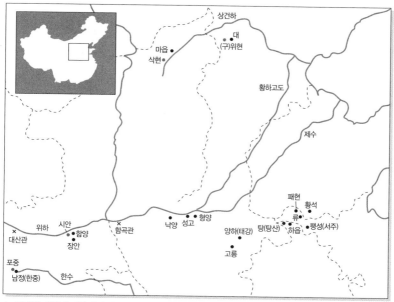

▶ 장량의 계책에 따른 유방의 궤적

이 일 이후 항우는 유방을 한왕漢王으로 세우고 파, 촉, 한중을 봉하며 남정에 도읍하게 했다. 이로부터 초나라와 한나라 간의 전쟁이 실질적으로 시작된 것이었다.

장량이 말했다.

"대왕께서는 어찌하여 지나는 잔도棧道를 끊어 천하 사람들에게 동쪽으로 다시 돌아갈 뜻이 없음을 보이지 않습니까?"

한왕은 장량의 말대로 나아가면서 지나온 잔도를 모두 태워서 끊어버렸다.

장량은 항우에게 가서 말했다.

"한왕이 잔도를 태우고 끊어 버린 걸 보면 돌아올 마음이 없는 것입니다."

그런 후 글을 적어 제나라 전영田榮이 다시 모반했다고 항우에게 고하여 항우의 관심을 북쪽으로 돌려 놓았다. 항우는 유방이 잔도를 끊는 걸 보면 안심할 수 있겠다고 말하며, 북쪽 제나라로 공격의 방향을 돌렸다. 그사이 장량은 샛길로 달아나 한왕에게 돌아갔다. 한왕은 장량을 성신후成信侯로 봉했다. 그 후 한왕이 싸움에 나섰다가 팽성에서 패하자 한왕은 시름에 잠겨 승부수를 띄웠다.

"내가 함곡관 동쪽 등지를 떼어서 상으로 주고자 한다면 누가 나와 함께 공을 나누겠소?"

장량이 진언했다.

"구강왕九江王 경포가 항왕과 사이가 나쁘고 팽월彭越은 전영과 함께 양 땅에서 모반했으니 이 두 사람을 급히 이용해야 하고, 군왕의 장수들 중에서는 한신만이 큰일을 담당할 수 있습니다. 이 세 사람이라야 초나라를 깨뜨릴 수 있습니다."

이 세 사람으로 연합 전선을 이루게 한 장량의 계책은 탁월했다. 이로써 초한전쟁의 주도권을 한왕이 잡게 되었다. 장량은 몸에 잔병이 많았으므로 군대를 지휘하여 나가 싸운 적이 없었다. 항상 계책을 내는 신하로서만 한왕을 수행했다.

한나라 3년(기원전 204년), 유방은 형양 남쪽에 주둔하며 황하로 이어지는 용도甬道를 쌓은 후 오창敖倉의 곡식을 빼앗았다. 그러고 나서 항우와 일 년 동안이나 대치하였다. 항우는 여러 차례 한나라의 용도를 침략해서 한나라 군대의 식량을 부족하게 만들었다. 그리하여 결국 유방을 포위했다. 유방이 강화를 요청하면서 형양滎陽 서쪽을 떼어 줄 것을 요구했으나 항우가 따르지 않자, 진평의 계책을 취하여 황금 사만 근으로 간계를 썼다. 그래서 범증과 항우의 사이를 갈라놓으니 범증은 항우를 떠나서 고향으로 돌아가다가 얼마 못가서 죽었다.

한나라와 초나라가 형양에서 대치한 몇 년 동안 한나라는 늘 곤궁했다. 그때 원생袁生이 계책을 냈다. 유방은 그 계책에 따라 항우를 남쪽으로 유인하고 수비만 한 채 기력을 소모하지 않으려 애썼다. 그리고 남아 있는 형양과 성고成皐의 병사들은 벽을 높이 쌓은 채 쉬도록 했다. 이때 팽월이 하비에서 싸우고 있었는데 초나라 군대를 크게 쳐부쉈다. 이 말을 들은 항우가 다시 병사를 이끌고 동쪽의 팽월을 공격하니 그 틈에 유방은 북쪽으로 다시 가서 성고에 주둔했다. 항우는 유방이 성고에 주둔했다는 소식을 듣자마자 다시 병사를 거느리고 서쪽으로 진격해 형양을 함락하고 성고를 포위했다. 유방은 다시

하후영을 데리고 성고의 옥문을 나와 북쪽으로 황하를 건넌 뒤 수무에서 하룻밤을 묵고 다음 날 새벽 한신의 군영에 들어가서 그 군대를 취했다. 유방은 한신으로 하여금 제나라를 공격하게 했다. 유방은 한신의 군대를 얻자 사기가 충천했다. 그래서 병사를 이끌고 소수무小修武 남쪽에 군대를 주둔한 후 심기를 가다듬었다. 그런 후 노관과 유가劉賈에게 병사 이만 명과 기병 수백 명을 이끌고 초나라 땅에 들어가게 한 후 팽월의 군대와 힘을 합해 초나라를 다시 공격하게 하니 양나라 땅의 열 개가 넘는 성을 함락시키게 되었다.

한편 한신은 괴통의 계책을 써서 제나라를 기습해서 쳐부쉈다. 그리고 초나라를 치려고 하였다. 한신이 제나라와 조나라를 깨뜨리고 다시 초나라에 쳐들어올 거라는 소식을 항우가 들었다. 항우는 용저龍且와 주란周蘭을 시켜 한신을 공격하게 했으나 초나라는 크게 패하고 용저는 죽었다. 항우는 한신이 두려웠다. 그래서 대사마 조구曹咎에게 말했다.

"삼가 성고를 지키시오. 한신의 군대가 싸움을 걸어와도 그들과 싸우지 말고 신중하며 한나라 군대의 동쪽 진출만 막으시오. 나는 보름 만에 반드시 양나라 땅을 평정하고 나서 다시 장군을 따르겠소." 그런 후 행군하여 진류, 외황, 수양을 쳐서 함락시켰다.

항우의 명을 받은 초나라 군대는 오직 수비에 총력을 기울이며 한나라의 도전에 응하지 않았다. 그러나 한나라 군대가 닷새 동안 성질을 건드리면서 욕을 해대자 조구가 화가 나서 병사들에게 사수를 건너게 했다. 사수를 반쯤 건넜을 때 한나라 군대가 그들을 쳐부수니 초나라의 재물이 모조리 한나라의 수중에 들어왔다.

그 이듬해 한신이 제나라를 쳐부수고 스스로 제왕齊王이 되려고 하자 한왕이 노여워했는데 장량은 한왕을 설득하여 한신에게 제왕의 관인을 주게 했다.

"한나라가 아직은 불리한 입장에 있으므로 차라리 한신에게 제나라를 줘서 그 땅을 지키게 하는 편이 낫습니다. 그렇게 하지 않으면 난을 일으킬 것입니다."

한왕은 장량을 보내 한신을 제나라 왕으로 삼고 그의 병사를 징발하여 초나라를 치게 하였다. 항우는 무섭武涉을 보내 한신을 회유하려고 했다. 그러나 한신이 말을 듣지 않자 항우는 병사들에게 싸움에 응하지 말고 성고만 지키게 했다.

당시 팽월은 병사를 거느리고 양나라 땅에 머물며, 왔다 갔다 하면서 초나라 군대를 괴롭히고 그들의 양식을 끊었다. 그래서 항우가 자주 팽월을 공격하고 있었는데 한신이 초나라를 공격했다. 그러자 항우는 천하를 반으로 갈라서 초나라가 홍구鴻溝 동쪽을 갖겠다고 하자, 유방은 포로로 잡혀있던 부모와 처자식을 풀어주는 조건으로 합의했다. 항우는 유방의 가족을 풀어준 후 동쪽으로 향했다. 한왕의 부모와 처자식이 돌아오자 장량이 이렇게 말했다.

"한나라는 지금 천하의 절반을 차지했고 제후들도 모두 귀의했습니다. 이에 반해 초나라는 지치고 식량도 떨어져 싸울 의욕마저 사라졌습니다. 이는 하늘이 초나라를 망하게 하려는 것이니 이때 저들을 공격하지 않는 것은 호랑이를 길러 스스로 화를 청하는 것이 됩니다."

한왕은 이때도 장량의 말을 따라서 항우를 양하陽夏 남쪽까지 추격하여 진을 쳤다. 그리고 한신, 팽월과 만나서 함께 초나라 군대를 치기로 약속했다. 약속한 날 군대를 이끌어 고릉固陵까지 갔다. 그런데 한신과 팽월의 군대가 오지를 않는 것이었다. 한왕은 장량에게 물었다.

"제후들이 약속을 지키지 않으니 어떻게 하면 좋겠소?"

"초나라 군대가 무너지려는 이 마당이라 해도 봉지를 나누어 받지 못했으니 그들이 오지 않는 것은 당연합니다. 진현 동쪽에서부터 바닷가에 이르는 땅을 모두 한신에게 주고, 수양 이북에서 곡성에 이르는 땅을 모두 팽월에게 주어 그들이 힘껏 싸우게 한다면 초나라를 쉽게 무너뜨릴 수 있을 것입니다. 한왕은 장량의 말을 따라 그렇게 하기로 하고 사신을 통해 이를 한신과 팽월에게 알렸다. 사신이 돌아와 한왕에게 말했다.

"청컨대 지금 군대를 진격하십시오."

한나라 군대는 진격하여 굶주리고 지친 초나라 진영을 여러 겹으로 포위했다. 그런 후 밤마다 사방에서 초나라 노래를 불러 댔다. 항우는 놀라서 다음과 같이 말했다.

"한나라가 이미 초나라를 얻었단 말인가? 어찌 초나라 사람이 이다지도 많단 말인가!"

그러면서 직접 시를 지어 노래를 불렀다.

"힘은 산을 뽑을 수 있고 기개는 세상을 덮을 만한데, 때가 불리하여 추가 나아가지 않는구나. 추가 나아가질 않으니 어찌해야 하는가. 우虞여, 우여, 그대를 어찌해야 하는가!"

추는 항우의 준마 오추마를 말하고 우는 항우의 여인이었다. 항우가 몇 줄기 눈물을 흘리자 좌우의 사람들도 모두 눈물 흘리며 고개를 들어 그를 쳐다보질 못했다. 항우는 그날 밤 그를 따르는 기병 백여 명과 애써 포위를 뚫고 도주하다가 길을 잘못 들어서 커다란 늪에 빠지게 되었다. 이때 한나라 군대가 바짝 뒤쫓아 왔다. 항우는 운이 다했으나 이때도 한나라 군대를 기세 좋게 반격하며 도망했는데, 강동에 이르러 오강烏江 앞에서는 허탈하게 웃으며 이렇게 말했다.

"하늘이 나를 망하게 하는데 내가 무엇 때문에 강을 건너겠는가! 나 항적(항우의 이름)이 강동에서 일어나 젊은이 8천 명과 함께 이 강을 건너왔거늘 지금 남은 자는 단 한 명도 없다. 설사 강동의 부모와 형제들이 나를 불쌍히 여겨 왕으로 삼아준다 해도 내가 무슨 면목으로 그들을 보겠는가? 설령 그들이 말하지 않는다 해도 나 스스로에게 어찌 부끄럽지 않겠는가?"

그리고 말에서 내려 혼자서 한나라 군대와 맞서 싸워 수백 명이나 죽인 후, 한나라 기병대장 여마동呂馬童에게 이렇게 말했다.

"내가 듣건대 한나라가 내 머리를 천금과 일만 호의 읍으로 사려고 한다 하니 내 그대를 위해 은덕을 베풀겠다."

하며 스스로 목을 찔러 죽었다. 이때 한나라가 항우를 추격해서 죽인 군사의 머릿수가 팔만 명이나 되었다. 이로써 초나라가 평정되고 노나라는 항우의 수급을 보이자 곧 항복을 했다. 처음에 회왕懷王이 항적을 노공魯公으로 봉했고, 지금 그가 죽자 노나라 땅이 가장 마지막으로 항복했으므로 노공의 예로써 항우를 곡성穀城에 안장했다. 유방이 항우를 위해 장례식에 참여하고 울면서 떠났다.

이듬해 정월에 재후 및 장상이 함께 한왕을 높여 황제로 삼기를 청하니 한왕은 여러 번 사양하다 범수汎水 북쪽에서 마침내 제위에 올랐고, 낙양에 도읍했다.

5월에 고조가 낙양의 남궁南宮에서 주연을 베풀고 다음과 같이 말했다.

"열후와 장수들은 짐에게 숨김없이 말해 보시오. 내가 천하를 얻은 까닭과 항우가 천하를 잃은 까닭이 무엇이오?"

고기高起와 왕릉王陵이 답했다.

"폐하는 오만하시어 다른 사람을 모욕하지만 항우는 인자하여 사람을 아낄 줄 압니다. 그러나 폐하는 사람으로 하여금 성을 공격해 점령하게 한 뒤 항복을 받아낸 자에게는 그곳을 주어 천하와 이로움을 함께 하셨습니다. 항우는 어질고 재능 있는 자를 시기해 공이 있는 자에게 해를 끼치고, 어진 자를 의심하며, 싸움에 이겼는데도 다른 사람에게 공적을 주지 않고, 땅을 얻고서도 다른 사람에게 이로움을 주지 않으니, 이것이 항우가 천하를 잃은 까닭입니다."

그러자 고조가 말했다.

"그대들은 하나만 알고 둘은 모르는구려. 군막 속에서 계책을 짜내 천리 밖에서 승리를 결판내는 것에는 내가 자방子房만 못하오. 나라를 어루만지고 백성들을 위로하며 양식을 공급하고 운송도로를 끊기지 않게 하는 것에는 내가 소하만 못하오. 백만 대군을 통솔해 싸우면 어김없이 이기고 공격하면 어김없이 빼앗는 것에는 내가 한신만 못하오. 이 세 사람은 빼어난 인재이지만 내가 그들을 임용하였으니 이것이 내가 천하를 얻은 까닭이오. 항우는 범증 한 사람만 곁에 있었을 뿐인데도 그를 중용하지 않았으니 이것이 그가 내게 패한 까닭이오."

고조는 오랫동안 낙양에 도읍하려고 했으나 유경劉敬이 설득하고
장량도 관중에 들어가 도읍하라고 권하니 이날 수레를 타고 관중에
들어가 도읍했다.

주

* 1 가난하고 미천한 출신이었으나 오만한 유방을 말로써 설복시킨 담력의 소유자였다.
 제나라 왕과 재상을 모두 설복시키고 제나라의 성 칠십여 개를 손에 넣을 만한 지력
 의 소유자였지만 나중에 삶겨 죽었다.
* 2 항우의 사촌.
* 3 옥으로 만들어진 술을 푸는 한 쌍의 국자.

한 고조 유방의 인재들

　　대개 입지전적인 인물들을 보면 그들에게는 평범하지 않은 이야기 거리들이 있는 경우가 많다. 한고조 유방이 패현에서 처음 일어난 때가 기원전 209년이니까 태어난 것은 아마도 기원전 180년 이후가 아닐까 추측된다.

　유방의 어머니 유온이 큰 연못가에서 쉬고 있다가 꿈을 꾸었는데 꿈에서 신을 만나 정을 통했다. 그때 천둥과 번개가 치며 어두컴컴해졌고 아버지 태공이 나가보니 교룡이 유온의 몸 위에 있는 게 보였다. 그리고 얼마 있다가 임신한 사실을 알았고 때가 되어 유방을 낳았다.

　유방의 코는 높고 얼굴은 용을 닮았으며 수염이 멋지고 왼쪽 넓적다리에는 일흔두 개의 검은 점이 있었다. 사람됨이 어질어서 다른 사람을 사랑하고 베풀기를 좋아했으며 성격이 활달했다. 또 늘 큰 뜻을 품고 있었으며 일반 사람들의 생산 작업에는 종사하려 하지 않았다. 헌데 유방이 사람을 사랑하고 베풀기를 좋아했다곤 하나 그에게는 고질병처럼 술버릇이 있어서 항상 아무개[1] 등을 따라다니며 외상술을 마셨고, 그러다 취하면 아무 데나 드러누워 버렸다는데, 그럼에도 불구하고 그는 관청의 관리들을 업신여겼다.

이 기록들은 하나의 연결되는 영상을 떠오르게 한다. 즉 한 마을에 젊은 백수건달이 살았는데 용모는 우람하고 관골은 높으며 시답지 않은 일은 하기 싫고, 주색을 좋아하고 본 배가 없어서 취하면 길바닥에 벌러덩 나자빠지고, 걸핏하면 관리들과 싸움이나 하고, 그러다보니 욕설과 폭력도 나왔을 테고…, 대충 이런 그림이 떠오르게 된다. 아닌 게 아니라 유방은 욕도 잘하고 싸움도 잘해서 초한전에서도 승부를 냈다.

유방이 외상술을 아무리 마셨어도 끝없이 외상술을 마실 수 있었던 것은 술집주인이 이를 받아주었기 때문인데, 묘한 것은 유방이 술을 마시는 날이면 어김없이 술집이 손님들로 넘쳐났다는 것이다. 그래서 술집 주인은 일 년에 한 번씩 결산할 때마다 돈은 안 받고 외상장부를 찢어버렸다는 것이다. 이건 뭐 신기한 일로 돌릴 것도 없이 유방 주변에 사람이 정말로 많아 흥성거려서, 그가 한 번 나타났다 하면 여기저기서 사람들이 몰려들었던 현상으로 풀이할 수 있다. 말하자면 미래의 패공으로서의 면모를 이 부분에서 엿볼 수가 있다는 뜻이다.

그때 소하가 패현의 주리로서 법률에 통달해 있었다. 게다가 둘은 같은 강소성 패현의 풍읍 사람이니 소하는 유방의 출신성분을 꿰고 있었을 것이고, 이때 소하가 유방에게 취직을 권고했을 수도 있다는 상상도 가능하다. 얼마 있다가 유방은 무과에 합격해 사수의 정장 亭長[2]이 되었고, 그때 소하는 사수 졸사卒史의 일을 보았다. 졸사는 정장보다 높은 직책이라고 한다. 소하는 유방을 여간 귀히 여긴 게 아니었다. 또한 출세가 목전에 있는데[3]도 사양하고 유방 곁에 남았다는 걸 보면, 퍽이나 유방을 좋아했거나 아니면 그의 장래성에 진지한 기대를 갖고 있었던 듯하다. 그러다가 유방이 죄수들을 여산으로 호송하게 되는데, 이때부터 유방의 삶의 방향이 극적으로 바뀌게 되었다. 유방은 죄수들이 중간에 하나씩 달아나게 되자 풍읍 서쪽 못한 가운데쯤 왔을 때 남은 죄수들을 데리고 술을 마셔버렸다. 그런 후 밤이 깊어지자 그들을 모두 풀어주며 자기를 따르는 열 명 남짓의 장사들을 데리고 그들과 함께 도망자가 되었다. 유방은 이때도 술을 더 마신 후에야 출발을 했다. 그들은 한 밤중에 늪지의 좁은 길을 가야 했다. 유방은 무리 중 한 사람을 앞서서 가게 했다. 얼마 후, 갑자기 앞서가던 사람이 돌아와 이렇게 말했다.

"앞에 큰 뱀이 있으니 되돌아가는 게 좋겠습니다."

유방이 술에 취해 말했다.

"장사가 길을 가는데 무엇이 두려운가!"

그런 후 앞으로 가더니 칼을 번쩍 휘둘러 그 뱀을 동강내서 길을 열었다. 그들은 다시 몇 리를 더 걸어갔고 술에 취한 유방은 어느 지점에서 벌렁 누워버렸다. 그때 뒤에 도착한 사람이 말하는데, 뱀이 죽어 있는 곳에서 한 노파가 통곡을 하고 있더라는 것이었다. 그때 누군가 연유를 물었다고 했다.

"어떤 사람이 내 아들을 죽였기 때문에 통곡하는 것이오."

"노파의 아드님이 무엇 때문에 죽었나요?"

"내 아들은 백색 제왕의 아들인데 뱀으로 변해 길을 막았다가 방금 적색 제왕의 아들에게 베어졌기 때문에 통곡하는 것입니다."

그래서 사람들은 노파에게 진실하지 못하다고 매질을 했고 노파는 홀연히 사라져 버렸다. 이때 유방은 깨어 있었고, 이 말을 듣자 내심 기뻐하며 스스로 비범하다고 여겼다. 그러면 유방은 적색제왕의 아들이고 적색제왕은 어머니 유온의 몸을 덮고 있었던 교룡이 된다. 예로부터 황제를 용에 비유하여, 용안이니 용상이니 용포니 했는데 그만큼 용은 황제를 상징하는 상서로운 동물이었다. 그러면 백색 제왕은 누구인가?

유방이 죄수들을 데리고 함양에 강제 부역을 나간 적이 있었다. 그때 시황제의 행렬을 보고 이렇게 말했다.

"대장부의 삶이란 마땅히 저래야 하는데……."

헌데 그 당시 시황제는 동남쪽에 천자의 기운이 있다 해서 동쪽으로 순행해서 그 기운을 누르려고 생각하고 있었다. 백색은 오행에서 금金의 기운이고, 적색은 화火의 기운이다. 오행의 상생·상극의 이치로 보면, 용광로에서 암석이 제련되듯이 화는 금을 극克하므로, 풀어서 말하자면, 적색 제왕의 아들이 백색 제왕의 아들을 이겨서 죽이는 건 당연한 이치이다. 그러므로 어쩌면 동남쪽에서 나타날 천자가 진나라를 멸망시킬 것은 하늘의 이치였을 수도 있겠다. 그러나 이것은 정치투쟁의 산물로서 후일 만들어진 말일 수도 있다.

하여간 유방은 자신이 동남쪽에서 천자의 기운을 발하는 장본인이라는 생각에 얼른 망산과 탕산 사이의 연못가 암석 사이에 은둔했다. 하나 더 묘한 것은 유방이 아무리 숨어 있어도 부인 여치는 매번 그를 쉽게 찾아냈다는 점이다. 그 까닭을 이렇게 말했다.

"당신이 머무는 곳에는 언제나 그 위에 구름의 기운이 있기 때문에 그것을 따라가면 거기에 당신이 있었습니다."

　이것은 유방의 주변에는 항상 서기瑞氣가 어렸다는 것인데, 유방은 이 말을 듣는 것을 좋아했고, 이 말을 들은 사람들은 유방을 더욱 따랐다. 이 장면이 유방이 할거割據를 하는 출발점일 것이다. 그렇다면 소하에게는 패현의 현령에게 유방을 불러들이자고 계책을 낸 시점이 유방의 오른팔로서의 출발점이 될 것이다. 소하의 출신성분에 대하여 사기에 더 이상의 기록이 없다.

　유후留侯 장량은 한韓나라 귀족 출신의 협객이다. 전술前述했듯이, 진秦나라가 한나라를 멸망시키자 장량은 원수를 갚기 위해 동생의 장례도 못 치르고 가산을 다 털어서 대역사大力士를 샀다. 그런 후 백이십 근 무게의 철퇴를 만들었다. 할아버지와 아버지 대에 이르기까지 무려 다섯 군주를 모시며 승상을 역임했던 가문이 붕괴되자 더욱 분개했을 것이다. 아무튼 역사와 함께 시황을 내리친다는 게 그만 그의 수레만 부수고 말아 도망하여 하비로 숨어들었다. 그가 어느 날 한가한 틈을 타서 하비의 다리 위를 걸어가는데 삼베옷을 걸친 웬 노인이 다가와서 신고 있던 신발을 다리 밑으로 떨어뜨리며 말했다.

　"젊은이, 내려가서 신발 좀 주워와!"

　장량은 불뚝 성질이 일어났으나 노인이라 꾹 눌러 참으며 신발을 주어다 주었다.

　"신겨!"

　장량은 이미 시작된 일이라 하는 수 없이 무릎을 꿇고 노인에게 신발을 신겼다. 그러자 노인이 웃으면서 가버리는 것이었다. 장량이

어이없어서 그를 바라보고 있는데 노인이 다시 돌아와서 말하길,

"젊은이는 가르칠 만하군! 닷새 뒤 새벽에 이리로 다시 나와!"하는 것이었다. 장량은 더욱 괴이하게 여기면서 꿇어앉아 말했다.

"알겠습니다."

약속된 날 노인이 먼저 와서 기다리고 있었다. 장량은 늦었다고 혼쭐만 나고 돌아왔다. 두 번째도 마찬가지였고 세 번째 가서는 아예 한밤중에 먼저 가서 노인을 기다리자 노인이 나타났다.

노인이 이렇게 말했다.

"그렇지. 마땅히 이렇게 해야지."

하면서 한 권의 엮은 책을 내미는 것이었다. 그러면서 다음과 같은 말을 덧붙였다.

"이 책을 읽으면 왕 노릇하려는 자의 스승이 될 수 있을 것이고, 십년 후에 그 효과를 볼 수 있을 것이다. 십삼 년 뒤에 젊은이가 제북 濟北에서 또 나를 만나게 될 텐데, 곡성산穀城山 아래의 누런 돌이 나다."

그리고 노인은 떠났다. 더 이상의 말은 없었고 다시는 만날 수도 없었다. 날이 밝아 장량이 책을 펴보니 『태공병법太公兵法』이었다. 참으로 괴이한 일이라고 여겼지만 그 책을 늘 외우고 익혔다. 그런 후 의로움에 몸을 맡기고 협객이 되었다. 그 후 십년이 지나자 진섭 등이 봉기했고, 장량은 자신이 섬길 동량棟梁[4]을 찾다가 거리에서 유방을 만났다. 그 후 생사를 같이 하는데, 사실 장량의 공적을 뚜렷하게 말하기는 무척 힘들다. 그것은 유방의 곁에 그림자처럼 붙어서 오직 계책만 내서 유방을 움직이게 했을 뿐, 그것이 사실상 유방의

사부가 되어 유방을 지휘한 것이었다 해도, 공적이라는 것은 항상 눈에 드러나는 결과로 논해지기 때문이다. 그래서 유방이 후작에 임명한 공신 143명 중 장량은 62위에 불과했다. 그럼에도 불구하고 유방은 소하, 장량, 한신을 절대적 개국공신으로 꼽는다.

진나라를 항복시키는 전투에서부터 장량의 활약은 시작된다. 유방이 무관武關으로 들어가서 병사 이만 명으로 진나라와 벌인 요관嶢關 전투에서 장량은 허장성세의 계책을 써서 기선을 제압했고, 적군을 매수했으며, 적이 방심한 틈을 이용해 급습하여 요관을 함락시켰다. 그리고 패잔병을 추격하여 남전까지 밀고 들어가 진나라의 중앙부에 대침을 꽂았다. 이제 함양은 유방의 발아래 있었다. 그러자 재위 46일밖에 안 된 진의 2세 황제는 흰옷에 백마를 타고 옥새를 봉해 들고 나와서 유방에게 넘겼다. 이것이 장량이 태공병법을 공부한 끝에 치른 실전 1라운드였다. 여기서 밝혀야 할 대목은 장량이 진나라 장수를 매수하여 같은 편으로 만들어 놓고, 그들이 방심한 틈을 타서 다시 그들을 쳤다는 점이다. 이와 동일한 계책은 초한전의 대미를 장식한 해하전투에서 또 나온다.

당시 팽월은 오락가락하면서 초나라의 식량을 끊어서 초나라 군을 사지로 몰아넣었다. 한편 한나라 군대는 수비만 하던 초나라 군대에게 닷새 동안이나 욕설을 퍼부어 싸움으로 유도한 후 사수에서 몰살시켰다. 그러자 항우가 놀라서 쫓아왔다. 이때 천하를 반으로 갈라서 절반씩 나누어 갖자고 휴전협정을 맺는데, 유방은 포로로 있던 가족들을 돌려받은 후, 돌아가는 항우의 군대를 추격하여 기습했다. 이것은 장량의 승부사적 근성이 만들어낸 전투였다.

보다 더 전에 장량은 유방에게 한신, 팽월과 힘을 합해 항우를 치라는 계책을 내놓은 바가 있는데, 유방은 장량의 계책에 따라 한신, 팽월에게 땅을 주어 봉한 후 고릉에서 연합했다. 그런 후 대사마 주은周殷을 불러서 구강의 군대를 일으키고, 경포를 맞아 성보를 쳐부수게 하고, 유가劉賈, 제나라, 양나라의 제후군까지 모두 해하에서 대대적으로 모이게 했다. 이때 한신의 군대만 삼십만 대군이었는데, 한신의 왼쪽에는 공 장군이요, 오른쪽에는 비 장군, 그리고 뒤에는 유방이 있고 그 뒤로 주발과 시 장군이 있었다. 그런데 이들을 상대하는 항우의 군대는 굶주리고 지친 병사 십만이었다. 장량은 이때를 놓치지 않았던 것이다.

이는 고요한 듯하다가 세차게 밀어붙이고, 유약한 듯한데 강력하게 기습하고, 안심을 시켜놓은 후 덜미를 물어뜯는 전법이다. 이런 게 태공병법이 아닌가 한다. 사실 이건 황로사상이 근본에 깔려 있는 전법인데, 황로사상이란 황제와 노자老子가 합쳐진 단어로서, 황제는 노자를 돋보이기 위해 갖다 붙인 단어이고, 노자의 사상이 정치 군사에 적용될 때 그 이치가 황로사상이 된다.

장량의 초상화를 보면 여인처럼 생긴데다 평생 잔병으로 유약했고, 유방의 그늘에서 그림자처럼 존재했었는데, 숨은 위력을 그렇게 발휘하여 진을 무너뜨리고 항우를 몰락시켰으니 놀랄 만한 일이다. 이쯤 되면 장량이 비록 62위에 불과한 후작이라 해도 어찌 그를 일등공신으로 치부하지 않을 수 있을까.

회음후淮陰侯 한신韓信은 소하가 천거하여 유방이 중용한 인재로서 회음 사람이다. 젊었을 때는 가난한 탓이었으므로 사람들은 모두 그를 업신여겼다. 그러나 한신은 유방을 만나면서부터 그 빛을 드러내기 시작한다. 그는 자신의 장군 임명식에서 유방 스스로 항우만 못하다는 것을 인정하게 만듦으로서 냉정을 기하게 한 후에 여러 가지 명철한 생각들을 밝혔는데 그 요지는 다음과 같았다.

항우는 지정학적으로 불리한 팽성에 도읍을 한데다가, 의제義帝와의 약속을 지키지 않고 제후들을 감정에 따라 봉한 후, 마침내 의제마저 강남으로 내쫓아 버리니 그게 나쁜 본보기가 되어, 제후들마저 자기 나라로 돌아가 군주를 내쫓고 좋은 땅을 골라 왕이 되는 사례를 남겼다. 그러나 그것은 옳지 못한 일이며 공평치 못한 처사였다고 말했다. 그것은 사람들에게 스스로 신망을 저버린 행위로서 좋은 지도자의 상이 못되는데, 더 나아가 진나라 투항병 20여만 명을 단 세 사람만을 남긴 채 구덩이에 파묻어 죽여서, 그들의 혈육에게 뼈맺힌 원한을 남겼고, 관중 땅을 셋으로 나누어 그 세 명의 장수를 왕으로 삼았으니, 진나라 사람들은 그들을 혐오하고 항우를 원망하는 마음이 하늘에 닿았다. 그래서 사람들은 오직 유방이 자기 나라의 왕이 되기를 원하게 되었다. 유방은 무관武關으로 들어왔을 때, 그들에게 털끝만큼도 해를 끼치지 않았고, 진나라의 가혹한 법률을 없앴으며, 진나라 백성에게 삼장의 법만을 두기로 약속했으니, 유방이 진나라 왕이 되기를 바라는 것은 너무도 당연하여, 이제는 격문을 돌리는 것만으로도 관중 땅은 평정이 될 시점이 왔다고 말하면서 다음과 같이 끝맺었다.

"제후들끼리 먼저 관중으로 들어가는 이가 왕이 되기로 약속했으니 왕께서 관중의 왕이 되셔야 합니다."

한신이 한 말들은 대단히 명철한 분석으로서, 천하제패의 향배는 이미 정해졌다는 예견이기도 했다. 유방은 크게 기뻐했고 한신을 너무 뒤늦게 얻었다고 생각하게 되었다. 그리고 계속해서 한신의 계책들을 들은 후 여러 장수들에게 공격할 곳을 정하게 했다.

한신이 싸운 곳을 다 열거하기는 힘들다. 그러나 싸우는 곳마다 그는 승리를 했다. 그랬다 해도 한신은 전쟁에 임할 때마다 병사들을 새로 구해야 하는 처지에 놓이곤 했다. 그 까닭은 싸움터란 본디 사람이 죽고 상하는 곳이기도 해서겠지만. '한신의 군영에 들어가서 그 군대를 빼앗았다.' 등등의 「고조본기」의 기록을 보면, 가끔씩 유방이 한신의 군대 자체를 통째로 취해서 출전하거나, 아니면 정예병만을 뽑아서 지원군을 삼기도 했던 것으로 보인다. 이는 한신에게 싸움을 배운 군사들의 능력을 유방이 믿었기 때문이기도 했지만, 승승장구하며 날로 불어나는 한신의 위용을 시시때때로 견제하기 위한 수단이었던 것으로 보인다.

유방이 기용한 한신이 어떤 인물인가는 전투를 통해서 적나라하게 드러난다. 그러므로 한신의 삶 전체를 논하는 것은 평전 등에서 다룰 일로 제쳐놓고, 단지 한신이 명장임을 알 수 있는 전투 중에서 성동격서聲東擊西의 전술이 활용된 위나라와의 싸움과, 배수진背水陣 전술이 활용된 조나라 정형전투를 다시 살펴보는 게 좋을 듯하다. 한신은 백만 대군도 손 안에 넣고 지휘할 수 있었지만 그를 등용하여 천하를 제패한 사람이 유방이라는 인간경영의 측면에서 본다면 도움이 될 듯하다.

한나라 2년(기원전 205년)에 유방은 위魏나라 땅과 황하 남쪽 땅을 평정했는데 이듬해 위나라 왕 표豹가 배반을 했다. 유방은 한신을 좌승상으로 삼아 위나라를 치도록 했다.

위나라 왕 표는 포판蒲阪에다 진지를 구축했다. 그리고 수비를 강화하는 동시에 임진으로 통하는 물길을 막았다. 그러자 한신은 소수의 병력으로 대군인 듯 위장하고, 배를 이어서 황하를 건너려는 시늉을 하면서, 실제로는 하양夏陽에서 목앵부5로 군대를 건너게 해서 위나라 수도 안읍을 습격했다. 위나라 왕 표는 놀랄 수밖에 없었다. 대단한 숫자의 군대가 모두 황하를 건너서 쳐들어오는 줄 알았는데 난데없이 수도가 기습당했다는 것이었다. 위나라 왕 표는 긴급히 병사를 이끌고 한신을 맞아 싸웠지만 결국 사로잡혔다. 그래서 한신은 위나라 땅을 한나라의 하동군河東郡으로 만들었다. 이때가 그해 8월이었다.

유방은 한신에게 그 길로 북동쪽으로 진격하여 조나라와 대代나라를 치라고 장이張耳를 보내 왔다. 한신은 한 달 뒤인 9월에 장이와 함께 대나라를 깨뜨리고 재상 하열夏說을 사로잡았다.

이때 유방이 한신의 정예병을 이끌어 형양으로 가서 초나라 군대를 막도록 하라고 사신을 보내왔다. 정예병을 보낸 후 한신은 장이와 함께 조나라를 치려고 했다. 그런데 보아하니 조나라에선 너무나 엄청난 병력을 회동시키는 것이었다. 조나라 성안군成安君은 20만 명이나 되는 병사를 정형 어귀로 모이게 했다. 그리고는 광무군廣武君이좌거李左車와 열띤 계책 싸움으로 들어갔다. 정형의 길은 산길이어서 폭이 좁았으므로 수레 두 대도 지나갈 수 없었다. 그래서 대군이 움직이려 해도 이리저리 재빠르게 움직이기 힘든 길이었다. 이 전투는 길어져서는 안 되었다. 더구나 식량보급로라도 끊긴다거나 대열의 허리 부분이 끊기기라도 한다면 치명적인 결과가 올 게 자명하여 한신은 속전속결을 해야만 했다. 그러므로 한신은 저들이 어떤 계책을 가지고 임하느냐에 따라서 이쪽 전술도 바꿔야 하는 입장이었다. 한신은 첩자를 놓아서 조나라의 동향을 염탐하게 했다.

이때 조나라의 광무군 이좌거가 성안군에게 이렇게 말했다.

"지금 정형으로 가는 길은 폭이 좁아 수레 두 대가 지나갈 수 없고 기병도 열을 지어 갈 수가 없습니다. 이러한 길이 수백 리나 이어집니다. 그러므로 지금 군량미는 반드시 뒤쪽에 있을 것입니다. 원컨대 제게 기습병 삼만 명만 빌려주시면 지름길로 가서 그들의 군량미 수송대를 끊어 놓겠습니다. 군께서는 도랑을 깊이 파고 성벽을 높이 쌓아 진영을 굳게 지키기만 하고 한나라 군대와 맞붙어 싸우지 마십시오. 이렇게 하면 적군은 앞으로 나와서 싸울 수도 없고 후퇴 또한 불가능하게 됩니다. 이때 우리 기습병이 적의 뒤를 끊고 식량을 치워버리면 열흘도 못 돼서 적군의 두 장수 한신과 장이의 머리를 휘하에 바칠 수 있습니다. 부디 군께서는 제 계책에 유의해 주십시오. 이렇게 하지 않으면 반드시 적군의 두 장수에게 사로잡히고 말 것입니다."

첩자는 돌아와서 광무군의 계책이 채택되지 않았음을 보고했다. 한신은 크게 기뻐하며 과감하게 수만 명의 병사를 이끌고 정형의 좁은 길을 내려왔다. 그리고 정형 어귀에서 삼십 리 정도 못 미친 곳에서 야영을 했다. 그날 밤 군령을 전했다. 가볍게 무장한 병사 2천 명을 뽑아서 각각 붉은 기를 하나씩 가지고 샛길로 가게 해서 산 속에 숨어서 조나라 군사를 바라보도록 했다. 그런 후 다음과 같이 명령했다.

"조나라 군사는 우리가 달아나는 것을 보면 반드시 성벽을 비워놓고 우리 군사의 뒤를 쫓아올 것이다. 그러면 너희는 재빨리 조나라 성벽으로 들어가서 조나라 기를 빼고 한나라의 붉은 기를 세워라."

그리고 비장을 시켜서 가벼운 식사를 전군에게 나누어 먹게 하고 이렇게 말했다.

"오늘 조나라 군사를 무찌른 뒤 모두 모여서 실컷 먹도록 하자."

한신은 다시 군리軍吏에게 이렇게 말했다.

"조나라 군대는 우리보다 먼저 유리한 곳을 골라 성벽을 만들었다. 또 그들은 우리 대장의 기와 북을 보기 전에는 우리의 선봉을 치지 않을 것이다. 그것은 우리 군대가 좁고 험한 곳에 부딪혀 돌아가지나 않을까 두려워하기 때문이다."

그래서 한신은 군사 만 명을 먼저 가도록 하고 정형 어귀로 나가서 물을 등지고 진을 치게 했다. 조나라 군대는 이것을 보고 병법을 모른다고 한껏 비웃었다. 날이 샐 무렵 한신이 대장의 깃발을 세우고 진을 치면서 정형 어귀로 나갔다. 조나라 군대는 성벽을 열고 나와 한참 동안 격렬하게 싸웠다. 그때 한신과 장이가 거짓으로 북과 기를 버리고 강기슭의 진지로 달아나니 기다리고 있던 군사는 진문을 열어서 맞아들였다. 다시 격렬한 싸움이 벌어졌다. 조나라의 군대는 정말로 성벽을 비워놓고 한나라의 북과 기를 차지하려고 한신과 장이를 뒤쫓아 왔다. 그러나 한신과 장이가 강가의 진지로 들어간 뒤에는 한나라가 죽기를 각오하고 싸우므로 도저히 무찌를 수 없었다.

한편 앞서 내보낸 기습병 2천 명은 조나라 군사들이 성벽을 비워 놓고 전리품을 쫓는 틈에 성벽 안으로 달려 들어가서 조나라 기를 모두 뽑아 버리고 한나라의 붉은 기 이천 개를 꽂았다.

조나라 군대는 이기지도 못하고 성과도 없으므로 성벽으로 되돌아가려고 했다. 그랬더니 조나라 성벽에는 온통 한나라의 붉은 기가 꽂혀 있었다. 조나라 군사들은 이미 승패가 결정 난 것으로 생각하여 어지럽게 달아나기 시작했다. 조나라 장수들이 달아나는 병사들의 목을 베면서 막으려고 했지만 소용없었다. 한나라 군대는 병사들을 사로잡았으며 성안군을 지수 부근에서 베고 조나라 왕 헐歇을 사로잡았다.

이때 한신이 군중에 명령을 내렸다.

"광무군을 죽이지 말라. 산 채로 잡아오는 사람에게 천금을 주고 사겠다."

그러자 광무군을 묶어 휘하로 끌고 온 자가 있었다. 한신은 묶은 줄을 풀어주고 동쪽을 보고 앉도록 하고 자기는 서쪽을 향하여 마주 보며 스승으로 모셨다. 장수들이 적의 머리와 포로를 바치고 축하한 뒤 한신에게 이렇게 물었다.

"병법에는 '산과 언덕을 오른쪽으로 하여 등지고 물과 못을 앞으로 하여 왼쪽에 두라.'라고 했는데, 오늘 물을 등지고 진을 친 이것은 무슨 병법입니까?"

한신이 대답했다.

"병법에는 죽을 곳에 빠진 뒤에야 비로소 살 수 있고, 망할 곳에 둔 뒤에야 비로소 멸망하지 않을 수 있다는 말이 있지 않소? 내가 평소부터 사대부를 길들여 싸움에 임한 게 아니라 시장 바닥에 있는 사람들을 몰아다가 싸움터에 넣었으니, 그들을 죽을 땅에 두어서 저 스스로를 위해 싸우게 하지 않고 살 수 있는 길을 열어준다면, 필경 남김없이 달아날 텐데 어떻게 이들을 써서 싸움을 할 수 있겠소?"

이것이 기원전 204년에 있었던 그 유명한 '정형전투'이다. 한신의 계책은 다양하고 신출귀몰하여 후대의 군사전문가들에게 감탄을 자아내게 한다. 그 다음의 또 유명한 전투는 제나라와의 싸움인데, 거기서 그는 흐르는 물을 가운데 두고 양 진영이 대치하게 되었다. 그는 모래주머니 일만 포를 이용해 상류로 가서 물길을 막고는 싸움에 임해 거짓으로 후퇴하는 척하여 적군을 유인한 후, 막았던 물길을 터뜨림으로써 적군을 당황하게 만들고 싸워서 무찔렀다. 그래서 쳐부순 제나라 대군이 무려 이십만 명이 넘었다. 제나라는 그렇게 멸망했다. 그 후 왕 노릇을 하면서 제나라의 가왕으로 삼아달라고 유방에게 청원을 했다. 그 청을 듣자 유방은 화를 냈다. 그러나 장량은 유방을 진정시키면서 한신을 일단 제나라의 왕으로 삼게 했다. 그리고 마지막 전투가 초한전의 결전인 해하전투였다. 이 전투가 끝나자 유방은 천하의 제왕이 되었고 한신을 초나라 왕으로 봉했다. 한신은 이때도 제나라 왕에서 초나라 왕으로 좌천된 것이었다.

한신은 승리할 때마다 조금씩 조금씩 자신의 수명을 단축시키고 있었던 것일지도 모른다. 그것은 한 세상에 두 태양이 있을 수 없는 이치와 같았다. 때문에 유방은 어떻게 하든 그의 세력이 커지는 것을 방지하고자 했으며 종국에는 모반죄로 엮어서 한신을 제거했다. 이는 나라를 초월하는 시각으로 보자면 진정 아까운 희생이었으되, 유방의 경영전략으로 보자면 또 하나의 탁월한 경영전략이었다고 할 수 있다.

주

* 1 왕온과 무부武負.
* 2 향 단위 아래의 작은 관리로, 도적을 체포하는 일 등에 관여한다.
* 3 진秦의 어사가 군의 정사를 감독하러 왔다가 소하를 조정에 등용시키고자 하였다.
* 4 한 집안이나 한 나라를 떠받치는 중대한 일을 맡을 만한 인재를 이르는 말.
* 5 나무로 만든 통으로 입구가 좁고 배가 불룩한 모양이다. 이 통에 물을 담아 여러 개를 한 줄로 묶은 뒤 그 위에 판자를 깔아 강을 건널 때 썼다.

04
태자의 목숨을 건진 장량의 계책

여후는 고조가 패공이 되기 전 패현에서 얻은 부인으로 태자 영과 노원공주를 낳았다. 훗날 태자 영은 효혜왕이 된다. 고조의 또 하나의 부인인 척 부인은 여의를 낳았고 여의는 훗날 조나라 은왕이 된다.

한나라 12년에 고조는 여후에게서 낳은 태자보다 척 부인에게서 낳은 여의가 자신을 더 닮았다고 생각하여 태자를 폐위시키고 여의를 태자로 앉히려는 마음이 있었다. 게다가 나날이 울며 간하는 척희의 간청을 물리칠 길이 없었다. 고조는 마침내 조정에서 이 문제를 거론하여 태자 폐위의 조서를 쓰라고까지 신하들에게 명을 내렸다. 이 틈에 곤란해진 사람은 여후였다. 여후는 타개할 방법이 없게 되자 둘째 오빠 건성후를 시켜서 유후 장량을 위협했다. 장량은 마침내 한 계책을 내어 놓았고 그것이 유효하여 태자 폐위에 대한 문제는 없던 일처럼 되었다. 고조는 그해에 서거했다.

선보單父 사람 여공呂公이 패현의 현령에게 머물고 있다는 소문에 지역호걸과 관리들이 축하하러 찾아왔다. 이때 현의 주리主吏였던 소하가 진상품을 관리하다 여러 대부들에게 말했다.

"진상품이 천 냥 아래인 사람은 당 아래에 앉으시오."

이때 하례금을 일만 냥으로 써서 명함을 들이민 사람이 있었다. 일만 냥이라고 적힌 명함을 본 여공은 벌떡 일어나 문으로 가서 사람을 맞이했다. 유방이었다. 그는 평소에 관리들을 경시하고 있었으므로 수중에 돈 한 푼도 없이 거짓으로 써넣은 것이었다. 여공은 평소에 관상 보기를 좋아했는데 유방의 생김새에 완전히 현혹되어 술자리가 끝나도록 옆에 붙들어 놓았다. 여공이 말했다.

"내 일찍이 그대 같은 관상을 본 적이 없었소. 그러니 스스로 아끼시길 바라오. 나에게 딸이 하나 있으니 데려다 청소나 하는 첩으로 삼아주시오."

술자리가 끝난 후 여공의 부인 여온이 화를 내며 말했다.

"당신은 언제나 우리 딸을 귀한 집에 주겠다고 입버릇처럼 말했고, 패현 현령이 당신과 사이가 좋아 딸을 달라고 했어도 미동도 안 하더니 어찌 유계劉季[1]처럼 이를 바 없는 사람에게 딸을 주려 하십니까?"

여공은 아녀자가 상관할 일이 아니라고 일축시켜 버렸다. 여공의 딸 여치呂稚는 신혼 초부터 유방과 고난을 함께 하다가 유방이 황제가 되자 황후가 되었고 아들 영盈은 태자가 되었다. 그가 후일 효혜제가 된다.

유방이 팽성에서 항우에게 패하고 혼자 쫓길 때, 정도定陶의 어느 집에서 숙식을 제공받은 적이 있었다. 그 집 주인이 유방이 한왕인 것을 알게 되어 딸을 주었다. 그 여인이 척 부인이다. 둘 사이에 여의如意를 보았고 여의는 후일 조 은왕이 된다.

척 부인은 젊고 아름다웠으며 춤도 잘 추고 악기 연주와 노래 솜

씨도 뛰어났다. 뿐만 아니라 글도 지을 줄 알았으며 자애로운 성품이라 유방은 그녀를 퍽이나 사랑했다. 유방이 나라를 세워 영이 태자가 되자 척희는 자신의 미래를 위해 여의를 태자로 세워줄 것을 애원했다. 유방이 불가하다고 여러 차례 말했으나 척희는 자주 흐느끼며 간청했다. 실상 고조는 영의 사람됨이 어질지만 나약했으므로 자기를 닮지 않았고 척 부인에게서 낳은 여의가 자기를 닮았다고 생각했다. 게다가 여후는 나이가 많아 고조를 만날 기회가 드물어 나날이 더욱 멀어지게 되었다.

여의가 만 10세가 되자 관례에 따라 자신의 봉지인 조 땅으로 가야할 때가 왔다. 모후인 척희는 걱정이 태산이었다. 여의가 멀리 가게 되면 아무래도 황제와 멀어질 것이기 때문이었다. 이에 척희는 고조를 만나서 무릎을 꿇고 통곡을 했다. 통곡은 그치지 않고 계속되어 고조의 애간장을 녹였다. 다음날 아침 고조는 신하들 앞에서 태자를 폐위하는 게 마땅하다고 말했다. 그러자 대신들 간에 논쟁이 격렬해졌다. 고조는 신하들에게 조서를 빨리 쓰도록 재촉했다. 신하들은 태자에게 결함이 없는데 폐위를 시킨다면 커다란 혼란이 올지도 모른다며 만류했다. 이때 어사대부 주창周昌이 말을 더듬어가며 극구 불가함을 간했다. 그가 너무 심하게 말을 더듬었으므로 고조가 웃음을 참지 못해 조정이 그대로 파하게 되었다. 이때 여후가 밖에서 주창을 기다리고 있다가 무릎을 꿇었다. 주창이 황망하여 같이 무릎을 꿇었다. 여후가 주창을 일으키며 말했다.

"오늘 그대의 행적에 감사하오. 그대가 아니었으면 태자는 폐위되었을 것이오. 이는 태자를 보호해준 것에 대한 예일 뿐이오."

여후는 앞으로도 태자 폐위 문제가 또 불거질 것으로 생각했다. 그래서 둘째 오빠인 건성후建成侯 여택呂澤을 시켜 유후留侯 장량張良을 위협하며 말했다.

"지금 황제가 태자를 바꾸려 하는데 당신은 황상의 모신으로서 어찌하여 베개를 높이 한 채 누워만 있단 말이오?"

"처음에 황상께서는 위급하고 곤경에 처한 상황에서 저의 계책을 써주신 것이었고, 지금은 천하가 안정되어 아끼는 자식으로 태자를 바꾸고자 하는 골육 간의 일이니, 저 같은 사람이 백여 명이 있다 한들 무슨 도움이 되겠습니까?"

"그래도 나를 위해 계책을 세워 주시오."

"돌이켜 보건대 황상께서 뜻대로 할 수 없었던 사람으로 천하에 네 명이 있으니, 그들은 황상이 오만하여 신하가 되지 않고 산속에서 살며 절개를 지키고 있었습니다. 황상께서는 이들을 높이 평가하고 있으므로 지금 공公께서 진실로 금, 옥, 비단을 아끼지 않고 태자로 하여금 편지를 쓰게 하고, 안거安車를 준비하여 말 잘하는 선비로 말을 공손하게 하여 간곡히 청하게 한다면 그들은 반드시 올 것입니다. 그들이 오거든 귀빈으로 대우하고 때때로 태자를 따라 조정으로 들어가 조회하게 하여 황상께서 그들을 보시도록 하면 반드시 놀라워하면서 그들에 대해 물으실 것입니다. 그렇게 되면 태자에게 도움이 될 것입니다."

여후는 여택을 시켜 그대로 했고 그들은 건성후의 집에 빈객이 되어 머물렀다.

고조 11년, 경포가 모반했을 때 황상은 병이 들어 있었다. 황상은 태자가 군대를 이끌어 공격하게 하려고 했다. 그러자 네 선비는 이를 불가하다고 생각하여 건성후에게 말했다.

"지금 태자가 상대할 장수들은 모두 일찍이 황상과 함께 천하를 평정한 맹장들이니 태자에게 그들을 거느리고 출전하게 하는 것은 양에게 이리를 거느리게 하는 것과 같소. 그러므로 그들은 온 힘을 다 기울이지 않을 것이니 태자가 공을 세우지 못할 것은 필연적인 일이오. 공을 세우지 못하고 돌아온다면 이 때문에 화를 입게 될 것이오. 내가 듣기로 '어머니가 사랑 받으면 그 자식도 품에 안겨진다.'고 했는데, 지금 척 부인이 밤낮으로 황상을 모시니 조왕 여의는 늘 황상에게 안겨 있고, 황상도 말하기를 '어리석은 자식으로 하여금 사랑스러운 자식 위에 있게 할 수는 없다.'라고 하시니, 분명 그가 태자 자리를 대신하게 될 것은 필연이오. 만일 이대로 태자가 출정을 하게 되고, 경포에게 이 소문을 듣게 한다면 경포는 서쪽(장안)으로 북을 치며 진군해 올 것이오. 황상께서 비록 병중이라 할지라도 강제로 치거輜車를 준비하셔서 누워서라도 장군을 통솔하시면, 여러 장수들이 힘을 다해 싸우게 될 거요. 그대는 급히 여후에게 청하여 황상께 눈물을 흘리며 이 상황을 돌이키게 하시오.

여택은 그날 밤에 여후를 만났고, 여후가 황상을 만나 눈물을 흘리며 태자의 출정이 불가함을 아뢰었다. 여후의 말을 듣고 황상이 말했다.

"나도 속으로는 절대로 그 아이를 보낼 수 없다고 생각하고 있었으니 내가 몸소 가겠소."

고조 12년, 황상이 경포의 부대를 평정하고 돌아와 병이 더욱 심해졌다. 척희는 이대로 황제가 죽게 되어 왕위가 태자로 이어지면 자신은 살 길이 없다고 생각했다. 그래서 황제를 간호하면서도 제발 목숨을 보전할 수 있게 해달라고 밤낮으로 울며 간했다. 그러자 황상은 태자를 바꾸고자 하는 마음이 더했다. 유후가 그만둘 것을 간언했으나 듣지 않았다. 그래서 유후는 병을 핑계 삼아 정사를 돌보지 않았다. 태자태부 숙손통叔孫通이 고금의 일을 인용하여 태자를 보위하려고 죽음을 무릅쓰고 말하니 황상은 그렇게 하겠다고 말했다. 허나 이는 거짓말이었고 속으로는 기필코 태자를 바꾸려고 하였다. 그러다가 연회에 술자리가 마련되어 태자가 황제를 모시게 되었다. 황제가 보니 수염과 눈썹이 모두 희고 의관을 정제한 여든이 넘어 보이는 노인들이 태자를 모시고 있었는데, 모두들 위엄이 있어 보였다.

황상이 이상히 여겨 물었다.

"저들은 무엇을 하는 자들인가?"

네 사람이 앞으로 나아가 이름과 성을 말하자 황상은 크게 놀라며 말했다.

"짐이 공들을 가까이 하고자 한 것이 몇 년이나 되었는데 공들은 짐을 피하여 달아나더니, 이제 어찌 스스로 내 아들을 위하여 교류하게 되었는가?"

"폐하께서는 선비를 하찮게 여기고 욕도 잘하니 신들이 두려운 마음에 달아나 숨었던 것이나, 저희가 듣건대 태자께서는 사람됨이 어질고 효성스러우며 사람을 공경하고 선비를 아끼셔서, 천하에는 목을 빼고 태자를 위해서 죽지 않으려 하는 사람이 없으므로 신들이 찾아온 것일 뿐입니다."

황상이 말했다.

"귀찮겠지만 공들이 태자를 끝까지 잘 보살펴 주기 바라오."

네 사람이 축수祝壽를 마치고 떠나자 황상은 눈짓으로 그들을 전송하고 척 부인을 불러 그들을 가리키며 말했다.

"짐이 진정으로 태자를 바꾸고자 하였으나, 저들 넷으로 이미 태자의 우익右翼이 성장하였으니 그 지위를 바꾸기 어렵소. 여후는 진정으로 그대의 주인이오."

척 부인은 흐느껴 울었다. 황상도 마음이 비통하여 척 부인을 위해 노래를 지어 불렀다.

"나를 위해 초나라 춤을 추면 나 또한 그댈 위해 초의 노래를 부르리라."

鴻鵠高飛, 一擧千里:

기러기와 고니가 높이 날아, 한 번에 천리를 나네.

羽翮已就, 橫絶四海:

날개가 이미 자라나서, 사해를 가로로 날아다니네.

橫絶四海, 當可奈何:

사해를 가로로 날아다니니, 마땅히 또 어찌 하겠는가!

雖有矰繳, 尚安所施:

비록 짧은 화살이 있다 해도, 오히려 어디에 쏠 것인가!

연이어 몇 차례 더 노래를 부르는데 척 부인이 한숨을 쉬며 눈물을 흘렸다. 이윽고 황상이 가버리자 술자리가 끝났다. 결국 태자를 바꾸지 못한 것은 유후가 네 명의 은자를 불러온 능력 때문이었다.

유후는 늘 이렇게 말했다.

"집안 대대로 한韓나라 승상을 지냈는데, 한나라가 멸망하자 만금의 재물을 아끼지 않고 한나라를 위해서 진나라에 복수를 하니 천하가 진동을 했다. 지금은 세 치의 혀로 황제를 위해 스승이 되어 식읍이 만 호이고 작위는 열후이니, 이는 평민이 최고에 오른 것으로 나로서는 만족할 뿐이다. 그러므로 세속의 일을 버리고 적송자赤松子를 따라서 노닐고 싶을 뿐이다."

머지않아 고제가 서거했다. 유후가 식음을 전폐하니 여후가 찾아와 억지로 먹게 하며 말했다.

"사람이 한 세상 살아가는 것은 마치 흰 망아지가 지나가는 것을 문틈으로 보는 것과 같은데, 어찌하여 스스로 이처럼 고통스러워합니까?"

유후가 세상을 떠나자, 시호를 문성후文成侯라고 했고, 아들 장불의張不疑가 후侯의 작위를 대신했다.

장자방張子房이 예전에 하비의 다리 위에서 만난 노인이 유후에게 『태공서』를 주고 나서 말했듯이 13년이 지나 고제를 따라 제북을 지나갔는데, 과연 곡성산 아래에서 누런 돌을 보게 되어 그것을 가지고 돌아와 보물처럼 받들며 제사까지 지냈다. 유후가 죽자 누런 돌도 함께 매장했다.

주

*1 계季는 유방의 자이다.

지략가의 처세술

한나라 6년(기원전 201년) 정월에 고조는 공신들에게 상을 주었다. 장량은 일찍이 이렇다 할 공이 없는데도 유방이 이렇게 말했다.

"군영의 장막 안에서 계책을 세워 천리 밖에서 승부를 결정한 것은 자방의 공이다. 스스로 제나라 삼만 호를 선택하라."

그러나 장량은 이를 사양했다.

"처음에 신이 하비에서 일어나 황상과 유현에서 만났는데, 이는 하늘이 신을 폐하게 주신 것입니다. 폐하께서는 신의 계책을 쓰셨고 다행이 때때로 들어맞았으니 신은 원컨대 유현에 봉해지는 것으로 충분할 뿐 삼만 호를 감히 감당하지 못하겠습니다."

그러자 고조는 장량을 유후로 봉했다. 이때 소하도 함께 봉읍을 받았는데, 여태까지 큰 공신들 이십여 명만을 봉한 것일 뿐이고, 나머지 공신들은 상을 주질 못하고 있었다. 그건 공을 세운 사람들이 너무 많았기 때문이었다.

위의 일화는 천하가 안정되어가는 상황에서 공을 논해 상을 주던 장면이다. 사실 이 논공행상의 문제는 천하가 평정된 후 일 년이 넘도록 마무리가 되지를 못했는데, 그것은 많은 사람의 공을 기계적으로 처리하기가 힘든 까닭이었다. 헌데 장량의 경우는 고조가 인정하기를 '천리 밖에서 승부를 결정 냈다.'는 정도인데 장량은 삼만 호의 식읍을 사양했다. 이런 처세는 한신의 처세와 상당히 비교가 된다.

한나라 4년(기원전 203년)의 일이다.

한신은 제나라를 무찔러 멸한 후에 사자를 보내 고조에게 이렇게 말했다.

"제나라는 거짓과 속임수가 많고 변절을 잘하며 자주 번복하는 나라인 데다가 남쪽으로는 초나라와 국경을 맞대고 있습니다. 신을 가왕假王으로 삼아주시면 모든 일이 순조로울 것입니다."

고조는 그 편지를 펴보고 크게 화를 내며 꾸짖었다.

"나는 여기서 이렇게 곤경에 빠져 하루빨리 와서 도와주기를 바라고 있는데 자기는 스스로 왕이 될 생각이나 하고 있다니!"

이때 장량이 일부러 고조의 발을 밟고 사과하는 척하면서 왕의 귓가에 입을 대고 이렇게 속삭였다.

"한나라는 지금 불리한 입장에 놓여 있습니다. 한신이 왕 노릇하는 걸 어찌 못하게 막을 수 있겠습니까? 차라리 한신을 왕으로 삼고 제나라를 지키게 하는 편이 낫습니다. 그러지 않으면 변이 일어날 것입니다."

그러자 고조가 즉각적으로 태도를 바꾸어 이렇게 말했다.

"대장부가 제후를 평정했으면 진짜 왕이 될 일이지 가짜 왕 노릇을 한단 말이냐!"

이렇게 해서 장량을 보내서 한신을 제나라 왕을 삼고 그의 병사를 징발하여 초나라를 쳤다.

한신은 실전에서 엄청난 공을 세웠음에도 불구하고 하나의 병장기 취급을 당하고 있다는 느낌을 갖게 하면서, 머잖은 장래에 천하만 안정이 되면 '토끼가 죽으면 사냥개를 삶아먹는다는 식의 희생이 되는 게 아닐까?'라는 우려가 드는 장면이다. 아닌 게 아니라 이듬해인 기원전 202년에 위나라를 공략하고, 대나라를 대파하고, 연나라를 위협하고, 조나라를 항복시키고, 제나라를 평정하고, 초나라를 멸망시킨 한신은 모반죄에 연루되어 죽었다. 그리고 장량의 논공은 이 글의 서두에 밝혔듯이 그 다음해인 기원전 201년에 이루어졌다. 여기엔 천하가 평정된 후 장량은 어떻게 처세하게 되는가에 관한 일련의 흐름이 있다. 물론 장량의 처세를 얘기하기 위해서라면 훨씬 더 전으로 소급해서 말해야 하겠지만 전쟁 중에는 고조와 호흡을 긴밀히 하는, 매우 가까운 거리에서 계책을 내던, 절대적으로 필요한 사람이었으므로 몸 보전은 문제될 게 없었다. 물론 한신도 그때는 문제될 일이 없었다.

그러나 대의로 보자면, 진나라의 혹정 속에서 신음하던 그 백성들과 진나라의 탐욕 속에서 두려워하던 모든 제후들을 위해서라도 정도正道로 천하를 바로 세우는 새로운 통일은 시대적 필요였던 게 분명했다. 그러므로 이때 올바른 견해와 신념과 의협을 가진 이들은 봉기했어야 마땅했다. 그래서 그 뜻과 행동이 단합되고 실행되는 과정에서 각 사람들이 일어난 동기가 일신의 영달이었거나 시대적 대의

였거나 간에 추구하는 목표는 한 가지로 같아야만 했는데, 그 대열에 한고조 유방도 있었고, 소하도, 장량도, 한신도 있었다. 그리고 많은 사람이 상을 받았고 더러는 주살되었는데, 소하는 전전긍긍하며 일부러 백성들의 땅을 헐값에 사들여 탐욕스러운 사람으로 오명까지 뒤집어쓰면서 명을 보전해 가며 살아났고, 한신은 그렇게 하기엔 그 능력과 공적이 너무도 지대했으므로 반드시 제거해야만 할 명부에 일순위로 등록된 것이었다. 괴통이 한신에게 모반하라고 꾀는 상황에서 '용기와 지략이 군주를 떨게 만드는 자는 그 자신이 위태롭고, 공로가 천하를 덮는 자는 상을 받지 못한다.'라는 말을 하는데, 장량처럼 안목이 명찰하고 지략이 드높은 사람이 이러한 이치를 몰랐을 리가 없다. 그러나 한고조의 통일제국이 반드시 그 사직을 위태롭지 않게 이어가야만 온 백성이 안정되게 살 수 있기 때문에, 건국 이후에도 도움을 주는 가운데서 사양하고 사양하며 너무 드러나지 않도록 처세를 했던 게 아닐까? 그런 견지에서 본다면 장량이 고조에게 삼만 호의 식읍을 사양한 건 그리 억울할 것도 없는 대단히 현명한 처세였다.

고조에게 도움이 되었던 장량의 지략 한 가지를 더 음미하면서, 그 이후 과연 유후 장량이 자신의 목숨 경영을 어떻게 하는지 공부하면 좋겠다. 유후의 공을 논하던 날의 일이다.

고조는 낙양의 남궁에 있었다. 고조가 앉아 있는 곳에서 멀리 바라보면 모래밭이 있었다. 장수들은 자주 모래밭에 모여서 머리를 맞대고 무언가를 진지하게 논의했다. 고조는 이를 의아하게 생각하여 저들이 무얼 하고 있는지를 물었다. 이때 유후가 옆에 있었다. 유후는 말했다.

"폐하께서는 모르십니까? 저들은 모반을 꾀하고 있습니다."

"천하가 이제 막 안정되었는데 무슨 까닭으로 모반을 하려는가?"

"폐하께서는 평민으로 일어나 저 무리에게 기대어 천하를 얻으셨는데, 총애하는 옛 친구들은 봉토를 받았고 원한 맺힌 자들은 주살 당했습니다. 저들이 스스로의 공로를 나날이 따져보건대, 폐하께서 봉해주시지 않을 일도 두렵고, 스스로 과실을 생각해 보면 주살 당할까도 두렵습니다. 그래서 서로 모여 모반하려는 것입니다."

"그러니 어쩌면 좋겠소?"

"모두가 다 아는 자들로 폐하께서 평생 미워하는 자들 중 누가 가장 심합니까?"

"옹치雍齒요. 그가 나를 자주 욕되게 하였기에 내가 그를 죽이려 했으나 그가 공이 많아 차마 그리하지 못하였소."

"그럼 시급히 옹치를 먼저 봉하여 신하들에게 보여주십시오. 그들이 그것을 보면 저들도 봉해지리라 굳게 믿어 의심치 않게 될 것입니다."

이에 고조는 술자리를 마련하고 옹치를 봉하여 십방후什方侯로 삼고, 급히 승상과 어사를 재촉하여 봉상封賞을 진행했다. 그들은 술자리가 끝나자 모두 기뻐하며 말했다.

"옹치가 후가 되었으니 우리들도 근심할 게 없다."

이렇게 장량은 고조를 이끌어 장차 골치 아픈 일로 번질 수 있는 문제를 슬기롭게 넘기게 해 주었다. 그런데 이제 고조에게는 도읍을 정하는 큰 문제가 남아 있었다. 그때 유경劉敬이 고조에게 관중을 도읍으로 하라고 권했지만 고제는 의심을 했다. 그러자 옆에 있던 대신들이 낙양에 도읍하기를 권했다. 사실 유경의 말 속에는 '패도로 세운 한나라가 아직은 덕으로 이룩한 주나라를 흉내 낼 때가 아니다.'라는 뜻이 내포되어 있었고, 낙양에 도읍하기를 전했던 대신들은 그들이 산동 사람들이었기에 자신들에게 유리하도록 낙양을 권했던 것이었다. 관중은 한나라의 중앙에서 보자면 서북 방향으로 상당히 치우쳐 있다. 그리고 산동은 관중에서 동쪽 방향이다. 고제는 낙양에 도읍하는 것을 훨씬 흡족하게 여겼던 듯하다. 아무튼 그때도 장량은 그저 침묵하고 있다가 막상 고조가 중심을 못 잡고 의심하고 흔들리자 관중에 도읍을 정하는 게 마땅하고 유익하다는 것을 지형학적 견지에서 설명했다. 그러자 고제는 장량의 말을 믿어 의심치 않고 그의 말대로 즉시 움직였으니, 고제는 장량의 지략과 신의를 천금처럼 여겼던 것이었다.

「유후 세가」에는 다음과 같이 기록되어 있다.

"그러자 고제는 그 날로 수레를 타고 서쪽 관중에 도읍을 정했다.
유후도 따라서 관중으로 들어갔다. 유후는 태어날 때부터 병이 많았으므로 도인술을 하면서 곡식을 먹지도 않고 문밖에 나가지 않는 것이 일 년 남짓 될 때도 있었다."

이러한 장량의 처세를 요약해 보자면, 유후는 고제에게 한없이 도움을 주면서도 과욕을 금하고, 언행을 조심하기를 태산처럼 하면서 살았던 것이었다. 한신이 제거된 이후에는 더욱 철저하게 경계했는데, 그것은 한신이 주살된 이후 모래밭의 장수들을 모반을 꾀하는 것으로 받아들인 그의 시각으로 미루어 짐작해 볼 수가 있다.

태자를 살리기 위해서 상산사호常山四皓(네 명의 은자隱者)를 모셔온 것도 마찬가지였다. 베개를 높이 베고 누워만 있다가 건성후에게 위협을 당해서 마지못해 계책을 낸 것이 그러하다. 그러므로 그렇게 지대한 공적이 있음에도 불구하고 삼만 호의 식읍을 사양한 것은 자신을 온전히 보전해야겠다는 일종의 경계심에서 비롯된 것이 아닐까.

「36계」에 보면 모든 수를 다 썼는데도 여의치 않을 때는 마지막 계략인 주위상走爲上을 쓰라는 말을 들었다. 주위상走爲上은 36번째 계책으로 도주하여 때를 기다리는 것이 그 전술인데, 유후는 병을 빙자해서 조회에도 참여하지 않다가 나중에는 도인술을 빙자해서 일 년씩이나 집안에 머물며 외부와 담을 쌓아 자기를 지켰던 것이었다. 이것도 계책이었다면, 어쩌면 하비에서 만난 노인에게서 얻은 태공병법에는 마지막 계를 쓰긴 쓰되, '양생법으로 몸을 맑게 정화시켜 가면서 삼가 하라.' 이렇게 쓰여 있을지도 모르겠다. 고조가 당해에 서거했고, 세기로 소문난 여태후의 시대가 열렸으니, 인륜의 도가 땅에 떨어져 어느 순간 비참한 종말을 맞을지도 모르는 시국에서 온전히 몸을 보전한다는 것은 정말 힘들 일이었기 때문이다.

실로 고제가 서거하자 여태후는 즉시 조나라 왕 여의에게 짐독을 탄 술을 먹여서 죽였고, 척 부인의 손과 발을 절단 내고, 눈알을 뽑고, 귀를 태우고, 벙어리가 되는 약을 먹여 돼지우리에 살게 하며 '사람돼지'라고 불렀을 뿐 아니라 온 조정을 여씨 일족으로 채우며 파국으로 몰고 갔다.

군주에게 직언을 일삼은 원앙

원앙은 초나라 사람으로 자는 사이다. 그의 아버지는 옛날에 떼도둑 노릇을 하다가 안릉으로 옮겨와 살았다. 원앙은 여태후 때 여록의 사인으로 있다가 기원전 179년 효문황제가 즉위하자 형 쾌의 추천으로 중랑이 되었다.

원앙은 성품이 강직한 선비로서 덕을 겸비하고 예에 밝아 직언으로 황제를 보필했다. 그런 만큼 그에게는 정적이 많았다. 위험을 감수하면서도 신념대로 살아가겠다는 자세와 적절히 타협하여 시류에 맡겨 살겠다는 자세 중 무엇이 옳은가라는 문제는 바르고 높게 살고자 하는, 정신을 귀히 여기는 사람들에겐 항상 대두되는 점이다.

원앙은 상황을 떠나서 옳다고 여겨지는 대로 살아가며 언행을 일치시켰는데 불행히도 자객의 칼에 목숨을 잃었다. 신념에 따라 살아간다는 것은 커다란 용기를 필요로 하기 마련이다.

여씨 일족을 몰아내는 데 공적이 있다 하여 효문제 즉위 직후 승상이 된 강후絳侯 주발은 지나치게 교만하고 당당했다. 그럼에도 불구하고 황상은 그를 매우 정중히 대했는데 이를 보고 있는 사람들에게는 마치 황상이 아랫사람인 것처럼 보이는 경우도 많았다.

이를 참을 수 없었던 원앙이 어느 날 조회가 끝난 후 황제에게 다가가서 강후를 어떻게 생각하시는지 물었다.

"그는 사직의 신하요."

"강후는 공신이긴 하지만 사직의 신하는 아닙니다."

"어째서 그렇소?"

"사직의 신하란 그 군주와 생사를 같이 해야 합니다. 여태후가 실권을 잡았을 때, 나라는 여씨 일파가 정권을 제멋대로 휘둘러 서로 번갈아 왕이 되어 유씨의 명맥은 진실로 풍전등화의 형국이었습니다. 그때 강후는 병권을 쥐고 있는 태위太衛였으나 그들을 바로잡지 못했습니다. 여후가 세상을 등진 후 대신들은 비로소 여씨들을 배척했는데, 마침 태위가 병권을 쥐고 있었기에 어부지리로 공을 이루게 된 것입니다. 그러므로 그는 공신일 수는 있어도 사직의 신하라고는 할 수 없습니다. 그런데도 승상은 교만하기 이를 데 없고 폐하는 오히려 겸양하고 계시니, 이는 신하와 군주의 예가 아닙니다. 아무리 생각해 보아도 그것은 폐하께서 취하실 태도가 아닙니다."

그 뒤로 황상은 태도를 바꾸고 조회 때는 더욱더 위엄 있게 승상을 대했다. 승상은 황상을 두려워하게 되었다. 강후는 이 까닭이 원앙에게 있다고 믿어 원망하며 말했다.

"나는 네 형과 친한 사이인데, 네가 조정에서 감히 나를 헐뜯다니!"

그래도 원앙의 생각은 변함없었으므로 끝까지 그에게 사과하지 않았다. 그러다 강후가 승상 자리에서 물러나 봉국으로 돌아갔는데, 그 나라의 어떤 자가 강후가 모반을 꾀한다고 황상에게 글을 올렸다.

강후는 체포되어 청실淸室[1]에 갇혔다. 이때 그의 결백을 간해주는 사람은 한 명도 없었다. 하지만 원앙이 나서서 그의 결백을 해명했고 강후는 풀려났다. 강후는 원앙의 참뜻을 그때야 비로소 깨닫고 원앙과 깊은 교분을 맺었다.

회남의 여왕勵王이 입조했는데 벽양후를 죽인 사람 같지 않게 태도가 교만하고 몹시 버젓하였다. 원앙은 염려되는 바가 있어서 황상에게 간언했다.

"제후가 너무 교만하여 방자함이 지나치니 우환이 생길까 우려됩니다. 봉토를 적당히 깎아 우환에 대비하시는 게 좋을 듯합니다."

그러나 황상은 이 간언을 못 들은 체하였다. 회남왕은 날로 더욱 방자해졌다. 그때 극포후棘蒲侯 시무柴武의 태자가 모반하려다가 발각되었다. 그런데 알고 보니 거기에는 회남왕이 연루되어 있었다. 이에 황상은 회남왕을 함거艦車에 실어 촉 땅으로 옮기도록 하였다. 그러나 원앙은 황상의 강경한 조치에 우려를 표했다.

"폐하께서는 평소에 그토록 교만했던 회남왕을 조금도 제지하지 않으셨습니다. 그런데 지금 와서 갑자기 꺾으려 하신다면 자존심 강한 회남왕이 어찌 삭이겠습니까? 그 성품에 가는 도중에 병이라도 얻어 죽게 된다면, 폐하께서는 천하를 가졌으면서도 아우를 포용하지 못하여 죽였다는 오명을 쓰게 됩니다. 그때는 어쩌시렵니까?"

그러나 황상은 원앙의 말을 개의치 않았다. 아니나 다를까 회남왕은 옹현擁縣에 이르러 병을 얻어 죽고 말았다. 이 소식을 들은 황상은 음식도 폐한 채 곡을 하며 몹시 슬퍼했다. 원앙이 들어가서 강하게 말리지 못한 죄를 황상에게 사과하니 황상이 말했다.

"공의 간언을 듣지 않아 결국 이 지경에 이르렀소."

"폐하께서는 스스로 마음을 너그럽게 하십시오. 다 지나간 일이니 후회하신들 무슨 소용이 있겠습니까? 그래도 폐하께는 뛰어난 행적이 세 가지가 있으니 이런 일로 명예가 흔들리지는 않을 것입니다."

"세상에서 뛰어난 행적 세 가지란 무엇이오?"

"폐하께서 대나라에 계실 때 태후께서는 병석에 계신 지 삼년이나 되었습니다. 그때 폐하께서는 옷고름도 풀지 않고 밤을 새워 돌보셨고, 탕약도 친히 맛을 보신 뒤에 태후께 올리셨습니다. 보통 사람도 이렇게 하기가 어려운 일인데 하물며 황제 신분으로 이를 행하셨으니 증삼曾參(曾子)보다도 훨씬 뛰어난 효성이십니다. 또한 여씨 일족들이 정권을 잡고 대신들이 나라를 휘두를 때 폐하께서는 대나라에서 위험을 무릅쓰고 수도로 달려오셨으니, 비록 용맹한 맹분孟賁과 하육夏育이라고 해도 폐하께는 미치지 못할 것입니다. 또한 폐하께서는 대나라 왕의 저택에서 서쪽으로 천자 자리를 두 번 사양하셨고, 남쪽으로 천자 자리를 세 번이나 양보하셨습니다. 허유許維도 단 한 번 양보하였는데 폐하께서는 다섯 번이나 천하를 사양하셨으니 허유보다 네 번이나 더 하신 것입니다. 폐하께서 회남왕을 귀양 보낸 것도 그를 반성하게 하여 고치려던 것이었습니다. 다만 담당 관리들이 허술하여 그를 잘못 보살폈기 때문에 그가 병들어 죽은 것입니다."

황상은 이 말을 듣고야 마음을 놓으며 말했다.

"이 일을 어떻게 하면 좋겠소?"

원앙이 대답했다.

"그에게는 세 아들이 있으니 폐하께서 하시기에 달렸을 뿐입니다."

효문황제는 회남왕의 세 아들을 모두 왕으로 삼았다. 원앙은 이일로 인하여 조정에서 더욱 이름을 떨치게 되었다.

효문황제가 패릉覇陵에서 서쪽으로 가파른 고갯길을 달려 내려가려고 하였다. 그때 원앙은 타고 있던 말을 황제의 수레 옆에 대고 말고삐를 잡아당겼다. 황제가 말했다.

"장군은 두렵소?"

원앙이 말했다.

"신이 듣건대 천금을 가진 부잣집 아들은 마루 끝에 앉지 않고, 백금을 가진 부잣집 아들은 난간에 기대어 서지 않으며, 현명한 군주는 위험을 무릅쓰면서까지 요행을 바라지 않는다고 합니다. 지금 폐하께서는 자신을 가볍게 여긴 것이라 치더라도 종묘와 태후는 무슨 낯으로 대하시겠습니까?"

그래서 황제는 달리려는 생각을 그만두었다.

황제가 상림원으로 나들이하러 갔을 때 두 황후竇皇后와 신 부인愼夫人도 따라갔다. 이 두 사람은 궁궐에서 항상 같은 줄에 자리를 하고 앉았다. 낭서장郎署長이 자리를 같이 마련하자 원앙은 신 부인의 자리를 당겨서 아래로 앉혔다. 신 부인은 기분이 상하여 앉으려

하지 않았고, 황제도 화가 나서 일어나 궁궐로 돌아가려 하였다. 원앙은 곧바로 황제 앞으로 나아가 말했다.

"신이 듣건대 높고 낮음에 질서가 정해지면 위아래가 모두 화목하다고 합니다. 지금 폐하께서는 황후를 세우셨으니 신 부인은 겨우 첩에 지나지 않습니다. 첩과 처가 어찌 같은 자리에 앉을 수 있겠습니까? 이러한 것이 높고 낮음의 질서를 잃는 근원이 됩니다. 만일 폐하께서 신 부인을 총애하신다면 많은 상을 내리십시오. 지금 폐하께서 신 부인을 위해서 하는 행동은 도리어 화를 부르는 행동입니다. 폐하께서는 '인체'[2]의 일을 보지 못하셨습니까?"

황제가 기뻐하며 신 부인을 불러 이 말을 들려주자, 신 부인은 원앙에게 황금 쉰 근을 내렸다.

이렇게 원앙이 자주 직간하였으므로 궁궐 안에 오래 머물지 못하고 농서군의 도위로 좌천되었다. 항상 그래 왔듯이 거기서도 원앙은 사졸을 인자하게 대하고 아꼈으므로 사졸들이 모두 그를 위하여 죽음을 다툴 정도였다. 나중에 그는 제나라의 재상이 되었고 다시 오나라의 재상으로 옮겨 갔다. 그가 하직 인사를 하고 오나라로 떠나려 할 때 조카 종種이 이렇게 말했다.

"오나라 왕은 교만에 빠진 지 오래 되었고, 그 나라에는 간사한 사람이 많습니다. 지금 만일 그들의 죄를 적발하여 심판하려 든다면 그들은 글을 올려 삼촌을 모함하거나 예리한 칼로 해를 입힐 것입니다. 그러니 삼촌께서는 날마다 술이나 마시면서 아무 일도 하지 마십시오. 그저 때때로 그들에게 '왕에게 모반을 꾀하지 마십시오.' 라고만

하십시오. 이렇게 하면 화는 벗어날 수 있을 것입니다."

원앙이 종의 계책대로 하자 오나라 왕은 그를 두텁게 대우했다.

하루는 집으로 돌아오다가 승상 신도가申屠嘉를 만나게 되어 수레에서 내려 인사를 했는데, 승상은 교만하게 수레 위에서 고개만 까딱할 뿐이었다. 원앙이 되돌아와 암만 생각해도 아랫사람들에게 부끄럽기 짝이 없었다. 그가 승상의 관저로 찾아가서 명함을 주고 뵙기를 청하자 한참 뒤에 승상이 나왔다. 원앙은 겸손하게 무릎을 굽히고 말했다.

"잠시 시간을 내 주십시오."

승상이 말했다.

"만일 그대의 말이 공적인 것이라면 관청의 장사長史나 아전과 의논하시오. 그러면 내가 황제께 글을 올려 보겠소. 그러나 만일 사사로운 것이라면 나는 듣지 않겠소."

원앙은 곧 일어나서 말했다.

"승상으로 계신 공께서 스스로 비교하건대 진평陳平이나 강후와 견주어 누가 더 낫다고 보십니까?"

승상이 말했다.

"내가 그들만 못할 것이라고 생각하오."

원앙이 말했다.

"좋습니다. 공께서는 그들과 견주어 스스로 못하다고 말씀하셨습니다. 진평과 강후는 고조를 잘 보필하여 천하를 평정하도록 했고, 대장과 승상이 되어서도 여씨 일족을 멸하여 유씨(한나라)를 보존시켰습니다. 그러나 공께서는 말 타기와 활쏘기를 잘했기에 대장으로 승진하고 회양군의 군수가 되셨을 뿐, 어떤 기발한 계책을 내어 성을 공격하고 싸워서 공적을 세운 것은 아닙니다. 한편 폐하께서는 대代에서 오신 이래로 낭관이 상소를 올리면 용련龍輦[3]을 멈추고서라도 꼭 받으셨습니다. 그리고 의견들을 가려서 쓸모없는 것은 버리고 쓸 만한 것은 받아들이시면서 훌륭하다고 칭찬하지 않은 적이 없었습니다. 그렇게 한 까닭은 천하의 어진 선비를 불러들이기 위해서였습니다. 그랬기 때문에 폐하께서는 날마다 새로운 견문을 취하시고, 날이 갈수록 지혜로워졌습니다. 그런데 공께서는 세상 사람들의 입에 재갈을 물림으로써 날로 더욱더 어리석어지고 계십니다. 현명한 군주가 어리석은 승상을 문책하신다면 공이 화를 받을 날이 그리 멀지 않을 것입니다."

승상은 이 말을 듣고 원앙에게 두 번이나 절하며 말했다.

"나는 미천한 시골 사람이라 아는 것이 없으니 장군께서 가르쳐 주시면 다행이겠소."

신도가는 원앙을 데리고 들어가 자리를 함께 청하면서 상객으로 예우했다.

원앙과 조조는 서로를 탐탁지 않게 여기고 있었다. 조조는 영천潁川 사람으로 학문이 뛰어났다. 그는 특히 말재주가 뛰어나 태자에게 총애를 받았는데 효문제가 죽고 효경제孝景帝가 즉위하자 어사대부御史大夫가 되었다. 그러자 조조는 원앙의 허물을 찾아 벌을 주려고 하였다. 그러던 중 원앙이 오나라 왕으로부터 뇌물을 받은 적이 있다는 허물을 찾아냈다. 그러나 황제는 그의 죄를 용서하고 평민이 되게 하였다. 하지만 오나라와 초나라가 반란을 일으켰다는 소식이 전해지자, 조조는 원앙이 그 사건에 관계가 있다고 생각하여 원앙을 처벌할 것을 황제께 주청 드리려고 한다고 승丞과 사史에게 말했다. 이 말을 들은 승과 사는 원앙은 그랬을 리가 없다고 변호했다. 조조가 결단을 못 내리고 있을 때 어떤 사람이 이 상황을 원앙에게 전했다. 원앙은 두영을 만나 자신의 결백을 말하며 황제를 직접 만나고 싶다고 말했다. 두영이 이 말을 황제에게 전하자 황제는 원앙을 불러들였다. 황제는 마침 조조와 함께 군사와 군량을 직접 따져보고 있었다. 황제는 원앙에게 이 사태를 어떻게 보느냐고 물었다. 원앙은 주위 사람들을 물리쳐 줄 것을 청한 후 이렇게 말했다.

"오나라와 초나라가 주고받은 편지에는 '고조황제는 자제들을 왕으로 삼아 각각 땅을 나누어 주었다. 그런데 지금 적신敵臣 조조가 제멋대로 제후들의 죄를 문책하여 그들의 땅을 빼앗았다. 그러니 이것을 명분으로 삼아 서쪽으로 나아가 함께 조조를 죽이고 옛 땅을 되찾은 뒤 군사를 해산시키자.' 라고 했습니다. 지금 계책으로는 조조의 목을 베고 사자를 보내 오나라와 초나라 등 일곱 나라를 용서하고, 그들의 옛 봉지를 회복시켜 주면 반란은 잠재워질 것으로 봅니다."

황제는 한참 만에 이렇게 말했다.

"어찌하면 좋을지 확실히 모르겠소, 내가 한 사람을 아끼지 말고 죽여서 천하에 사과해야 한다는 말이오?"

원앙이 말했다.

"신의 어리석은 생각으로는 이보다 더 나은 계책이 없습니다. 폐하께서 깊이 헤아려 보시기 바랍니다."

　이로부터 열흘쯤 지나서 조조는 조복 차림으로 동시東市에서 처형되었다. 그 뒤 원앙은 태상 신분으로 오나라에 사신으로 갔다. 오나라 왕은 원앙을 장군으로 삼고 싶어 했다. 하지만 원앙이 거절하자 그를 죽이기 위해 도위 한 명에게 군사 500명을 주어 군대 안에다 원앙을 가두도록 했다.

　전에 원앙이 오나라 재상으로 있을 때, 종사從史[4] 한 명이 원앙의 시녀와 몰래 정을 통했지만 원앙은 이를 모른 체 한 적이 있었다. 그러다가 어떤 사람이 종사에게, 원앙이 그 사실을 알고 있다고 말하자 그가 달아났는데, 원앙은 즉시 쫓아가서 그를 데리고 돌아온 후 시녀를 주고 다시 종사로 삼은 적이 있었다. 그 종사가 지금 원앙을 사방으로 에워싼 군대의 교위사마校尉司馬가 되어 있었다. 그는 옷가지와 물건을 죄다 팔아서 독한 술 두 섬을 샀다. 때마침 그날은 날씨가 추운 데다 병사들은 굶주리고 목말랐으므로 취하도록 술을 마셨다. 게다가 서남쪽 구석을 지키던 병사들이 모두 술에 취해 쓰러져 잠이 들었다. 사마는 밤이 깊어지자 원앙을 깨워 일으키고 이렇게 말했다.

　"공께서는 지금 달아나십시오. 오나라 왕은 날이 밝으면 공을 베어 죽일 것입니다."

　원앙은 믿을 수 없다는 듯이 물었다.

　"당신은 누구요"

　사마가 말했다.

　"소인은 전날 공의 종사로 있으면서 시녀와 몰래 사랑을 나누었던 놈입니다."

원앙은 놀라며 거절하고 말았다.

"당신에게는 다행히 부모님께서 살아계시니 내 일로 인하여 당신에게 누를 끼칠 수 없소."

사마가 말했다.

"공께서는 어서 달아나십시오. 저도 달아나 부모님을 피신시키면 될 텐데 무엇을 걱정하십니까?"

그는 칼로 군막을 찢어 젖히고 원앙을 인도하여 달아나도록 하고 자신은 원앙의 반대 방향으로 달아났다. 이렇게 위기를 모면한 원앙은 달아나던 도중 양나라 기병을 만나서 말을 얻어 타고 수도로 돌아와 그대로 보고하였다.

오나라와 초나라의 반란군이 격파된 뒤 원앙은 다시 초나라 재상이 되었으나 신병으로 벼슬을 그만두었다. 경제는 때때로 사람을 보내 국정에 관한 의견을 물었다. 경제가 양나라 왕을 후사로 정하려 할 때도 원앙이 반대를 하자 그 말은 더 이상 나오지 않았다. 양나라 왕은 이 일로 원앙을 원망하여 자객을 시켜 원앙을 찔러 죽이려고 했다. 자객은 관중에 와서 원앙이 어떤 사람인지 알아보았는데, 사람들이 모두 칭찬만 할 뿐 다른 말은 하지 않았다. 그래서 원앙을 만나 이렇게 말했다.

"저는 양나라 왕한테 돈을 받고 공을 찔러 죽이려고 왔습니다만 공은 덕이 있는 분이라 차마 죽일 수가 없었습니다. 그렇지만 제 뒤로도 공을 해치려는 자가 십여 명이나 더 있으니 대비하십시오."

이 말을 듣자 원앙은 불안하고, 집안에서도 괴이한 일이 많이 일어나므로, 배생을 찾아가 점을 보았다. 그런데 돌아오는 길에 안릉의 성문 밖에서 그를 뒤쫓던 양나라 자객이 앞을 가로막고 그를 찔러 죽였다.

직언의 수위를 조절하는 것도 경영이다

고제 이후 혜제가 즉위하자 여후는 곧바로 조나라 왕 여의를 죽였다. 그런 후 척 부인에게 잔인한 보복을 가하여 혜제에게 구경을 시켰는데, 혜제는 척 부인의 처참한 형상에 심하게 놀라서 병을 얻었다. 그 후 일 년이나 병석에서 모후를 원망하다 태후에게 '인간으론 할 수 없는 짓을 했다'고 편지를 보냈는데, 여후는 아들과도 타협할 수 없을 만큼 더욱 복수심에 불탔고, 혜제는 이런 조정분위기를 감내할 수 없게 되자 술에 빠져 방탕한 생활로 접어들었다. 그리고 급기야는 술로써 병을 얻어 즉위 7년 만에 죽게 되었다. 혜제의 발상 때 여후는 마음 놓고 슬퍼하지도 못했다. 이때 장벽강이 진평에게 말했다. 장벽강은 시중侍中으로 유후 장량의 아들이다.

"태후께는 아들이 단지 혜제 뿐인데, 지금 세상을 떠났는데도 소리 내어 곡할 뿐 슬퍼하지 않으니 그 까닭을 아십니까?"

진평이 어찌하여 그걸 묻느냐고 하자,

"황제에게 장성한 아들이 없으니 태후께서는 당신 같은 대신들을 두려워하기 때문입니다."하면서, "여씨로 장군을 삼아서 군대를 통솔하게 한 후, 여씨들로 조정에서 정권을 좌우하게 한다면 태후는 마음이 편해질 테니, 그래야만 당신들도 다행히 화를 면할 것"이라고 말했다. 진평이 장벽강의 계책을 따라 그대로 말하자 그때야 비로소 태후는 흡족해 하면서 아들의 죽음을 슬퍼할 수 있었다. 그리고 그때부터 모든 호령은 태후로부터 나오게 되었다. 한편 태후는 고제가 죽기 얼마 전에, 상국 소하가 죽으면 누가 그 뒤를 잇는 게 좋을까를 물은 적이 있는데, 고제는 조참이 할 수 있다고 말했고, 태후가 다시 조참이 죽은 후에 뒤를 이을 사람을 묻자 고제는 다음과 같이 답했었다.

"왕릉이 할 수 있소. 그러나 왕릉은 꽉 막혔으므로 진평이 그를 돕도록 하는 게 좋소. 진평은 지혜가 넘치지만 혼자서 맡는 것은 어렵소. 주발은 점잖고 너그럽고 글재주는 모자라지만 유씨를 안정시킬 자는 틀림없이 주발周勃이니 그를 태위로 삼을 만하오."

이 말이 반영이 되어 혜제 2년에 조참이 죽게 되자 우승상에 왕릉, 좌승상에 진평 그리고 주발이 태위로 임명되었다.

태후는 여러 여씨를 왕으로 세우려고 우승상 왕릉에게 물었다.

"고제께서 흰 말을 죽여 맹세하면서 유씨가 아닌데도 왕이 되면 천하가 함께 그를 치리라고 하셨습니다. 지금 여씨를 왕으로 세우는 것은 약속을 어기는 것입니다."

그러자 태후는 달가워하지 않았고, 좌승상 진평과 강후 주발에게 또 물었는데 주발 등이 이렇게 대답했다.

"고제께서 천하를 평정한 후 자제들을 왕으로 삼으셨습니다. 지금 태후께서 황제의 직권을 행사한다 하시면 이는 형제와 여러 여씨들이 왕이 되는 것이므로 고제 때와 비교해 보면 안 될 것도 없습니다."

그러자 태후는 비로소 기쁜 내색을 하며 조회를 마쳤다.

왕릉은 진평과 주발을 이렇게 질책을 했다.

"처음 고제와 피를 마시며 맹세할 때 그대들도 있지 않았소? 지금 고제께서 세상을 떠나고 태후가 여군주가 되어 여씨를 왕으로 삼으려는데, 태후의 사욕에 따라 아첨이나 하면서 약속을 저버리려 하니 무슨 면목으로 지하에 계신 고제를 뵐 수 있겠소?"

진평이 말했다.

"지금 마주보고 과실을 질책하고 조정에서 잘못을 간언하는 것은 저희가 당신만 못해도 사직을 보전하고 유씨의 후손을 안정시키는 것은 당신이 저희만 못할 것입니다."

왕릉은 할 말을 잃어 아무런 답도 못했다. 태후는 그 해 11월에 왕릉을 폐하려고 그를 황제의 태부에 제수하여 우승상의 권세를 빼앗아 버렸다. 그런 후 좌승상 진평을 우승상으로, 벽양후 심이기를 좌승상으로 삼았다. 그리고 이름뿐인 황제를 폐위시킨 후 몰래 그를 죽였는데 그 진상은 이렇다.

태후는 혜제가 죽고 나서 어린 태자를 황제로 즉위시켰다. 효혜황후가 아들이 없자 거짓으로 임신한 척하며 궁녀의 아들을 빼앗아 자기가 낳은 것처럼 행세하게 한 후, 아이의 생모를 죽이고 태자로 세웠다. 혜제가 세상을 떠나고 태자가 자리에 올라 황제가 되어 자신의 출생에 대해 알게 되었다. 태자는 그 말을 들은 즉시 이렇게 내뱉었다.

"황후는 내 생모를 죽인 사람인데 어떻게 나를 자기 아들이라고 할 수 있습니까? 내가 아직 어리지만 장성하면 반드시 보복할 것입니다."

헌데 이 말을 태후가 듣고는 그를 영항에 가두고 측근조차도 근접하지 못하게 한 후, 조정에서 이렇게 말했다.

"무릇 천하를 소유해 만백성의 운명을 다스리는 사람은 만백성을 하늘 같이 덮어주고 땅 같이 받아들여야 하오. 황제가 즐거운 마음을 품고 백성들을 편안케 하면 백성들은 기뻐하며 황제를 섬기게 되니 즐거움과 기쁨이 서로 통해 천하가 다스려지게 되오. 지금 황제는 병이 오래되어 낫지 않아 정신이 헷갈리고 혼미해서 제위를 계승해 종묘 제사를 받들 수 없소. 이에 천하를 맡길 수 없으니 누군가 그를 대신해야 할 것이오."

그러자 신하들은 모두 머리를 조아리며 이렇게 말했다.

"황태후께서 천하를 위하고 백성을 구제하며 종묘사직을 안정시킬 방도를 계획한 마음이 참으로 깊으니, 신하들은 머리를 조아려 조칙을 받들겠습니다."

이렇게 황제를 폐위하고 태후는 어린 그를 몰래 죽였다. 그런 후 상산왕 유의를 태자로 세우고는 이름을 유홍劉弘으로 고쳤다. 그 후 태위의 관직을 설치하고 강후 주발을 태위로 삼았다. 이로써 강후가 전국의 병권을 장악하며 수도 경비를 담당하는 북군을 통솔했으니, 본문에 원앙이 황제에게 '강후는 공신일 수는 있어도 사직의 신하가 아니라'는 말은 이런 배경에 기인한다.

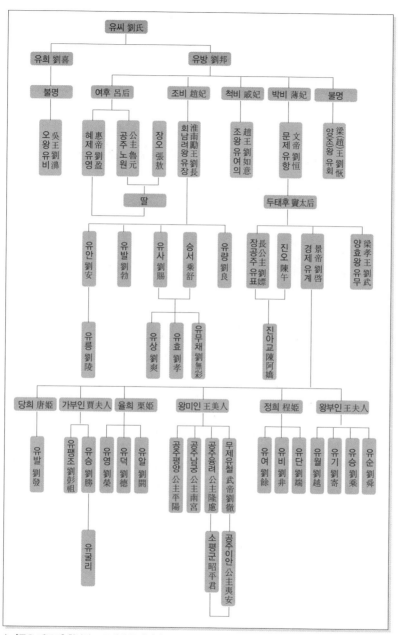

▶ [주요 계보표] 한나라 고조에서 무제까지

태후가 실권을 잡은 이래 정국은 앞서 기술한 바와 같다. 이 과정에서 태후는 전략적으로 유씨 집안의 왕들을 모두 여씨 집안의 여인들로 강제결혼을 시켰다. 그러나 여씨에 대한 깊은 혐오감으로 인해 유씨들은 여씨와 화합할 수가 없었다.

조왕 유우는 왕후를 돌아보지 않고 다른 희첩을 사랑했다. 이에 여씨 일족의 여자들이 질투하여 화를 내며 태후에게 유씨를 헐뜯고 모함하는 등의 일이 생겼다. 태후는 조왕을 불러들여 감금하고 굶주려 죽게 해 평민의 예로 장사지냈다. 그 후 양왕 유회劉恢를 옮겨 조왕으로 삼았다. 이렇듯 태후는 독살하고, 자살시키고, 굶겨죽이고, 후사를 끊고, 폐위시키고, 등등의 갖은 악행을 저질렀기에 날이 갈수록 유씨와 여씨는 첨예하게 대립하게 되었다. 각 나라 유씨 왕들과 대신들은 태후의 눈치를 보면서 어떻게 해서라도 몸을 보전하며 쇄신의 기회만을 엿보고 있었다. 그러던 중 태후가 정권을 휘두른 지 8년 되던 해, 태후가 불제[1]를 드리고 오다가 개처럼 생긴 검푸른 무엇에게 겨드랑이를 물려 그 상처가 깊어졌다. 마침내 병세가 악화되자 태후는 조카인 조왕 여록呂祿을 상장군으로 해서 북군을 통솔하게 했다. 그리고 다른 조카인 여산呂産을 남군에 머물며 거느리게 했다. 그리고 태후는 바로 죽었는데, 조칙에 여러 내용이 있었지만 중요한 것은 여산을 상국으로 임명한다는 것이었다. 따라서 승상 진평은 힘을 쓸 수 없게 되었고, 태위 강후도 병권을 빼앗긴 것이나 다름이 없었다.

태후는 죽기 전에 여산과 여록에게 이렇게 유언을 남겼다.

"고제께서 대신들과 맹약하기를 '유씨가 아닌데도 왕이 되는 자는 천하가 그를 공격하리라'라고 했다. 내가 죽고 나면 황제가 나이가 어려 대신들이 난을 일으킬까 걱정이니, 기필코 병권을 장악해 황궁을 호위하고 신중히 행동해서 비록 나를 장사지내도 배웅하지 말며, 사람들에게 제압당하지 말라."

이때 여씨들은 정권을 좌지우지하려고 마음대로 일을 꾸며 모반을 하려 했는데, 고제의 옛 대신인 주발周勃과 관영灌嬰 등이 두려워 감히 일을 벌이지 못했다. 주허후 유장의 부인은 여록의 딸이었는데, 덕분에 유장은 여씨들의 계략을 몰래 알게 되었다. 그래서 여씨들을 경계하면서 은밀히 사람을 보내 형 제왕 유양劉襄에게 이 사실을 알렸다. 그리고 형에게 병사들을 출동시켜서 여씨들을 죽이고 황제에 오르라고 말했다. 그리고 자신은 궁 안에서 필요한 조치를 취하려고 했다. 유장과 제나라 애왕齊哀王 유양은 고제에 의해 제나라에 봉해졌던 혜제의 이복형인 유비劉濞의 아들들이다.

한편 제왕 유양은 병력을 출동시켜 동쪽으로 진군했다. 가다가 속임수로 낭야왕琅邪王 유택劉澤의 군대를 빼앗고, 그들을 모두 데리고 서쪽으로 나아갔다. 그리고 제왕은 여러 제후왕들에게 편지를 써서 여씨들의 죄상을 폭로했다. 한나라에서 이 소식을 듣자마자 영음후潁陰侯 관영에게 군대를 이끌어 제왕을 공격하게 했다. 그러나 여산의 명을 받아 제나라를 치러 가던 대장군 관영은 형양에 머무르며 공격을 유보시켰다가 제왕 유양에게 제후들과 연합하여 여씨가 모반을 일으킬 때까지 기다려서 여씨들을 주살할 것을 설득했다. 제왕은 이 말을 듣고 서쪽 국경으로 군사를 돌려 약속을 기다렸다. 이때 여록과 여산은 자신들의 목숨을 보장받을 수 없게 되었음을 깨달아 두려워하고 있었다. 이 틈에 승상 진평과 태위 주발이 여산의 군대를 빼앗을 것을 모의했다. 주발은 역상酈商을 위협하여 그 아들 역기酈寄로 하여금 여록을 속이게 했다. 역기는 여록에게 이렇게 말했다.

"지금 태후께서는 세상을 떠났고 황제는 아직 어린데, 족하는 조왕의 인수를 차고서도 서둘러 봉국에 가서 울타리를 지키지 않은 채 상장군이 되어 병사를 이끌고 이곳에 머물러 있으니 어찌 대신들과 제후들에게 의심을 받지 않겠소? 족하는 뭣 때문에 상장군의 인수를 돌려줘 병권을 태위에게 넘기지 않는 것이오? 양왕 여산께서도 상국의 인수를 돌려주고 대신들과 맹약해 봉국으로 돌아가면 제나라 병사들은 틀림없이 철수할 것이고 대신들은 안심할 수 있으며, 족하는 베개를 높이 베고 걱정 없이 천 리 땅에서 왕 노릇 할 수 있으니, 이 것이 만세의 이로움이오."

여록은 이 말이 옳다고 생각하면서도 망설였다. 이때 주발은 역기와 전객典客² 유게劉揭를 보내 먼저 여록을 설득하게 했다.

"황제께서는 태위 북군을 지키게 하고 족하는 봉국으로 가게 하려 하니 서둘러 장군의 인수를 돌려주고 떠나십시오. 그러지 않으면 장차 재앙이 일어날 것입니다."

여록은 설마 역황이 자기를 속이지는 않을 것이라고 생각해 결국 인수를 풀어 유게에게 맡기고 병권을 주발에게 넘겨주었다. 주발은 인수를 갖고 진영 문에 들어서 군영에 명을 내렸다.

"여씨를 위하려면 오른쪽 어깨를 드러내고, 유씨를 위하려면 왼쪽 어깨를 드러내라."

군영 병사들은 전부 유씨를 위할 것임을 표했다. 주발이 북군에 도착했을 때 여록은 이미 상장군의 인수를 풀어놓고 떠나버린 후였다. 이에 주발은 드디어 북군을 통솔하게 되었다. 그러나 아직 남군이 남아있었다. 진평은 유장에게 주발을 보좌하게 하고, 주발은 유장에게 진영 문을 감시하도록 한 후, 위위衛尉에게 알렸다.

"상국 여산을 궁궐 문으로 들여보내지 못하도록 하라."

여록이 떠난 것을 모르는 여산은 궁으로 들어가 여록과 난을 일으키려 했다. 그러나 궁문을 들어갈 수가 없게 되자 주위를 왔다 갔다만 했다. 이때는 양측이 서로를 경계하여 섣불리 먼저 정벌하자고 말하지 못하고 있었다. 이때 주발이 유장에게 이렇게 말했다.

"서둘러 궁으로 들어가 황제를 호위하시오."

이에 유장이 주발에게서 병사 천여 명을 얻어 미앙궁 문을 들어서서 여산과 조우했다. 유장은 기회를 엿보다가 해질 무렵에 여산을 공격하여 낭중령 관부의 화장실까지 뒤쫓아 그를 죽였다. 그런 후 말을 급히 몰아 북군으로 들어가 주발에게 알렸다. 주발은 일어나 유장에게 축하인사를 하며 말했다.

"걱정하던 것은 여산 뿐이었는데 지금 이미 주살되었으니 천하는 평정될 것이오."

드디어 사람들을 나누어 보내서 남녀노소 가리지 않고 여씨 일족을 모두 참수했다. 그리고 나서 대신들은 은밀히 상의했다.

"대나라 왕 유항劉恒은 고제의 아들로서 나이가 가장 많은데다 어질고 효성스러우며 관대하오. 또한 태후의 집안인 그의 부인 박씨薄氏는 신중하고 선량하오. 더구나 맏아들을 태자로 세워 순리대로 했으며 어짊과 효성으로 천하에 소문이 나 있으니 그를 세우는 것이 적절하오."

마침내 이들은 황제를 폐위시키고 고제의 아들로서 가장 나이가 많은 대나라 왕을 황제로 추대했으니 이 사람이 효문황제孝文皇帝 유항劉恒이다.

한나라는 진秦나라로 인해 천하가 진통하고 있을 때, 한고조 유방이 정말 힘들게 세운 나라이다. 그럼에도 불구하고 여태후는 건국의 뜻을 저버린 채 천인공노할 패악을 저질렀다. 하지만 8년여의 모든 만행은 청소되고 정리되었다. 바른 황제는 충신의 간언에 의해서 더욱 참된 군주로 성숙해간다지만 만일 이들 모두가 원앙처럼 직언을 일삼았다면 때가 왔어도 나라를 바로잡을 사람이 없었을지도 모른다. 원앙은 어질기는 했으나 스스로 명예에 취하여 울분을 토하듯 지나침이 있었는데, 도를 넘어서는 직언으로 말미암아 결국 천수를 누리지 못했으니 그것을 어디에다 푸념할 것인가.

주

*1 재앙을 없애는 제사.
*2 주로 귀화한 소수민족을 관리하는 관직으로 진나라 이후부터 생겨났다.

어진 군자 효문제의 치세

　한고조가 기원전 206년에 나라를 건국한 이래 효문황제 즉위 까지는 채 삼십년이 못 되었고 여태후가 통치한 기간은 8년이었 다. 다행인 것은 여태후 또한 고제가 취했던 휴식과 비축의 정책 을 지속적으로 추진했다는 점이었다. 따라서 백성들은 생업에 종 사할 수 있었으며 먹고 사는 일에 별다른 불편함이 없었다. 그렇 다 해도 효문황제는 즉위한 직후부터 법제의 불완전함을 깊이 고 민하면서 불편함이 있으면 즉시 법령을 느슨하게 해서 백성들을 이롭게 했다. 그것은 황제의 품성이 본래부터 어진데다 한시도 백성의 고충을 잊는 일이 없었기 때문이었다.

　한편 황제에게 커다란 고민은 북방의 흉노가 국경을 수시로 범 하는 일이었다. 황제는 흉노를 정벌하라는 명을 내고 군사를 크 게 동원한 적도 있었다. 하지만 주둔군을 두어 국방을 튼튼히 지 키면서 변경 관원에게는 주로 수비 위주의 호국을 명했다. 병사 를 파병해서 깊숙이 쳐들어간다면 그에 따르는 폐해가 백성들에 게 미칠 것이기 때문이었다. 이처럼 오직 덕으로써 백성들을 교 화하는데 힘썼으므로 전국에 재물이 넉넉하고 번영했으며 예의 가 일어났다.

효문황제는 기원전 179년에 즉위한 후 먼저 공을 가려 인사를 단행하며 여씨들에게 빼앗겼던 제나라와 초나라의 땅을 원래대로 회복시켰다. 그 후 대나라에 있는 황태후를 모셔오게 했다.

황제는 '법이란 다스림의 바른 도이며 포악한 자를 선한 사람으로 이끄는 것'이라는 사상을 갖고 있었다. 황제는 이렇게 말했다.

"법을 어겨서 처벌을 받았는데도 불구하고 죄 없는 다른 가족들이 더불어 벌을 받고 있는 까닭이 무엇인가? 짐은 이 점을 도저히 받아들일 수가 없다. 그러니 이 점을 논의해 보라."

담당 관원들이 모두 다 이렇게 말했다.

"그것은 백성들 스스로가 자신을 다스릴 수 없기에 법으로 금한 것이고, 친족까지 연좌해서 벌을 받게 하는 것은 그 마음을 무겁게 함으로써 이를 더욱 엄중히 여겨 삼가게 하려는 것입니다. 이 법은 시행된 지 오래된 것으로서 예전대로 하는 것이 좋습니다."

그러나 황제는 그렇게 생각하지 않았다. 황제는 법이 바르고 합당해야 백성들이 충성하며 순종한다고 생각했다. 또한 관리는 백성을 선으로 인도해야 하는데 제대로 인도하지도 못하면서 바르지도 못한 법으로 죄를 다스린다면 도리어 백성에게 해가 될 것이라고 생각했다. 게다가 이러한 실태는 자칫하면 관리들을 난폭하게 만들 여지가 있으므로 어떻게 해서라도 이 문제를 바람직하게 풀려고 애를 썼다. 그래서 관리들에게 더욱 깊이 생각하고 연구해 보기를 권했다. 이러한 권고가 몇 차례 거듭되자 비로소 관리들도 황제의 마음을 헤아릴 수 있었다. 관리들은 연좌제 법령을 없애는 조서를 내려주기를 청했다.

당시 연좌제 법령은 한 사람이 죄를 저지르면 죄 없는 가족을 잡아들여 노예로 삼고 있었다. 이때부터 연좌제 법령은 없어지게 되었다.

담당관원들은 황제에게 태자를 세울 것을 여러 차례나 청했다. 그러나 황제는 어질고 덕 있는 사람을 구해 천하를 넘겨주지는 못할망정 태자를 미리부터 세운다는 것은 오히려 자신의 부덕함을 더욱 무겁게 할 것이라고 생각했다.

"초왕은 막내 숙부로서 연세가 높아 천하의 이치와 국가의 대체적 강령에 밝고, 또 오왕은 짐의 형으로서 은혜롭고 어질며 덕성스럽고, 회남왕은 덕을 겸비한 짐의 동생으로서 짐을 보좌하고 있소. 이들이 어찌 미리 세운 후계자가 아니겠소! 제후왕, 종실, 형제 및 공신 중에도 현명하고 덕과 의리를 갖춘 자가 많으니, 만일 덕을 갖춘 자를 선택하여 짐의 부족한 면을 돕게 한다면, 이는 사직의 은총이며 천하의 복일 것이오. 지금 그들을 외면하고 짐의 아들만을 고집한다면, 사람들은 짐이 어질고 덕성스러운 사람들을 잊고서 제 자식에게만 마음을 두고 천하를 걱정하지 않는다고 할 것이오."

그러나 관리들은 한사코 황제에게 간했다. 그들은 종묘와 사직이 보전되기 위해서는 일찍부터 후계자를 적장자로 확정해 놓아야 한다고 굳게 믿고 있었다. 그 방법은 주나라가 천여 년이나 나라를 안정되게 통치할 수 있었던 근본이었거니와 이보다 더 오래간 왕조도 없었기 때문이었다. 나아가 그것은 천하의 큰 뜻으로서 고제가 제후왕과 열후들에게 나라를 나누어 주었을 때도, 그들 또한 나라의 시조가 되어 자손들로 후계를 이었고, 고제 또한 태자를 두어서 세상을 안정시켰다. 때문에 관리들은 마땅히 아들로 태자를 세울 것을 결코 뒤로 물러서지 않고 간하고 청했다. 결국 이 문제는 관리들의 뜻에 따르게 되어 아들 모某로써 태자를 정하게 되었다.

그 다음엔 황후를 세울 것이 대두되었다. 그러자 박태후가 말했다.

"제후들은 모두 성이 같으니 태자의 어머니를 황후로 세우십시오."

황후는 두竇씨였다. 황제는 황후를 세운 후 이를 기념하여, 천하의 홀아비, 과부, 고독하고 곤궁한 자와 여든 살이 넘은 노인, 아홉 살 아래의 고아들 모두에게 비단과 쌀과 고기를 일정량 내렸다. 제후와 사방 오랑캐들도 도와주고 위로하니 모두 즐겁게 화합했다. 그밖에 사소한 공이 있는 자들도 세세히 가려서 관직을 올리고 식읍을 봉했다. 이 모든 일들이 진정 태평성대가 찾아와 누구나 함께 참여하여 즐기는 것처럼 평화롭게 이루어졌다. 효문황제의 치세는 마치 공자가 말한 것처럼 '틀림없이 한 세대가 지난 뒤에야 어진 정치가 이루어진다.'는 그 뜻에 성큼 다가가게 했다.

문제는 즉위 2년이 되자 열후들에게 각자 자신들의 봉지로 돌아갈 것을 권고했다. 이는 열후들이 장안에 거주함으로 인해 봉국에서 생산되는 물자를 장안까지 수송하는 번거로움과 그 소요되는 비용 및 이를 운반하는 사람들의 수고를 덜기 위한 것이었다. 이 또한 백성들을 긍휼이 여기는 덕성에서 나온 다스림이었는데, 이를 시행할 때 장안에서 관리로 있거나, 소환되어 머물기 때문에 봉국으로 갈 수 없는 이를 대신하여 태자를 파견하게 했다.

근본적으로 황제는 군주와 백성의 관계를 이렇게 생각하고 있었다.

"짐이 들으니 하늘이 만백성을 내고 그들을 위해 군주를 두어 그들을 기르고 다스리게 했소. 군주가 덕이 없어 정치를 베푸는 데 공정치 않으면 하늘이 재앙의 징후를 나타내 제대로 다스리지 못함을 경계시킨다고 하오."

그런데 그해 11월 보름과 12월에 일식이 있었다. 그러자 황제는 이렇게 말했다.

"이는 하늘에서 짐을 경계한다는 뜻을 보인 것으로 재앙의 징후 중에 무엇이 이보다 크겠는가! 짐이 종묘를 보전하는 지위를 획득해 미천한 몸을 억조 백성과 군왕들 위에 의탁하였으니 천하가 다스려지는 것과 그렇지 못한 것이 짐 한 사람에게 달려 있으며, 정치를 맡은 몇몇 신하들은 내 팔다리와 같소. 그러므로 짐의 잘못과 실수 및 부족한 점들을 모두 고려해서 짐에게 알려주기를 바라오. 또한 어질고 착하고 정직하며 직언과 극언을 할 수 있는 자를 등용해 짐의 모자라는 부분을 채우고자 하오. 이 일을 계기로 각자 자신의 직책을 정돈하고 요역과 비용을 절약하는 데 힘써 백성들을 이롭게 하시오. 그리고 짐의 덕이 먼 곳까지 미치지 못하여 늘 이민족이 침략할까 염려되니 방비를 튼튼히 하시오. 지금은 변방 주둔군을 철수할 수도 없는 형편인데, 어찌 군대를 정비해 장안의 수비만을 강화하겠는가? 그러니 위장군의 군대는 철수하시오. 태복[1]은 소유하고 있는 말 중에서 사용할 말만 남기고 나머지는 전부 역참으로 보내시오!"

황제가 누누이 강조하는 것은 현명하고 선량하며 정직해서 직언과 극언을 할 수 있는 자를 등용하겠다는 것과 변방의 수비에 주력해야 한다는 점이었다. 그로부터 얼마 후에 다시 한 번 백성과 소통하는 문제를 거론했다.

"오늘날의 법은 남을 비방하고 민심을 흔드는 요사스러운 말을 하는 데 대한 죄명이 있으니, 이 때문에 많은 신하들이 과감하게 직언을 못하여 황제가 자신의 과실을 들을 수 없게 되었소. 이래서야 어떻게 어질고 착한 이들을 널리 구할 수가 있겠소? 이 법령을 없애도록 하오! 백성들 중 어떤 이는 서로 마주대고 황제를 저주해놓고 나중에는 마음이 변하여 상대방을 고발하기도 하는데, 이것을 관리들은 대역죄로 간주하거나 조정을 비방하는 것으로 여겼소. 이는 비천한 백성들이 어리석고 무지해서 사형 죄를 저지른 것일 뿐이니 이제부터 이 법령을 어기는 자가 있어도 죄로 다스리지 마시오."

결국 황제가 자나 깨나 고민하고 있었던 흉노가 문제를 일으켰다.

효문황제 3년 5월, 흉노가 북지로 쳐들어와서 하남河南에 머무르면서 사람을 해치고 도적질을 하여 그 지역 백성들을 두려움과 고통에 떨게 했다. 이 보고가 올라오자 황제는 처음으로 감천甘泉에 행차를 했다. 그리고 다음 달에는 흉노정벌의 명을 내렸다.

"한나라는 흉노와 형제의 맹약을 맺고 그들에게 풍족한 물자를 운송해 보냈다. 그것은 변경에 해를 끼치지 말라는 배려였다. 그런데 지금 우현왕右賢王은 무리를 이끌고 하남에 들어와 머물면서 관리들과 병사들을 압박하고 잡아 죽이며 도적질을 하고 있다. 이는 협약을 어긴 것이니 이 방자함을 참으로 용서할 수가 없다. 변경 관리들은 기병 팔만 5천 명을 출동시켜 고노高奴로 보내고, 승상 영음후 관영을 파견해 흉노를 정벌케 하라!"

그런 후 무예가 뛰어난 병사를 선발해서 위장군에게 소속시켜 장안을 지키게 했다.

한나라에게 흉노는 무척 성가신 북방 오랑캐였다. 한나라가 흉노와 화친하게 된 배경은 이렇다.

과거 전국 칠웅 가운데 연, 조, 진, 세 나라는 흉노와 국경을 맞대고 있었다. 그 뒤 진나라가 여섯 나라를 멸망시킨 후 진시황은 몽염에게 북쪽 흉노를 치게 하여 하남 땅을 모두 손에 넣었다. 그런 후 죄수들로 이루어진 군사를 그 땅으로 옮겨서 살게 했다. 그런데 십여 년쯤 지난 후 몽염도 죽고 여기저기에서 제후들이 봉기하자 변경으로 보냈던 진나라 병사들이 모두 돌아오게 되었다. 그 틈에 흉노는 조금씩 남하하여 황하를 건너왔고 옛날처럼 중국과 경계를 맞대게 되었다.

흉노의 선우單于 두만頭曼에게는 묵돌冒頓이라는 태자가 있었다. 헌데 선우는 총애하는 연지閼氏에게서 작은 아들을 보게 되었다. 선우는 묵돌을 폐위시키고 월지국月氏國에 볼모로 보냈다. 그러더니 느닷없이 월지국을 공격했다. 월지국에선 묵돌을 죽이려고 했다. 그러나 묵돌은 좋은 말을 훔쳐 타고 재빨리 도망쳐서 본국으로 돌아왔다. 아버지 선우는 그 용기를 가상하게 여겨 묵돌에게 기병 1만 명을 주고 대장을 삼았다. 묵돌은 쏘면 소리가 나는 명적鳴鏑이라는 화살을 만들어 기병들에게 연마하게 한 후 명을 내렸다.

"내가 명적으로 쏘아 맞추는 곳을 일제히 쏴라. 그리 하지 않으면 목을 베어 죽이겠다."

그 후 묵돌은 사냥을 나가서 명령대로 하지 않는 병사가 있으면 곧바로 베어 죽였다. 얼마 후 묵돌이 자기의 애마를 쏘았다. 그때 감히 쏘지 못하는 병사가 있었다. 묵돌은 그들을 그 자리에서 베어 죽였다. 다음엔 자기의 애첩을 향해서 화살을 날렸다. 그때도 감히 쏘지 못하는 자가 있었다. 묵돌은 그들도 그 자리에서 베어 죽였다. 다시 사냥하러 나갔을 때 묵돌은 자기의 명마를 쏘았다. 그때는 모두가 일제히 명마를 향해 화살을 날렸다. 묵돌은 이젠 되었다고 생각하고 아버지 두만 선우를 따라 사냥하러 나가서 두만을 쏘았다. 그러자 부하들 모두가 명적이 맞힌 곳을 일제히 쏘았다. 두만은 그렇게 죽었다. 그런 다음 묵돌은 그런 방식으로 자기의 계모와 아우 및 자기를 따르지 않는 대신을 모조리 죽였다. 그런 후 스스로 선우가 되었다. 당시 그 일대에서는 동호東胡의 세력이 강했다. 묵돌이 스스로 선우가 되었다는 말을 들은 동호에서는 사자를 보내와 천리마를 달라고 했다. 묵돌은 신하들의 의견을 물었다. 신하들은 '천리마는 흉노의 보배'라며 주지 말라고 했다. 그러나 묵돌은 이렇게 말했다.

"어떻게 이웃 나라에게 말 한 마리를 아끼겠소?"

결국 동호에게 천리마를 주었다. 얼마 뒤 동호에서는 선우의 연지閼氏 중 한 사람을 달라고 사자를 보내왔다. 묵돌은 또 곁에 있는 자들에게 이를 물었다. 그들은 화를 내며 이렇게 말했다.

"동호는 무도하기 때문에 연지를 요구하는 것입니다. 그들을 치십시오."

그러나 묵돌은 어찌 남과 이웃해 있으면서 여자 하나를 아끼겠느냐며 사랑하는 연지를 동호에게 보냈다. 동호의 왕은 더욱 교만해져서 서쪽으로 침략해 왔다. 당시 동호와 흉노 사이에 있는 1,000여 리

되는 땅에 두 나라가 수비초소를 세워 놓고 있었다.

동호가 묵돌에게 사자를 보내 이렇게 말했다.

"흉노와 우리가 경계로 삼고 있는 수비 초소 밖의 버려진 땅은 흉노가 나올 수 없는 곳이니 우리가 가지겠소."

묵돌이 이 문제를 신하들에게 물으니 신하들 중에 이렇게 말하는 자가 있었다.

"그곳은 버려진 땅이니 주어도 좋고 주지 않아도 좋습니다."

그러자 묵돌은 화를 내며 말했다.

"땅이란 국가의 근본이오. 어떻게 이것을 줄 수 있단 말이오."

묵돌은 그 땅을 주자고 한 자를 모조리 베어 죽이고 말 위에 올라 이렇게 명령을 내렸다.

"뒤늦게 출전하는 자는 목을 베겠다."

드디어 동쪽으로 달려가 동호를 습격했다. 동호는 애초부터 흉노를 업신여겼으므로 아무런 방비를 하지 않았다. 묵돌은 병사를 이끌고 쳐들어가 동호를 쳐서 왕을 죽였으며, 그 백성과 가축을 노획했다. 돌아와서는 서쪽으로 월지를 쳐서 달아나게 하고, 남쪽으로는 하남의 누번과 백양白羊의 왕의 토지를 병합하였다. 또 연과 대를 공격하여 진나라가 몽염을 시켜서 빼앗아 갔던 흉노의 땅을 모조리 되찾았다. 그리고 한漢나라 국경인 예전 하남의 요새에 관문을 맞대고 조나朝那, 부시膚施까지 진출하였으며 마침내 연과 대까지 쳐들어갔다.

이 무렵 한나라 군대는 항우의 군대와 대치하고 있어 흉노에게 신경 쓸 겨를이 없었다. 그래서 묵돌은 스스로 강대해질 수 있었고 활

시위를 당기는 군사가 30만 명이나 되었다. 그때 한나라가 중국을 평정하고 한왕韓王 신信을 마읍馬邑에 도읍하게 했는데 흉노가 쳐들어오자 신은 항복을 했다. 흉노는 신을 얻자 남쪽으로 구주산句注山을 넘어 태원군太原郡을 치고 진양성晉陽城 아래까지 이르렀다. 한나라 고조는 몸소 병사를 이끌고 가서 그들을 공격했다. 때는 몹시 추운 겨울이었고 진눈깨비가 내려서 병졸들 가운데 동상으로 손가락을 잃은 자가 열 명도 넘었다.

묵돌은 거짓으로 달아나는 척하여 한나라 군대를 유인했고, 한나라 군대는 그런 묵돌을 과소평가했다. 그래서 고조는 전군을 투입해서 달아나는 흉노를 쫓았다. 이윽고 평성에 이르렀을 때 묵돌은 정예병 40만 명을 풀어 고조를 백등산白登山에서 이레 동안 포위했다. 고조는 그때 연지에게 뇌물을 듬뿍 주고 도움을 받아서 포위망의 한 쪽을 뚫어 탈출했다.

이 무렵 한나라 장수들 가운데 흉노에 투항하는 자가 많았다. 따라서 묵돌은 언제나 대군 일대를 드나들면서 약탈을 했는데, 고제는 고민 끝에 종실의 공주를 선우에게 보내서 연지로 삼게 하고, 해마다 선우에게 일정량의 무명, 비단, 술, 쌀 같은 식품을 주어 형제나라가 되기로 약속을 맺었다. 여태후 때도 흉노는 변경지역을 범했었는데 대신들이 정벌을 말리므로 화친으로 가닥을 정했었다. 그것은 정벌하여 땅을 얻어보았자 쓸모 있는 땅도 못되고, 또 정벌에 따르는 병사 및 백성들의 피곤함을 줄이기 위한 것이었다.

효문황제 또한 즉위한 후 다시 화친조약을 확인했다. 헌데 이 화친조약이라는 게 고제 때 맺어놓은 그대로인데 상당히 불평등했다.

내용은 다음과 같다.

1. 두 나라의 국경을 만리장성으로 한다.
2. 형제의 맹약을 체결한다.
3. 한나라 공주를 흉노에 출가시킨다.
4. 흉노에 해마다 솜, 비단, 술, 곡식 등을 공급한다.
5. 관시關市를 개설한다.

이럼에도 불구하고 효문황제 3년 5월에는 흉노 우현왕이 하남으로 쳐들어와 머물면서 상군의 요새를 공격하고, 한나라를 수비하고 있던 만이蠻夷를 침략하고, 백성을 죽이고 약탈을 하므로 결국 조서를 내려 흉노정벌을 명했던 것이다. 우현왕은 패주하여 요새선 밖으로 물러갔다. 헌데 황제가 감천에서 태원으로 행차한 틈을 타서 제북왕齊北王 유흥거劉興居[2]가 모반하여 형양을 치려고 했다. 황제는 하는 수 없이 조서를 내려 관영의 군대를 흉노로부터 철수시키면서 극포후棘蒲侯 진무陳武를 대장군으로 보내 십만 명을 이끌고 유흥거를 공격하게 했다. 그리고 기후祁侯 증하繒賀를 장군으로 삼아 형양에 주둔시켰다. 황제는 다음 달 장안으로 돌아오자 즉시 담당 관리를 불러 조서를 내렸다.

"제북왕은 덕을 저버리고 황제를 배반하고 관리들과 백성들을 속여 그릇되게 인도했으니 대역죄를 저지른 것이다. 제북의 관리들과 백성들 가운데 정벌군이 도착하기 전에 먼저 반역을 평정하려 했던 자와 군대나 성읍을 바쳐 투항한 자는 모두 용서해 주고 벼슬과 작

위를 회복해 주어라. 나아가 제북왕 유흥거와 내왕한 자도 용서해
주겠다."

다음 달 제북왕의 군대를 쳐부수고 그 왕을 사로잡았는데, 황제는
제북왕도 모반한 사람들도 모두 용서해 주었다. 황제는 이런 일들 모
두가 황제의 부덕함을 나타내는 것이라고 생각했기 때문이었다. 그
러나 무엇보다도 마음 아프게 생각한 것은 힘없는 백성들과 무고한
사람들이 고통을 받는 일이었다. 그래서 어떻게 하든 공정하고 합리
적인 치세를 위해 현명한 사람들에게 더욱더 귀를 기울이려 했다.

임치 사람으로 순우의淳于意라는 사람이 있었다. 그는 제나라 태
창의 우두머리로서 젊어서부터 의술에 관심이 많았는데, 여태후 8년
에 같은 고향의 양경陽慶이라는 사람으로부터 의술을 배웠다. 양경
은 아들이 없었기에 순우의에게 이전의 모든 의술을 버리게 한 후 자
신의 비밀스러운 의술을 전수해주었다. 그리고 편작의 맥서脈書[3]를
전해주었다. 순우의는 이 지식을 활용해서 삼년 동안 사람들의 병을
치료해 주었다. 많은 이들이 순우의에게 도움을 받고 효험을 보았는
데, 그가 제후국들을 돌아다니면서 어떤 사람은 치료를 해주고 어떤
사람에게는 그렇지 않았으므로 치료를 못 받은 환자들은 순우의를
원망했다. 그러던 중 어떤 사람이 순우의를 고발하는 글을 올려서 그
로 인해 순우의는 신체를 불구로 만드는 형죄에 처해지게 되었다. 그
에게는 아들이 없고 딸만 다섯이 있었는데, 관원들이 그를 체포해 장
안으로 이송하려고 하자 딸들에게 욕을 하면서 말했다.

"아들자식이 없으니 급박한 일을 당해도 아무런 도움이 안 되는구
나!"

그러자 막내 딸 제영이 마음이 아파 울면서 아버지를 따라 장안까지 와서 상소를 올렸다.

"소첩의 아버지는 관리가 된 후, 제나라 땅에서는 모두 아버지를 청렴하고 공정하다고 칭찬했으나 지금은 법을 어겨 형벌을 받게 되었습니다. 죽은 자는 다시 살아날 수 없고 형을 받은 자는 원래 자리로 되돌아갈 수가 없어서, 잘못된 행실을 고쳐 스스로 새사람이 되려고 해도 할 수 있는 길이 없습니다. 소인이 죄인의 몸으로 관아의 노비가 되어서 아버지의 죄를 갚겠으니 아버지가 스스로 새사람이 될 수 있게 해주시옵소서."

황제는 이 글을 읽고 그 딸의 마음을 가련하게 여겨 다음과 같은 요지의 조서를 내렸다.

"오늘날 법에는 육형肉刑이 셋이나 있어도 간악함이 멈추지 않으니, 그 잘못이 어디에 있는가? 짐의 덕이 각박하고 밝지 못해서가 아니겠는가? 짐은 참으로 스스로에게 부끄럽다. 교화의 방법이 순수하지 못해 어리석은 백성들이 죄로 빠져드는구나. 지금 사람들에게 잘못이 있으면 교화를 베풀지도 않고 형벌을 먼저 가하니, 간혹 잘못을 고쳐 선을 실천하려 해도 할 수 있는 길이 없다. 짐은 이 점을 참으로 가련하게 생각하노라. 무릇 형벌이란 사지를 잘라 버리고 피부와 근육을 도려내 죽을 때까지 고통이 그치지 않으니 얼마나 아프고 괴로울 것이며, 또한 이 법은 얼마나 부덕한 것인가. 어찌 이것이 백성의 부모된 자의 뜻에 합당하다 하겠는가. 육형을 없애도록 하라!"

이로부터 육형이 없어지게 되었다. 한편 황제는 농사에 대해서 깊은 관심을 갖고 있었다. 효문황제 2년에 황제는 '농사는 천하의 근본이니 적전籍田을 개간해 짐이 몸소 농사를 지어 종묘의 제수祭需를 공급하겠다.' 라고 했는데 그로부터 11년이 지나자 비로소 세금이 낮춰졌다.

"농업은 천하의 근본으로 어떤 일도 이보다 더한 것이 없다. 지금 부지런히 마음과 힘을 다해 종사해도 조세가 부과되니, 이는 근본과 말단에 종사하는 자를 차등하지 않는 것이며, 농사를 권장하는 방법이 아직 갖춰지지 않은 것이다. 경지에 부과하는 조세를 없애도록 하라!"

농사라는 것은 일 년에 한 번 그 결과를 알게 되는 것으로서 농사의 방법을 개선시킨다는 것은 그만큼 오랜 시간이 걸리는 것임을 알 수가 있다. 옛날의 농경법이야 오직 토양의 질과 자연의 흐름에 따른 것이었을 테니, 십여 년 동안 하늘과 땅을 관찰하고 이 방법 저 방법을 강구해 보았을 황제의 노력과 고충을 짐작할 수가 있다. 그래도 어려움이 있었으므로 세금 감면을 선택했던 것이었다.

이렇게 백성의 고충을 헤아리고 제도를 개선하여 이롭게 하는 중에도 황제의 걱정은 북방의 흉노였다. 그런데 재위 14년에 선우의 기병 14만 명이 조나朝那와 소관蕭關으로 쳐들어와서 북지군北地郡의 도위 손앙을 죽이고 많은 백성과 가축을 사로잡아 갔다. 마침내 그들은 팽양彭陽까지 쳐들어와 기습병을 풀어 회중궁回中宮을 불사르고, 척후의 기병은 옹주雍州에 있는 감천궁까지 이르렀다. 황제는 몸소 군대를 이끌고 흉노를 공격하는데, 분노와 결의가 대단했다. 신하들의 간언도 전혀 듣지 않았다. 그러다가 태후가 정말 완강하게 요청하여 말리니 그때 비로소 마음을 돌렸다.

황제는 곧바로 장군 셋을 보내서 농서, 북지 상군에 주둔하게 하고, 전차와 기병을 크게 동원하여 흉노를 치게 했다. 선우는 한 달 남짓 국경 요새선 안에서 머물다 달아났다. 흉노는 날이 갈수록 교만해져 해마다 변경으로 쳐들어와 백성과 가축을 죽이고 약탈하는 일이 많았는데 운중군雲中郡과 요동군遼東郡이 특히 심했다. 대군에서도 1만 명 이상이 피해를 입었다. 황제는 사신을 시켜서 편지를 보냈고, 선우도 사과하여 다시 화친을 맺었다. 그리고 4년 뒤에는 화친조약을 편지로서 재확인했다. 그런데 그로부터 2년 뒤인 후원⁴ 6년 겨울에 흉노는 6만 명을 동원하여 두 패로 갈라 상군과 운중에 또 쳐들어왔다. 황제는 흉노에 대한 대비책을 더욱 강화했다. 흉노가 쳐들어오면 적의 침입을 알리는 봉화가 감천에서 장안까지 전해지는데, 한나라 군대가 변방에 이르는 데는 여러 달이 걸리게 되므로, 그때는 흉노가 멀리 도망간 뒤이기 일쑤였다. 흉노의 도발에 대해서도 황제는 덕이 부족하여 생기는 일로 여기며 스스로 부끄러워했다. 즉위한 지 18년째 되던 해 황제는 흉노와 또 화친을 재확인하면서 이런 말을 했다.

　"짐은 아침에 일찍 일어나 밤늦게 잠자리에 들 때까지 천하를 위해 부지런히 힘쓰고 만백성을 위해 걱정하고 괴로워하며, 그들 때문에 두려워하고 불안해하면서 일찍이 하루라도 마음에서 잊어본 적이 없소. 그리하여 수레 덮개가 연이어 끊이지 않고, 길에 수레바퀴 자국이 줄을 잇도록 사신을 파견해 선우에게 짐의 뜻을 일깨워 주었소. 지금 선우와 옛날의 우호적이었던 입장으로 돌아가서 사직의 안정을 도모하고 만백성의 이익을 도우며, 몸소 짐과 함께 작은 잘못조차 전부 버리고 화목하게 큰 의로움으로 형제의 우의를 맺음으로써 천하의 선량하고 죄 없는 백성들을 보전하려고 하오."

얼마나 흉노 때문에 근심이 깊었는지 여실히 드러나는데, 그로부터 2년 뒤, 후원 6년에 흉노는 또 쳐들어왔고 황제는 한층 더 흉노에 대한 방비를 강화했다. 그러자 설상가상으로 가뭄이 들고 명충螟蟲의 피해가 생겼다. 명충은 식물의 마디 속을 파먹고 살아가는 벌레다. 황제는 제후들에게 조공을 바치지 말라고 했다. 또 산과 못을 잘 이용할 수 있도록 규제를 풀게 하고, 황실의 각종 복식과 거마 및 개와 말 같은 애완물을 줄이게 하면서 황제를 모시는 관리의 숫자를 줄였으며 창고를 열어 가난한 백성을 구제했다. 그리고 또 한편으론 백성들이 작위를 팔 수 있도록 하였다.

황제가 나라를 다스린 지 23년이 되었을 때 따져보니 궁실과 원유[5], 개와 말, 의복, 거마가 늘어난 것이 없었다. 늘어난 것이 있다면 법령을 없애거나 느슨하게 고친 항목들인데, 그것은 백성들의 편리를 위한 것이었다. 황제는 일찍이 노대露臺[6]를 지으려고 목수를 불러 견적을 뽑은 적이 있었다. 목수는 황금 일백 근이 든다고 말했다. 그러자 황제가 말했다.

"황금 일백 근이면 중류층 열 집의 재산이다. 나는 선제들이 지은 궁실을 받들어 누리면서 이것 또한 누가 될까 항상 걱정했었는데 무엇 때문에 새롭게 노대를 짓겠는가!"

그뿐 아니라 황제는 항상 수수한 옷만 입었다. 또한 총애하는 신부인愼夫人에게도 옷을 땅에 끌리지 않도록 지어 입게 했고 휘장에도 수를 놓지 못하게 했다. 이는 마음을 돈후하고 소박하게 유지하는 자세를 드러내는 것으로 이로써 천하의 모범이 되게 한 것이었다. 또한 패릉覇陵[7]을 지을 때, 모두 와기瓦器를 사용하게 하고 금, 은, 구리, 주석으로 장식을 못하게 했으며, 분묘도 높이 올리지 못하게 했다. 이는 비용을 줄이고 번잡하지 않게 하려는 것이었다. 화친을 맺었던 흉노가 약속을 저버리고 도적질하러 쳐들어왔을 때에도 변경 관원에게 수비만 하고 병사를 파병해 깊숙이 들어가지 못하게 했는데, 이는 백성들이 고생하고 번거로울 것을 꺼렸던 까닭이었다. 그뿐 아니라 오왕이 병을 핑계로 조회에 나오지 않았을 때에는 즉시 궤장을 내렸다. 신하들 중 원앙 같은 이가 진언할 때마다 칼로 써는 것 같았지만 황제는 항상 관대하게 그 의견을 받아들였다. 또 신하들 중 장무張武 등이 뇌물을 받거나 금돈을 주다가 발각되었을 때는 오히려 왕실 창고에서 금돈을 꺼내 그들에게 내려서 그 마음을 부끄럽게 했을 뿐, 법을 집행하는 관리에게 넘기지 않았다. 황제는 이렇게 오로지 덕으로써 백성들을 교화하는데 힘썼으니 백성들은 재물이 넉넉하고 나라는 번영했으며 온 백성들이 예의를 차릴 줄 알게 되었다.

효문황제는 재위 24년, 후원 7년에 미앙궁에서 세상을 떠났다. 황제는 다음과 같은 조서를 남겼다.

짐이 듣건대 천하 만물 중 싹이 나서 죽지 않는 것은 없다고 한다. 세상 사람들 모두가 삶만을 기리고 죽음을 미워한다. 그러나 죽음이란 천지의 이치요 만물의 자연스러운 규칙이니 어찌 피할 수 있으며 유달리 슬퍼할 수 있으리오! 또한 장례를 후하게 치르려고 가업이 흔들리도록 상喪 치르는 일을 중시하여 남은 사람이 곤경에 처하는데, 나는 정말로 이를 원치 않노라. 게다가 짐은 덕이 부족하여 백성들을 충분히 돕지 못했다. 그런데 지금 세상을 떠남에 있어서 더구나 복상을 중시하여 오랜 기간 상기喪期를 지키게 하고, 추위와 더위의 법칙에서 벗어나게 하고, 백성들의 아버지와 자식을 슬프게 하고, 어른과 아이의 뜻을 상하게 하고, 그들의 먹을거리에 손실을 입히고, 귀신에게 지내는 제사를 중단하게 한다면, 그것은 나를 더욱 부덕하게 만드는 것이니 천하에 할 말이 없어진다! 짐이 종묘를 손에 넣고 보전하며 미천한 몸으로 천하의 군왕 자리에 의탁한 지 스무 해가 넘었다. 그사이 천지의 신령과 사직의 복에 힘입어 온 나라가 편안하고 전란이 없었노라. 짐은 본래 영민하지 못해 그릇된 행실로 선제가 남기신 덕을 욕되게 할까봐 늘 두려워했으며 세월이 지날수록 끝이 좋지 못할까 걱정했다. 지금 비로소 다행히 타고난 수명을 다하고 고묘高廟에서 공양을 받을 수 있게 되었다. 짐이 명철하지 않은데도 좋은 결과를 얻었으니 이 어찌 슬퍼할 일이겠는가. 그러니 천하의 관리와 백성들은 이 조령을 받고 나서 사흘만 상례를 치르고 모두 상복을 벗으라. 장가들고 시집가는 일, 제사와 음주와 고기를 먹는 일을 금하지 말라! 장사 지내는 일에 참가하거나 복을 하는 자들도 맨발을 드러내지 말라. 질대[8]는 세 치를 넘지 말고 수레와 무기를 늘어놓지 말며 백성들 가운데서 남녀를 뽑아 궁궐에서 곡하게 하지도 말라. 궁 안에서 상을 치르는 자들도 모두 아침과 저녁으로 열다섯 번씩만 곡소리를 내고 예가 끝나면 그만 두어라. 아침저녁으로 곡할 때가 아니면 제멋대로 곡하지 말라. 안장이 끝나면 대홍大紅[9]은 보름, 소홍少紅[10]은 열나흘, 심복纖服[11]은 이레만 입고 벗어라! 이 명령에 있지 않은 다른 것들은 모두 이 명령에 의거하여 처리하라! 천하에 널리 포고해 백성들에게 짐의 뜻을 분명히 알게 하라! 그리고 패릉覇陵의 산천은 원래 모습을 따라야지 고치는 일이 없도록 하라. 부인 이하에서 소사少使¹²까지는 그 집으로 돌려보내라.

중위 주아부를 거기장군으로, 속국屬國 서한徐悍을 장둔장군將屯將軍으로, 낭중령 장무를 복토장군復土將軍으로 삼아서 수도와 가까운 현에서 병사 일만 6천 명과 내사의 병졸 일만 5천 명을 징발하여 함께 관을 파묻고 땅을 파서 흙을 메우는 일을 장군 장무에게 위임하기를 명했다.

기원전 157년 6월 을사일, 신하들이 전부 머리를 조아리며 효문황제라는 제호를 올렸다.

어진 군주도 거듭되는 간언에는 약하다

　　제환공齊桓公의 스승이자 재상인 관중管仲은 제왕에게 필요한 덕목으로 삼귀三貴를 들었는데, 삼귀란 다음의 세 가지 덕목을 말한다.

　첫째로 눈은 높고 멀고 길게 볼 수 있는 밝음을 귀히 여겨야 한다(目貴明)는 것으로서 장목長目이라고 하고, 둘째로 귀는 백성들의 바닥 여론과 변방의 동태에 관한 실상을 수집하여 예리하게 파악하는 총명함을 귀히 여겨야 한다(耳貴聰)는 것으로 비이飛耳라고 한다. 그리고 세 번째로 마음은 슬기로움을 귀히 여겨야 한다(心貴智)는 것으로 수명樹明이라고 한다. 제왕은 언제나 장목과 비이와 수명을 귀히 여겨서 백년의 대계를 세우고 민생의 안정을 도모하며 국방의 수호를 다하고, 옳고 그름을 바르게 판단해서 억울한 일이 벌어지지 않도록 경계하며, 행여 후세에 오명이 남지 않도록 치세해야 한다는 것을 삼귀를 통해서 알 수 있게 한다. 삼귀뿐 아니라 관중은 구태九殆도 말했는데 구태란 다음의 아홉 가지 위험요소를 말한다.

　첫째, 문현불거聞賢不擧(어진 이에 대해 듣고서도 등용하지 않는 것)

둘째, 문선불색聞善不索(선량하다고 듣고서도 찾으려 하지 않는 것)

셋째, 견능불사見能不使(능력을 알면서도 임용하지 않는 것)

넷째, 친인불고親人不固(친하다 하여 끼고 도는 것)

다섯째, 동모이반同謀離叛(함께 꾀하고도 배반하는 것)

여섯째, 위인불폐危人不廢(위험한 인물인데도 버리지 않는 것)

일곱째, 가이불위可而不爲(옳은데도 행하지 않는 것)

여덟째, 족이불시足而不施(준비가 충분한데도 시행하지 않는 것)

아홉째, 기이불밀幾而不密(조짐을 보면서도 외면하고 있는 것)

제환공이 춘추시대에 제일 먼저 패주覇主가 될 수 있었던 것은 관중과 같은 현명한 이를 신하로 두었던 까닭이 아닐까 한다. 효문황제 또한 그래서 그토록 간절히 간언과 직언을 해주는 신하를 원했을 것이다. 원앙 같은 이의 직언은 칼로 써는 것 같았다고 했는데, 그럼에도 불구하고 황제가 그를 어여삐 보았던 것도 그런 마음에서였을 것이다. 군주가 이처럼 선치善治를 위하여 끝없이 길을 구하는 모습은 너무도 겸허하여 존경스럽기까지 하다. 나아가 효문황제가 육형을 없앤 용단은 진정으로 백성들의 고통에 자신을 몸소 공명共鳴시켰기에 가능했던 것인데, 그런 왕이 더러는 있었어도 그리 많지는 않다. 하지만 그런 왕들은 한결같이 좋은 스승을 모시고 있었다. 이를테면 탕왕湯王에게 이윤伊尹이 있었고, 주나라 문·무왕의 태공망太公望, 성왕成王의 주단周旦, 제환공의 관중, 제경공齊景公의 안영, 한고조의 장량, 유현덕劉玄德의 제갈량諸葛亮, 당태종唐太宗의 위징魏徵이 그런 스승들이다. 우리나라에도 세종世宗에게는 집현전의 인물들이 있었고, 정조

正祖에게는 정약용丁若鏞이 있었다. 허나 황제도 인간인지라 때로는 거듭되는 간언에 의해 혼미해지기도 한다. 하지만 아예 현명치 못한 군주로서 일깨워줄 충신도 갖지 못하고 스스로 깨닫지도 못하면 나라를 멸망에 이르게도 만드니 초나라 회왕懷王의 경우가 그러하다.

굴원은 초나라 회왕의 좌도左徒[1]였다. 그는 견문이 넓고 머리가 총명하여 치세가 잘 되거나 못 되거나 간에 정무에 밝았고 글 쓰는 능력이 탁월했다고 한다. 하지만 불행히도 같은 지위의 근상이라는 사람이 시기하여 모함하는 바람에 왕은 그를 멀리 했다.

굴원은 왕이 간사한 말에 넘어가서 현명함을 잃거나, 아첨과 험담에 의해 공정한 처사를 행치 못하며, 깨끗하고 강직한 사람이 등용되지 못하는 것에 마음이 아팠다. 그래서 깊이 고민하며 사색하던 끝에 「이소離騷」를 지었다. 이소는 '걱정스러운 일을 만난다.'는 뜻이다. 태사공의 「이소離騷」에 대한 평을 간략히 소개하면 이렇다.

"굴원은 바르게 행동하고 충성과 지혜를 다하여 군주를 섬겼지만 헐뜯는 사람의 이간질로 곤궁해졌다고 할 수 있다. 신의를 지켰어도 의심을 받고, 충성을 다했어도 비난을 받는다면 원망하지 않을 수 있겠는가? 굴원이 「이소離騷」를 지은 것은 이처럼 억울하고 원망스러운 마음에서 비롯되었다.

「국풍國風」은 사랑을 노래했으나 음란하지 않고, 「소아小雅」는 원망과 비방을 담고 있지만 문란하지 않은데, 「이소離騷」는 그 우수한 점을 모두 지녔다고 할 수 있다. 위로는 제곡을 칭송하고 아래로는 제나라 환공을 말하고 있으며, 그 중간에는 은나라 탕 임금과 주나라 무왕을 서술함으로써 세상일을 풍자하였다. 넓은 도덕적 숭고함과 잘 다스려질 때와 혼란스러울 때의 일의 조리條理를 빠짐없이 밝혔다. 그 글은 간결하고 그 문장은 미묘하며 그 뜻은 고결하고 그 행동은 청렴하다. 그 문장은 사소한 것을 적었지만 담은 뜻은 매우 크며, 눈앞에 흔히 보이는 사물을 인용했지만 그 뜻은 높고 깊다. 그 뜻이 고결하므로 비유로 든 사물마다 향기를 뿜어내고, 그 행동이 청렴하지만 죽을 때까지 받아들여지지 않았다. 진흙 속에서 뒹굴다 더러워지자 매미가 허물 벗듯이 씻어내고, 먼지 쌓인 속세 밖으로 헤쳐 나와서 세상의 더러움에 물들지 않았다. 이러한 그의 지조는 해와 달과 그 빛을 다툴 만하다."

굴원이 회왕에게 내쫓긴 후 진나라 소왕은 장의張儀를 시켜서 회왕을 속이게 했는데, 이에 속아 넘어간 회왕은 분이 나서 전쟁을 일으켰다가 크게 패했다. 진나라는 이때 한중 땅을 초나라에 떼 주면서 화친을 유도했다. 그러나 회왕은 땅보다는 장의의 목숨을 원했다. 변설에 능했던 장의는 배포 좋게 초나라로 넘어가서 당시 잘 나가던 근상에게 뇌물을 썼다. 그리하여 근상은 회왕이 총애하던 정수鄭袖로 하여금 회왕에게 궤변을 늘어놓게 했다. 회왕은 결국 정수의 말을 듣고 장의를 풀어주고 돌려보냈다. 이때 굴원은 벼슬에서 물러나 있었지만 "어찌하여 장의를 죽이지 않았습니까?"라고 왕에게 간했다. 그 말을 들은 회왕이 장의를 뒤쫓았으나 장의는 이미 멀리 달아난 후였다. 그 후 진나라 소왕이 초나라와 인척관계이므로 회왕을 만나고자 하였다. 이때 굴원이 간언하기를 '진나라는 호랑이나 이리와 같은 나라입니다. 가시지 않는 게 좋습니다.' 하였다. 그러나 어린 아들 자란子蘭이 왕에게 가도록 권했다.

"어찌 진나라의 호의를 거절하십니까?"

아들의 힐난을 외면하질 못한 회왕은 마침내 진나라로 갔다. 사실 진소왕은 병사를 미리 숨겨두고 있었다. 이것을 모르는 회왕이 진나라의 무관武關으로 들어가자, 진나라는 그 뒤를 끊고 회왕을 붙잡았다. 그런 후 초나라 땅을 떼어달라고 요구했다. 회왕은 화가 나서 조나라로 달아났지만 조나라에선 받아주질 않았다. 그래서 다시 진나라로 갔는데, 그는 끝내 거기서 살다가 병이 나서 죽은 뒤 고국으로 옮겨져 안장되었다.

굴원은 진작부터 이 일에 통분하고 있었고 비록 내쫓긴 신세였지만 초나라를 그리워하고 항상 회왕을 생각하며 조정으로 돌아가고 싶어 했다. 또한 군주가 자기 잘못을 깨닫고 속된 습관을 고치기를 간절히 바랐다. 그래서 굴원은 「이소離騷」 한 편 속에 세 번 씩이나 그 뜻을 노래했다. 그러나 굴원이 원하던 대로 '정도正道'로 돌이킬 수는 없었다.

세상의 모든 군주는 어진 인재를 충신으로 삼고 싶어 한다. 그러나 어질다 하는 이들이 성심으로 현명하게 행한다면 나라의 흥망이 계속해서 엇갈리는 역사가 형성되지는 않을 것이다. 따라서 성군의 시대가 지속되지 못하는 것은 현명하다고 불리는 자들이 불충하고 있기 때문일 것이다. 그런데 회왕은 충신과 그렇지 않은 신하를 구분조차 할 줄 몰랐다. 그래서 애첩 정수에게도 미혹되었고 연횡가 장의에게도 속았으며, 인재 굴원을 멀리함과 아울러 아첨꾼 근상과 어리석은 아들 자란을 믿었던 것이다. 결과는 무참했다. 군대는 꺾였고 군 여섯 군데를 잃었으며 자신은 진나라에서 객사하여 제후국들의 웃음거리가 되었다. 이는 사람을 제대로 알아보지 못해서 생긴 재앙이었다.

굴원은 "『역경』에 우물물이 흐렸다가 맑아져도 사람들이 마시지 않으니 내 마음이 슬프구나. 이 물을 길어갈 수는 있다. 왕이 현명하면 모든 사람이 그 복을 받는다.라고 하였다. 왕이 현명하지 않았는데 어찌 복이 있겠는가!"라고 말했다.

영윤 자란이 이 말을 듣고 몹시 노하여 마침내 근상을 시켜 경양왕 앞에서 굴원을 헐뜯게 했다. 그랬더니 경양왕은 화가 나서 굴원을 멀리 내쫓았다.

굴원은 내쫓긴 후 멱라강泪羅江 가에 이르러 머리를 풀어헤치고 물가를 거닐면서 시를 읊조렸다. 그때 어떤 어부가 말을 건넸다.

"당신은 삼려대부三閭大夫가 아닙니까? 무슨 일로 이곳까지 왔습니까?"

굴원이 대답했다.

"온 세상이 혼탁한데 나 홀로 깨끗하고, 모든 사람이 취했는데 나 홀로 깨어 있어서 쫓겨났소."

항상 홀로 깨어있는 자는 고독한 법이다. 게다가 굴원은 내쳐진 신세였으므로 마음이 참담하기 이를 데 없었다. 아마 속으로는 비장한 생각까지 품고 있었을 것이다. 굴원을 알아 보았던 어부가 이렇게 말했다.

"흔히 말하길 성인이란 물질을 초월해서 속세의 변화를 따르지 않는다고 합니다만, 온 세상이 혼탁하다면 왜 혼자서 청정을 유지하려는 겁니까? 모든 사람이 취해 있다면 왜 함께 취할 수 없는 겁니까?

백옥처럼 고결한 뜻을 지니고도 어째서 외면당하셨습니까?"

굴원이 대답했다.

"내가 듣건대 머리를 깨끗이 감은 사람은 반드시 먼지를 털어서 관을 쓰고, 깨끗이 목욕한 사람은 티끌마저 털어서 입는다고 하였소. 그러한 사람이라면 어떻게 자신의 깨끗한 몸에 더러운 때를 묻히려 하겠소? 차라리 강물에 몸을 던져 물고기 뱃속에다 장사를 지내는 게 낫지. 어찌 깨끗한 몸으로 속세의 티끌을 뒤집어쓰겠소!"

이렇게 말하고 굴원은 「회사懷沙」라는 부賦[2]를 지어 읊고는 결국 멱라강에 몸을 던져 죽었다고 한다. 그 뒤 초나라에는 이와 같은 글 짓기를 좋아하는 무리가 생겼다는데, 아무리 세상에서 칭찬을 받았다고 해도 단지 굴원의 모방이었을 뿐이고 군주에게 직접 직언하는 충신은 없었다고 한다. 그 뒤 초나라는 날로 쇠약해져서 결국 수십 년 뒤에 진나라에게 멸망당했다. 그리고 굴원이 멱라강에 몸을 던진 지 백여 년이 지나서 효문제에게 가생賈生이 등용되는데 이들의 삶이 서로 비슷하다.

가생은 낙양 사람으로 이름은 의誼이다. 가생은 열여덟 이른 나이에 글을 잘 짓기로 소문이 자자했다. 하남 태수 오씨가 이 소문을 듣고 가생을 가까이 하여 크게 아끼고 있었다. 오씨는 이사와 동향 사람으로서 정치를 잘하기로 정평이 났는데, 그때 막 즉위한 효문제가 인재를 구하고 있었으므로, 오씨는 정위廷尉로 등용되면서 효문제에게 가생을 천거했다. 당시 가생은 나이가 어렸어도 여러 사상가의 학문에 능통했으므로 황제는 가생을 박사博士로 삼았다. 가생은 나이가 스무 살로서 여러 박사들 중에서 제일 젊었다. 나이 많은 선생들도 모르는 조령詔令을 가생은 막힘이 없었다. 황제는 가생의 능력을 인정하여 파격적으로 승진을 시켰다. 그래서 일년 만에 태중대부太中大夫가 되었다.

가생은 한나라 건국 이후 효문제까지 이십여 년이나 나라가 태평하니 마땅히 역법曆法을 고치고 관복 색깔을 바꾸면서 관직 이름도 새로 정하고, 제도 또한 재정비해야 한다고 생각했다. 그뿐 아니라 예의와 음악도 창작해야 한다고 생각했다. 그래서 일의 의례와 법률 제도의 초안을 작성하였는데 색깔은 황색을 숭상하고, 숫자는 5를 기준으로 삼는 등, 진나라 때의 법을 완전히 바꾸려고 했다.[3] 효문제는 겸손하기도 했지만 아직 즉위한 지 얼마 되질 않아서 거기까지는 미처 돌볼 겨를이 없었다. 그러므로 모든 율령을 바꾸어 정하고, 열후들을 각자 봉지로 돌아가 맡은 일을 하도록 한 것도 실은 가생에서 나온 의견이었다. 천자는 가생을 공경公卿의 자리에 앉히는 것이 어떤가를 신하들과 상의하였다. 그러나 강후絳侯, 관영, 동양후東陽侯, 풍경馮敬 등의 무리는 모두 가생을 시기해서 이렇게 헐뜯었다.

"가생은 나이도 어리고 학문도 미숙한데 멋대로 권력을 휘둘러서 모든 일을 어지럽히려고 합니다."

이런 일이 거듭되자 황제도 나중에는 가생을 멀리하게 되었다. 그리고 가생의 의견을 더는 받아들이지 않았다. 그러다가 나중에서야 가생을 장사왕의 태부太傅로 삼았다. 가생은 명을 받은 후 인사를 하고 길을 떠났다.

장사長沙라는 곳은 지형이 낮아서 습기가 많은 곳이었다. 이것을 듣고 알게 되자 가생은 자기 수명이 길지 않을 것이라는 생각이 들었다. 더구나 좌천이 되어 떠나는 중이므로 마음이 울적하였다. 가생은 상수湘水를 건널 때 굴원을 떠올렸다. 가생은 굴원과 비슷한 자신의 처지에 비감해지면서 저절로 시상이 떠올랐다. 그래서 흐르는 물을 바라보며 부[4]를 지어 바쳐 굴원을 조문하였다.

共承嘉惠兮, 俟罪長沙。
側聞屈原兮, 自沈汨羅。
造託湘流兮, 敬弔先生。
遭世罔極兮, 乃隕厥身。
嗚呼哀哉, 逢時不祥！
鸞鳳伏竄兮, 鴟梟翺翔。
闒茸尊顯兮, 讒諛得志；
賢聖逆曳兮, 方正倒植。
世謂伯夷貪兮, 謂盜跖廉；
莫邪爲頓兮, 鉛刀爲銛。
于嗟嚜嚜兮, 生之無故！
斡棄周鼎兮寶康瓠,
騰駕罷牛兮驂蹇驢,
驥垂兩耳兮服鹽車。
章甫薦屨兮,
漸不可久；
嗟苦先生兮,
獨離此咎！

은혜로이 기리며 받들어 장사를 죄로써 알고 가네.

곁 귀로 굴원을 들으니 스스로 멱라에 뛰어들었다 하네.

선생께 올리는 조문을 흐르는 상수에게 부탁하였네.

망극한 세상을 만나 도리어 몸을 던지니.

슬프다 재앙이여 좋지 못한 시절을 만났구나!

봉황이 엎드리니 올빼미가 나는구나.

용렬한 자 공경 받고 아첨꾼이 뜻을 얻어;

성현은 내쳐지고 바른 뜻이 넘어지네.

세상은 백이를 욕심이 많다 하고,

도척을 일컬어 청렴하다 말한다;

무딘 칼을 갈아서 모사를 부리니.

창졸간에 만들어진 삶의 무고여!

존귀함을 버리고 보배처럼 표주박 하나 들어

절름발이 나귀를 곁마 삼듯

지친 소잔등에 멍에를 씌우니

두 귀를 늘어뜨린 나의 준마는

소금수레나 이끄는 말이 되었구나.

큰 문장을 신발로 올리려 해도

세월이 오래 되어 닿지 못 하네;

오, 선생이여 이 아픔을 탄식하노니

홀로 재앙 중에 떠나셨는가!

가생은 마치 2연처럼 이어서 또 부를 지어 읊었다. 그 시는 앞의

것처럼 비애조調의 시가 아니라, '어지러운 세상에서 머뭇거리다 재
앙을 받은 것은 선생의 허물일 뿐, 몸을 소중히 하고 천하를 둘러보
아 어진 임금을 돕지 않고 어찌 이 나라만 고집했는가?'라고 나무라
는 시를 지어 읊었다.

그 뒤 일 년쯤 지나자 효문황제는 가생을 다시 불렀다. 때마침 제
사를 막 지낸 후였다. 황제는 귀신에 관한 어떤 체험이 있었기에 가
생에게 귀신의 본질을 물었다. 가생은 귀신에 관한 이치를 자세히 설
명했다. 밤이 깊어 갔어도 효문황제는 바싹 다가앉아 가생의 이야기
를 들었다. 가생이 설명을 끝마치자 황제는 이렇게 말했다.

"나는 오래도록 그대를 만나지 못하여 스스로 그대보다 낫다고 여
겼소. 그런데 이제 보니 내가 그대에게 미치지 못하는구려."

황제는 얼마 뒤에 가생을 양나라 회왕懷王의 태부로 삼았다. 회왕
은 효문황제의 막내아들로서 문제에게 유달리 사랑을 받았고 글 읽
기를 좋아해서 가생을 그의 태부로 삼은 것이었다. 그때 황제는 회남
淮南 여왕의 네 아들을 모두 열후에 봉하는 일이 생겼다. 가생은 황
제에게 앞으로 이 일로 인해서 큰 근심이 일어날 것이라고 간언했다.
이때도 가생은 또 여러 번이나 상소하여 제후들이 여러 군을 합치는
것은 옛 제도에 어긋나므로 점차 그런 일을 줄여나가야 한다고 주장
했다. 그러나 효문황제는 받아들이지 않았다.

그로부터 몇 년 후에 회왕이 말을 타다가 떨어져서 죽어 버렸다.
가생은 가슴이 미어질 것만 같았다. 특히나 태부로 있으면서 아무 일
도 하지 못했다고 생각하니 더욱 그랬다. 그래서 일 년도 넘게 탄식
하여 슬피 울다 그 또한 죽었다. 이때 나이가 불과 서른셋이었다.

굴원과 가생의 생애는 시류에 편승하지 못하는 청명한 선비들의 내적 세계를 전해주는데, 덕으로 치세를 하여 어진 군자로 이름났던 효문황제도 거듭되는 간언에 흔들려서 가생을 외면했었다는 점이 정말 아쉽기만 하다. 군주가 삼귀를 명백히 체득하고 구태를 완벽히 방비하기란 하늘에서 별을 따는 것처럼 힘든 일인 모양이다.

주

* 1 왕의 곁에서 정치에 참여하여 조서나 명령을 내릴 때 초안을 잡고 외교나 협상 등의 일을 하는 사람.
* 2 「시경詩經」에서 이르는 시의 육의六義 가운데 하나. 사물이나 그에 대한 감상을 비유를 쓰지 아니하고 직접 서술하는 작법이다.
* 3 진秦나라는 검정색을 숭상하였다. 가의는 한漢나라는 토덕왕土德王이므로 조정의 관복이나 수레를 비롯하여 사용하는 물건의 색깔을 노란색으로 바꾸어야 한다고 생각했다.
* 4 가의의 복조부를 말한다. 옛사람들은 복조를 흉조로 여기고 그것이 내려앉은 집의 주인은 불행을 만난다고 생각했다.

| 참고 문헌 |

▶ 司馬遷, 『史記』(北京 : 北京中華書局 標點本, 1959 초판, 200217판).
▶ 김원중, 사기본기 (민음사, 2010).
▶ 김원중, 사기표 (민음사, 2011).
▶ 김원중, 사기서 (민음사, 2011).
▶ 김원중, 사기세가 (민음사, 2010).
▶ 김원중, 사기열전 1 (민음사, 2007).
▶ 김원중, 사기열전 2 (민음사, 2007).
▶ 이성규 편역, 사기 (서울대 출판부, 2007).

학술논문
▶ 전해종, 『史記』의 歷史敍述 (대한민국학술원, 2005).
▶ 이성규, 『史記』의 構造的 理解를 위한 試論, (서울대 출판부, 1987).
▶ 이성규, 司馬遷의 時間觀念과 『史記』의 敍述 (동방학지, 국학연구원 연세대 1991).
▶ 홍순창, 사마천의 문학관에 대하여
　 -「굴원가생열전(屈原賈生列傳)」을 중심으로(중국어문학회 영남대, 1981).
▶ 심규호, 문예심리학적 관점에서 본 '발분저서'
　 - 굴원과 사마천을 중심으로 (영남중국어문학회, 1997).
▶ 박재문, 도덕교육의 동양적 전통
　 - 사마천『史記』에 나타난 삶의 지혜 (한국도덕교육학회, 1993).
▶ 이성규, 『史記』 역사서술의 특성 (열음사, 1984).
▶ 박건주, 관중과 공자 (전남사학회, 2002).
▶ 이성규, 전한열후의 성격 (서울대학교 동아문화연구소, 1977).
▶ 이용일, 항우의 18제후와 분봉의 성격에 관하여 (중국사학회, 1999).
▶ 이인호, 『史記』인물묘사연구[2] (중국어문연구회, 1997).
▶ 황영미, 진시황시대의 봉건논쟁 - 분서 갱유와 관련하여 (단국사학회, 1984).
▶ 황준연, 상앙의 세계관과 변법 사상 (범한철학회, 1999).